D1690615

ПРИНЦИП
ДИЛБЕРТА™

СКОТТ АДАМС

Минск 1999

УДК 65
ББК 30.2+30.6+65.050.9
А28

Перевод с английского сделан по изданию: THE DILBERT PRINCIPLE: A Cubicle's-Eye View of Bosses, Meetings, Management Fads & Other Workplace Afflictions by Scott Adams.— N. Y.: «HarperBusiness», 1996.
Публикуется впервые на русском языке.

Художник обложки *М. В. Драко*

Охраняется законом об авторском праве. Нарушение ограничений, накладываемых им на воспроизведение всей этой книги или любой её части, включая оформление, преследуется в судебном порядке.

Адамс С.
А28 Принцип Дилберта / Пер. с англ. Е. Г. Гендель; Худ. обл. М. В. Драко. — Мн.: ООО «Попурри», 1999. — 336 с.:ил.
ISBN 985-438-364-4.

Книга содержит иллюстрированные философско-сатирические рассуждения на тему: ох, как много абсурда и неразберихи творится в моей конторе, если посмотреть на её повседневную работу изнутри... Может, со временем они завоюют такую же мировую популярность и значимость, как «Законы Паркинсона» или «Принцип Питера»?
Для широкого круга читателей.

УДК 65
ББК 30.2+30.6+65.050.9

ISBN 985-438-364-4 (рус.) © Перевод, издание на русском языке. Оформление. ООО «Попурри», 1999
ISBN 0-88730-858-9 (англ.) © 1996 by United Feature Syndicate, Inc.

Памеле посвящается

ПРЕДИСЛОВИЕ
ВПЕЧАТЛЯЮЩЕЕ НАЧАЛО

Похоже, в наше время любой идиот, который дорвался до портативного компьютера, может по-быстрому настрогать книжку про бизнес и сделать на этом деле пару баксов. Я лично тоже, конечно, рассчитываю на такой исход. Была бы просто невезуха, если бы нынешняя тенденция переменилась прежде, чем мой шедевр попадет в печать.

Некоторые из вас, возможно, знают, что моя основная профессия — рисовать комиксы. И я вам доложу, для карикатуриста писать полногабаритную книгу — дело нешутейное. Даже немного неприличное. Наш брат обучен быть кратким. Всё, что я узнал за целую жизнь, в сухом остатке может быть сведено к дюжине убийственно верных мыслей, причем некоторые из них уже успели вылететь у меня из головы.

Пожалуй, читатель почувствует себя малость обманутым, если купит толстую книгу, а там всего лишь дюжина убийственно верных мыслей, причем кое-какие из них, похоже, обычная «липа». Поэтому мой «план сработать на отлично» таков: во-первых, как можно чаще повторяться, чтобы как-то заполнить место на страницах. В маркетинге это называется «добавленная стоимость». Кроме того, ради вашего читательского удовольствия и развлечения буду вплетать в текст много красочных, но, как правило, абсолютно ненужных метафор. Фактически все метафоры еще более бесполезны для этой книги, чем для рыбки зонтик или галоши[1].

---
[1] Не могу обещать, что остальные метафоры будут так же хороши.

ВВЕДЕНИЕ

ПОЧЕМУ БИЗНЕС ТАК АБСУРДЕН?

Большинство тем в моей американской серии комиксов «Дилберт» — это вести с рабочих мест. Я регулярно включаю туда всякие причудливые персонажи не от мира сего — вроде говорящих животных с садистскими наклонностями, гномоподобных бухгалтеров и служащих, превращающихся в половые тряпки после того, как из них выжали последние жизненные силы. И тем не менее чаще всего я слышу такой комментарий:

«Ну прямо точно как у меня на фирме».

И каким бы абсурдным я ни старался сделать комикс, всё равно мне не угнаться за всем, что люди испытывают там, где они работают. Вот вам несколько примеров из так называемой реальной действительности:

- Крупное промышленное предприятие одновременно предприняло две новые акции: (1) выборочную проверку служащих на наркотики и (2) программу «Рост чувства собственного достоинства».
- Фирма закупила своим служащим портативные компьютеры-ноутбуки с целью использования в командировках. А во избежание возможных краж предусмотрительные начальники придумали мудрое решение: намертво прикрепить эти переносные компьютеры к письменным столам сотрудников.
- Транспортная компания провела реорганизацию, направленную на уточнение своей роли и прояснение целей. Администрация приняла решение торжественно оповестить об изменениях, распорядившись, чтобы каждый отдел изготовил специальные колесные платформы для участия в Параде качества.
- Один из руководителей телекоммуникационной компании захотел укрепить в своем отделе «командный

дух». Он провел общее собрание, где сообщил собравшейся «команде», что впредь и сам всегда будет иметь при себе бейсбольную биту, и каждый член команды тоже должен на работе находиться в боеготовности к бейсболу. Некоторые члены команды сообразили повесить себе биту на шею, чтобы все-таки иметь свободные руки. Другие фантазировали насчет того, чтобы силком отобрать у начальника дубинку и воспользоваться ею по назначению.

- Компания решила вместо повышения зарплаты дать сотрудникам специальные премии, если удастся достигнуть пять из семи поставленных глобальных целей. В конце года служащих проинформировали, что они выполнили только четыре цели и посему никаких премий не будет. Одна из целей, которую не смогли достичь, состояла в обеспечении «высокого морального духа» персонала.

Тысячи людей сообщали мне (главным образом через электронную почту) с мест своей работы еще более абсурдные истории, чем примеры, приведенные выше. Поначалу я был сбит этими историями с панталыку, но после тщательного анализа развил утонченную теорию, объясняющую наличие таких загадочных ситуаций в любом учреждении. В двух словах она такова: люди — идиоты.

Включая меня. Идиоты — мы все, а не только те, у кого были низкие показатели по тесту способностей к учебе. Отличие между нами лишь в том, что мы бываем идиотами по разным поводам и в разное время. Даже самый шустрый умник проводит основную часть дня в качестве идиота. Это центральная предпосылка данного трактата.

ОБЯЗАТЕЛЬНОЕ САМОУНИЧИЖЕНИЕ

Я с гордостью отношу себя к категории идиотов. Идиотизм в наш век для большинства людей не является всеохватным и круглосуточным. Это состояние, в которое каждый погружается по много раз в день. Жизнь нынче слишком сложна, чтобы можно было всё время оставаться умным.

На днях мне пришлось отнести мой пейджер в фирменный центр ремонта: после того как я сменил батарейку, он перестал работать. Ремонтник одним хорошо отработанным движением взял пейджер у меня из рук, открыл крышку отсека для элементов питания, перевернул батарейку наоборот и вручил мне пейджер, ставший вдруг вполне работоспособным. Этим натренированным действием он лишил меня радости, которую давало мне праведное возмущение качеством их изделия. Зато мастер выглядел довольным. Впрочем, как и все другие клиенты, ждавшие своей очереди в вестибюле.

В тот день и в той ситуации я оказался полнейшим идиотом. Но я ведь всё же как-то сумел добраться на машине к ремонтному центру и обратно. В этом — уникальное человеческое качество: способность много раз в день погружаться в идиотизм и выныривать из него, совершенно не замечая этого и даже не убивая по ходу дела случайно подвернувшихся невинных свидетелей.

СТЕПЕНЬ МОЕЙ ПОДГОТОВЛЕННОСТИ

Теперь, после моего признания в неумении заменить батарейку пейджера, вы могли бы задаться вопросом: что же заставило меня подумать, будто у меня хватает квалификации написать эту непростую книгу? Но вот тут, я думаю, вы как раз будете под большим впечатлением от глубины моего опыта и масштабов моих достижений:

1. Я убедил издательство опубликовать эту книгу. Это может показаться не таким уж великим делом, но разве лично вы сделали сегодня больше? И провернуть его было вовсе не просто. Мне пришлось кормить и поить кучу людей, о которых я раньше понятия не имел.

[Комикс]

— Я НАМЕРЕН ОТКРЫТЬ СВОЕ ИЗДАТЕЛЬСТВО, ТАК ЧТО СМОГУ ЦЕЛЫМИ ДНЯМИ СПЛАВЛЯТЬ ВСЕХ, КТО ПРИДЕТ.

— ДЕЛО ВСЕЙ ИХ ЖИЗНИ Я СУМЕЮ ОТМЕСТИ ОДНИМ ЖЕСТОМ И ОСТРОУМНЫМ ЗАМЕЧАНИЕМ.

— РЕЗЮМЕ: ПРОСТО Я НЕ ТАКОЙ, КАК ВСЕ.
— ЭТО Я ЗАМЕТИЛ.

ПЁСБЕРТ — ИЗДАТЕЛЬ
— Я ГОТОВ ИЗДАТЬ ВАШУ КНИГУ. НУЖНЫ ЛИШЬ МЕЛКИЕ ИЗМЕНЕНИЯ.

— ГЛАВНЫМ ГЕРОЕМ НАДО ВМЕСТО СЫЩИКА СДЕЛАТЬ ФИОЛЕТОВОГО ДИНОЗАВРА. ДОБАВИТЬ ПАРУ КЛАССНЫХ ПЕСЕН, А УБИЙСТВО — УБРАТЬ.

— НО ВЕДЬ ЭТО ЖЕ ДЕТЕКТИВ!!
— НИКОГДА БЫ НЕ ПОДУМАЛ.

2. Я отработал в конторах и отсидел по офисным кабинкам семнадцать лет. Большинство книг о бизнесе написано консультантами и профессорами, которые сами небось не больно много времени провели в такой кабинке. А ведь тогда такие книги — это всё равно как отчет из первых рук про раут в первоклассном ресторане после рубленого шницеля, проглоченного в столовке. Что до меня, так я собаку на этом съел.

[Комикс]

— Я — КОРОЛЬ СВОЕЙ КАБИНКИ, АБСОЛЮТНЫЙ ВЛАСТЕЛИН ЭТОГО МИКРОЦАРСТВА.

— А ВОТ МОИ ВЕРНЫЕ ПОДДАННЫЕ: СЭР КОМПЬЮТЕР, СЭР СШИВАТЕЛЬ И СЕМЕЙСТВО ПАПОК.

— КТО РАЗЛИЛ КОФЕ?
— ВАРВАРА ОСТАНОВИТ РОВ С ВОДОЙ.

3. Я — аттестованный гипнотизер. Много лет назад я посещал занятия по гипнозу. В ходе обучения я узнал, что люди — это бездумные и иррациональные болванчики, которыми легко манипулировать. (Мне кажется, я уплатил где-то полтыщи баксов, чтобы понять это.) И речь идет вовсе не только о так

называемых легковнушаемых — таков каждый человек. Так уж устроены наши мозги. Первым делом мы составляем себе твердое мнение, а уже потом обосновываем его. Но из-за путаницы в восприятии каждый свято убежден, что принимаемые им решения основаны на рассуждениях. А это не так.

Маститые ученые[1] провели исследования, доказывающие, что та область мозга, которая ответственна за рациональное мышление, вообще активируется только *после* того, как человек что-то сделает. Это можно подтвердить с помощью гипноза. Велите загипнотизированному сотворить что-нибудь неразумное, а потом задайте вопрос, почему он так делал. Он начнет настаивать, что в то время данное действие имело смысл, и с логикой у него в этот момент будет еще хуже, чем у Паваротти, когда тот слезливо поет на попсовом концерте «с друзьями».

У гипнотизера быстро появляется полное недоверие к наличию связи между мыслями людей и их действиями. Курс обучения гипнозу существенно изменил мой взгляд на мир.

4. Никто не верит статистике. Причем никакой. И для меня как автора это огромная экономия времени. Кроме того, снимается чувство вины из-за необходимости выдумывать статистику. Как всякий «нормальный» человек вы склонны верить любым исследованиям, которые подтверждают вашу нынешнюю точку зрения, и игнорировать все остальные. Поэто-

---

[1] Это были маститые ученые, но не настолько маститые, чтобы я помнил их имена с фамилиями, и не настолько маститые, что они могли бы вас интересовать. Но я уверен, что это правда, поскольку сам читал такое в иллюстрированном журнале.

му любая ссылка, которую я мог бы сделать на какой-то серьезный научный труд, всё равно уйдет впустую. Если мы с вами, читатель, сможем договориться о тщетности всяких попыток поколебать вас с помощью солидных исследований, то это избавит нас обоих от массы хлопот.

Отсюда не следует, что я буду игнорировать статистику. Я далек от этого. Далее вас ждет куча ссылок на всяческие научные изыскания. Конечно, все они будут от начала и до конца вымышленными. Но мои версии будут читаться куда лучше, чем подлинные исследования, а результат в конечном счете окажется тот же самый.

Если повнимательнее подумать обо всём этом, то большинство ученых трактатов, о которых говорится в СМИ, или, иначе говоря, в средствах массовой информации, либо полностью вводят в заблуждение, либо преднамеренно тенденциозны. Данная книга ничем в этом смысле не отличается, за исключением того, что я не принижаю ваш интеллект. Да и как я мог бы позволить себе такое?

РОЛЬ ИНТЕЛЛЕКТА В БИЗНЕСЕ

Не знаю, как и отчего работает экономика, но уверен: не потому, что ею управляют блестящие люди. Моё предположение таково: если просуммировать все абсурдные действия всех директоров, начальников и прочих управленцев, то их идиотство как-то взаимно погасится — в результате страна производит вполне приличные вещи, которые всем хочется купить, вроде теннисных мячей или шипучек. Добавьте к этому закон спроса и предложения, и вся теория экономики по существу готова.

Девяносто процентов всех новых коммерческих предприятий терпят неудачу. Получается, что удача улыбается только каждому десятому, но этого достаточно, чтобы держать современную экономику на плаву. Готов спорить, что именно этим мы принципиально отличаемся от животных: они удачливы только в девяти процентах. Подозреваю, что это верно, поскольку играю в покер с моими кошками и им редко удаётся выиграть. Партия обычно заканчивается тем, что они трусливо сбегают от звука моей электробритвы.

Мир стал настолько сложным, что на работе мы целыми днями блефуем — только бы не вылезло наружу, какие же мы в действительности простаки и невежды. Я воспринимаю мир как некое суперабсурдное сборище людей, ежеминутно борющихся за то, чтобы рационально объяснить те глупости, которые натворили.

Вовсе не работа извлекает на поверхность наше идиотство, но, пожалуй, именно там оно более всего режет глаз. В личной жизни мы терпимы к странностям поведения. Они даже кажутся нормальными. (Если не верите, то присмотритесь попристальнее к членам собственной семьи.) Но мы полагаем, что на работе каждый должен руководствоваться логикой и рациональным мышлением. В деловых вопросах любой абсурд бросается в глаза, как мертвая монахиня в сугробе[1]. Убеждён, что на рабочем месте случается не больше нелепиц, чем в повседневной жизни, но в фирме эти несуразности куда более заметны.

Меня всегда ужасно смешит то, что мы, как правило, принимаем самих себя всерьёз. И редко распознаём собственные идиотские выходки, хотя умеем чётко опознать идиотство других. Главная причина напряжённости на работе такова:

---

[1] Если мысль о мертвой монахине для вас мучительна, можете себе вообразить, что она лишь сильно ранена, но обязательно поправится.

> Мы ожидаем, что другие будут действовать разумно,
> хотя сами поступаем неразумно.

По этой причине бесполезно ждать рационального поведения от людей, с которыми вы работаете, или вообще от кого-либо. Если вы примиритесь с фактом, что окружены идиотами, то поймете бесполезность сопротивления — и ваша напряженность рассеется; вы сможете откинуться на спинку стула и всласть посмеяться за счет других. Эта книга может оказаться очень полезной для здоровья.

ЭВОЛЮЦИЯ ИДИОТОВ

Ученые полагают, что люди являют собой блестящий результат миллиардов лет эволюции. Не могу изложить здесь теорию эволюции в полном объеме, но вкратце она может выглядеть примерно так.

Теория эволюции (резюме)

Сначала были какие-то амебы. Отклоняющиеся от нормы выродки-амебы лучше приспособились к окружающей среде, превратившись наконец в обезьян. Вскоре после этого появилось комплексное управление качеством труда.

Некоторые детали я опускаю, но и в самой теории тоже зияют отдельные прорехи, которые лучше всего не подвергать сомнению.

Так или иначе, нам потребовалась много лет, чтобы взобраться на нынешний высокий уровень эволюции. В древности ленивый темп перемен был вполне терпим, поскольку не очень-то и было чем заняться, кроме как сидеть кружком и надеяться, что дикие кабаны тебя не сожрут. Потом кто-то натолкнулся на острую палку, и в результате этого несчастья было изобретено копье. С него и начались все неприятности.

Меня там не было, но я готов биться об заклад, что отдельные первобытные граждане тогда сказали, что копье никогда не заменит ногти в качестве оружия борьбы. Те, кто вечно твердят «нет», по всей видимости, и в ту пору обзывали пользующихся копьями всякими плохими словами вроде «палочники» или «колуны». (Тогда еще не появились матросы торгового флота либо сапожники, так что ругательства были довольно примитивными.)

Но «разнообразие мнений» в те времена ценилось не так высоко, как нынче, и я боюсь, что людей, призывавших сказать копью «нет», в конечном итоге подкололи, если вы улавливаете, куда я клоню своим тонким намеком.

Достоинство копья в том, что почти каждый способен понять его устройство. В принципе, у него одна характерная особенность: острый конец. Наши мозги были уже тогда вполне оснащены, чтобы совладать с этим уровнем сложности. Причем не только мозги всяческой интеллигенции — обычный человек тоже мог постичь копье. Жизнь вообще была хорошая, только вот временами случалась чума, а средняя ожидаемая продолжительность пребывания в живых составляла семь лет... Не говоря уж о том, что человек начинал молить о смерти сразу после того, как ему исполнялось четыре годика. Но почти никто не жаловался на то, какая хитроумная штука эти самые копья.

Вдруг (если соразмеряться с темпом эволюции) какой-то отклонившийся от нормы выродок берет и делает печатный станок. После этого всё начало скользить вниз по наклонной плоскости. Проходит два мгновения — и мы уже меняем батарейки в наших портативных компьютерах, проносясь при этом по небу в неких поблескивающих металлических объектах, где подают прохладительные напитки и подсоленный арахис.

В большинстве наших текущих проблем я виню секс и бумагу. Вот моя логика. Только один человек из миллиона достаточно сообразителен, чтобы изобрести печатный станок. Поэтому, когда общество состояло всего из нескольких сотен обезьяноподобных людей, живших в пещерах, вероятность того, что один из них является гением, была довольно низка. Но народ продолжал заниматься сексом, и с каждым придурком, добавлявшимся к популяции, вероятность того, что через генетическую сеть проскользнут какие-то выродки-умники, становилась всё выше и выше. Когда в наличии есть несколько миллионов людей, причем все они волей-неволей занимаются сексом[1], то вполне можно ожидать того, что какая-то беременная мамочка-обезьяночка в один прекрасный день присядет в кустах на корточки и произведет на свет выродка, способного родить печатный станок.

---

[1] Если вы еще не пробовали заниматься сексом «волей-неволей», срочно нужно это сделать.

После появления этого станка мы были в значительной степени обречены. Ведь теперь каждый новый умник-выродок, которому брякнула в голову хорошая идея, мог записать ее на бумагу, размножить и поделиться с другими. Его идею можно было развивать. Цивилизация взорвалась. Родилась технология. Сложность жизни стала расти в геометрической прогрессии. Всё становилось больше и лучше.

За исключением наших мозгов.

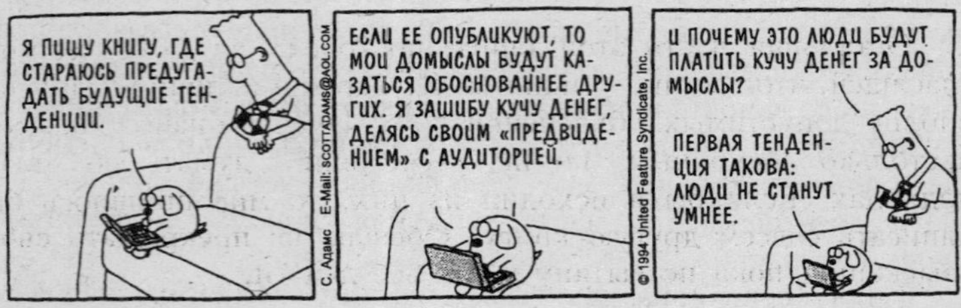

Вся техника, которая окружает нас, все теории менеджмента, экономические модели, которые предсказывают и направляют наше поведение, наука, помогающая нам доживать до восьмидесяти лет, — всё это создано ничтожным процентом сообразительных выродков. Остальные плывут по течению с такой скоростью, как умеют. Мир слишком сложен для нас. Эволюция не поспевает. Благодаря печатному станку сообразительные выродки сумели зафиксировать достижения своего гения и сообщить их другим без привлечения генетики. В процессе эволюции произошло короткое замыкание. Мы обрели знания и технологию прежде, чем интеллект.

Мы являем собой планету, где почти шесть миллиардов простофиль живут в условиях цивилизации, разработанной несколькими тысячами поразительно умных выродков.

Пример из жизни

> Фирма «Кодак» выпустила на рынок фотокамеру одноразового использования под названием «Уик-эндер». Клиенты названивали по телефону технической поддержки, чтобы спросить, можно ли использовать этот аппарат в будние дни.

Остальная часть этой книги построена на моей теории, гласящей, что все мы — идиоты. Я уверен в наличии и других вполне допустимых объяснений того, почему бизнес кажется настолько абсурдным, но не в состоянии думать об иных подходах. Если бы я исходил из них, то мне пришлось бы написать совсем другую книгу. Обещаю не прекращать свои изыскания, пока не вытяну у вас все деньги.

1
ПРИНЦИП ДИЛБЕРТА[1]

Моя серия сатирических комиксов «Дилберт», публикуемая в различных газетах, — это во многом вариации на тему «плохой начальник». Она неисчерпаема. Через электронную почту я получаю в день по крайней мере две сотни сообщений, главным образом от тех, кто жалуется на своих бестолковых начальников. Вот некоторые из моих любимых, причем, как меня уверяли, подлинных историй.

- Вице-президент настаивает, чтобы новое изделие их фирмы (с питанием от батареек) было снабжено индикатором, который загорается, когда батарейки сели.

---

[1] Эта статья первоначально появилась в «Уолл-стрит джорнэл» 22 мая 1995 года. Она имела огромный резонанс и положила начало работе над этой книгой.

- Сотрудник предлагает установить приоритеты, чтобы компания знала, как применить ее ограниченные ресурсы. Ответ начальника: «А почему мы не можем сконцентрировать наши ресурсы на всех направлениях?»
- Начальнику хочется быстрее находить и устранять программные ошибки. Он предлагает систему материального стимулирования: по 20 долларов за каждую ошибку, которую найдут люди из отдела качества, и столько же — за ошибку, устраненную программистами (а они-то как раз и делают ошибки). Результат: сразу возникает подпольная экономика, в которой «ошибки» плодятся почище кроликов. После того как в первую неделю один из асов наисправлял их на 1700 долларов, систему решили пересмотреть.

Подобные истории подсказали мне идею провести первый ежегодный дилбертовский опрос и выяснить, какие акции начальства больше всего раздражают рядовых сотрудников. В числе ответов фигурировали, ясное дело, «битва за качество», «делегирование полномочий», «реструктуризация» и т. п. Но твердое первое место в этом весьма ненаучном опросе заняли «идиоты, выдвигаемые в руководство».

Похоже, произошла незаметная смена старой концепции, в соответствии с которой способных работников продвигали по службе до тех пор, пока они не достигали своего уровня некомпетентности, — чаще всего эту идею именуют «принцип Питера». Теперь, как это очевидно, некомпетентных сотрудников сразу переводят в администрацию — минуя те стадии, где они хотя бы временно были компетентными.

Когда я в 1979 году приступил к работе, принцип Питера вполне правильно описывал управленческий персонал. Теперь, я думаю, все были бы не прочь возвратиться к тем золотым временам, когда шеф хоть однажды в чём-то разбирался.

Подумав про это, я впадаю в ностальгию. Как ни говори, тогда мы питали надежду взобраться выше своего уровня компетентности. Каждый служащий имел виды когда-нибудь стать большим начальником и лично повести фирму в болото, по пути пожиная лавры в виде больших премий и акций, предоставляемых чуть ли не даром. В то время инфляция подразумевала ежегодное повышение для каждого, а мы свободно признавались вслух, что клиенты нас не волнуют. Чудесное было времечко.

Тогда мы этого не ценили, но презиравшийся всеми принцип Питера давал нам начальника, который хоть чуток понимал в том, чем мы ради пропитания занимались на службе. Правда, шеф систематически принимал плохие решения — но ведь, как ни говори, у него не было ни навыков, ни квалификации, чтобы управлять. Но, по крайней мере, это были осознанные решения закаленного ветерана конторских траншей.

Пример

Начальник: «Когда я работал на вашей должности, то умел одним движением пробить металлический корпус железным прутом. Еще одно опоздание на работу — и я проделаю то же самое с вашей головой».

Зануды нашли кучу огрехов в принципе Питера, но в целом он работает. Однако в последнее время принцип Питера уступил место принципу Дилберта. Основная идея принципа Дилберта такова: наихудших работников систематически переводят туда, где они могут причинить наименьший ущерб, — в администрацию.

Увы, эта идея не зарекомендовала себя стратегией гарантированного успеха, как кто-то мог бы подумать.

Возможно, нам следует поучиться у природы. В мире зверей дикие собаки динго выследят и уничтожат самого слабого североамериканского лося, обеспечивая этим выживание наиболее ценных экземпляров. Это — суровая система, особенно для собак динго, которым приходится лететь в Штаты ни много ни мало из Австралии. Но природные процессы непременно хорошие; с этим согласны все, кроме, возможно, собак динго и упомянутого лося... а также, пожалуй, стюардесс. Но суть в том, что все мы только выиграем, если самых некомпетентных начальников съедят собаки динго и они не смогут плодить в разных фирмах формулировки миссий.

Похоже, мы поставили законы природы с ног на голову. Ведь наше общество систематически выявляет и продвигает тех, кто наименее квалифицирован. Обычное деловое обоснование для продвижения идиотов (ядро принципа Дилберта) по своей сути сводится к такому рассуждению: «Ладно, он не в состоянии писать программы, не способен проектировать компьютерные сети и продавать тоже не умеет. Но зато у него *очень* хорошая шевелюра...»

Если бы природа взяла пример с современного бизнеса, мы бы могли увидеть стаю горных горилл с белкой в качестве «вожака». Причем это была бы не самая смекалистая белка; скорее такая, с которой никто не хотел иметь дело.

Могу себе только вообразить других белок, которые собрались вокруг старого пня и говорят примерно так: «Если я только еще раз услышу, что она скажет про свою любовь к орешкам, — задавлю гадину». Гориллы же, подслушав эту беседу, ныряют в туман и еще энергичнее продвигают непопулярную белку. Остальных белок в наказание отправляют в группы контроля качества.

Читатель может задаться вопросом, подходит ли он лично под описание начальника, соответствующего принципу Дилберта. Вот вам небольшой тест:

1. Убеждены ли вы, что всё непонятное для вас очень просто сделать?

2. Чувствуете ли вы потребность подробно объяснить, почему «прибыль» — это разность между доходами и расходами?

3. Считаете ли вы, что сотрудники должны намечать похороны родственников только на время отпуска?

4. Последующий текст является средством общения или тарабарщиной?

    Группа по обеспечению лидерства в сфере деловых услуг будет способствовать нашей организации в продолжении ее продвижения к модели «фирмы, обращенной лицом к рынку» (ФОЛКР). В этой связи мы консолидируем комплекс «Целевое управление деловыми услугами» в группу с перекрестными стратами.

5. Когда люди смотрят на вас с недоверием, повторяете ли вы то, что сказали секунду назад, только громче и медленнее?

Теперь дайте себе по одному очку за каждый вопрос, на который вы ответили «да». Если итог больше нуля, примите поздравления — в вашем будущем просматриваются виды на большие премии.

(Стиль в вопросе 4 позаимствован из реальной служебной записки одной фирмы.)

ОТ МОЕГО ВНИМАНИЯ НЕ УКРЫЛОСЬ, ЧТО ВЫ ПОЛЬЗОВАЛИСЬ ФАКСОМ В ЛИЧНЫХ ЦЕЛЯХ.
Я ОТПРАВИЛ ФАКС ВО ВРЕМЯ ОБЕДА. ЭТО БЫЛО МЕСТНОЕ СОЕДИНЕНИЕ.
ВЫ ТРАТИЛИ НАШУ ТЕРМОБУМАГУ.
НЕТ. Я ВЕДЬ ОТПРАВИЛ ФАКС. БУМАГА ПО ТЕЛЕФОННЫМ КАНАЛАМ НЕ ПЕРЕСЫЛАЕТСЯ.
ПРАВДА?
ВЫ РАСХОДОВАЛИ ТОК ЗА СЧЕТ ФИРМЫ.
МОЙ ДРУГ ФАКСОМ ПЕРЕСЛАЛ НАМ НА ФИРМУ КАПЕЛЬКУ ТОКА.
У МЕНЯ КОМПЬЮТЕР КАК РАЗ СЕЙЧАС РАБОТАЕТ НА ЭТОЙ КАПЕЛЬКЕ.
МОЖЕТ, У ВАС ЕЩЕ ОСТАЛОСЬ НЕМНОГО ТОКА? А ТО МОЙ КОМПЬЮТЕР ВЫРУБИЛСЯ.
НАЖМИТЕ СЗАДИ КНОПКУ, И Я ВАМ ПЕРЕШЛЮ ПО ФАКСУ.
С. Адамс E-Mail: SCOTTADAMS@AOL.COM
© 1994 United Feature Syndicate, Inc.

А ВЫ ЗНАЕТЕ, ЧТО 20% ВСЕХ МИКРОФИШЕЙ – ЭТО СУБРАДИАНТЫ?
ОГО! ЧУЮ, ШЕФ НАЧИТАЛСЯ КАКОЙ-ТО НАУКИ.
ЭТОГО МНЕ УЖЕ НЕ ВЫНЕСТИ.
И КАКОВЫ ЖЕ СЛЕДСТВИЯ? ПРОШУ: 80% МИКРОФИШЕЙ – ЭТО НЕ СУБРАДИАНТЫ!
МОЖЕТ, МНЕ ЗАЛЕЗТЬ ПОД СТОЛ, ПОКА У НЕГО ПРОЙДЕТ?
ВАС ЭТО НЕ ПОТРЯСАЕТ? Я ИМЕЮ В ВИДУ СЛЕДСТВИЯ И ПРОЧЕЕ...
ДА-ДА, Я ПОТРЯСЕН ВАШЕЙ НЕВЕРОЯТНОЙ ОСВЕДОМЛЕННОСТЬЮ В НАУКЕ.
МНЕ И САМОМУ ПОЧТИ ИНТЕРЕСНО, ЧТО ЭТО ЗА МИКРОФИШИ.
С. Адамс E-Mail: SCOTTADAMS@AOL.COM
© 1993 United Feature Syndicate, Inc.

Я ХОЧУ, ЧТОБЫ ВЫ ПОМОГЛИ МОДЕРНИЗИРОВАТЬ КОМПЬЮТЕР В МОЕМ КАБИНЕТЕ.
ЭТОТ КОМПЬЮТЕР – ПРОСТО МУЛЯЖ ИЗ ПАПЬЕ-МАШЕ, ПРИДЕЛАННЫЙ К СТОЛУ.
ЗНАЧИТ, МНЕ НУЖНА НОВАЯ МАТЕРИНСКАЯ ПЛАТА, ВЕРНО?
НЕТ, ВАМ НУЖЕН НОВЫЙ СТОЛ.
С. Адамс E-Mail: SCOTTADAMS@AOL.COM
© 1994 United Feature Syndicate, Inc.

Я ДОЛЖЕН ВЫДВИНУТЬ КОГО-ТО ИЗ ВАС НА ДОЛЖНОСТЬ РЕГИОНАЛЬНОГО МЕНЕДЖЕРА.
ДИЛБЕРТ, ВАШИ ТЕХНИЧЕСКИЕ ЗНАНИЯ СЛИШКОМ ЦЕННЫ, ЧТОБЫ ТЕРЯТЬ ИХ И ВАС.
С АЛИСОЙ ТО ЖЕ САМОЕ. НИ ОДНОГО ИЗ ВАС ПОВЫСИТЬ НЕЛЬЗЯ.
ЕДИНСТВЕННЫЙ ЛОГИЧНЫЙ ВЫБОР – ЭТО ДЖОН, ИБО ОН ЛИШЕН ЦЕННЫХ ЗНАНИЙ.
ДЖОНА??! В НАЧАЛЬНИКИ??! ВЕДЬ ОН ЖЕ НЕ ЗНАЕТ, КАКОЙ НЫНЧЕ ДЕНЬ!!!
ОНИ РАЗДРАЖЕНЫ, КАК В КАЖДЫЙ ПОНЕДЕЛЬНИК.
СЕГОДНЯ ЧЕТВЕРГ.
С. Адамс E-Mail: SCOTTADAMS@AOL.COM
© 1994 United Feature Syndicate, Inc.

Я ВНЕС В КОНСТРУКЦИЮ ПАРУ ИЗМЕНЕНИЙ.
ДА НАМ НУЖНО МЕСЯЦАМИ КРУГЛОСУТОЧНО ВКАЛЫВАТЬ, ЧТОБЫ ИХ ВНЕСТИ!!!
РАБОТАЙТЕ УМНЕЕ, А НЕ ИНТЕНСИВНЕЕ.
ВЫ ПЫТАЕТЕСЬ НАРУШИТЬ ЗАКОНЫ ФИЗИКИ!
ЗАКОНЫ ПИШУТСЯ ДЛЯ ТОГО, ЧТОБЫ ИХ ОБХОДИТЬ.
ЭТА КОНСТРУКЦИЯ ДАСТ ТАКУЮ РАДИАЦИЮ, ЧТО ПОЛЬЗОВАТЕЛЯ СРАЗУ УБЬЕТ!!!
НЕ ЗАБУДЬТЕ ПОДЧЕРКНУТЬ ЭТО В ДОКУМЕНТАЦИИ.
ДАВАЙТЕ РАБОТАТЬ УМНЕЕ, А НЕ ИНТЕНСИВНЕЕ.
ДУМАЮ, МЫ НАШЛИ НУЖНОГО НАМ ИСПЫТАТЕЛЯ.
С. Адамс E-Mail: SCOTTADAMS@AOL.COM
© 1995 United Feature Syndicate, Inc. (NYC)

Я НЕДАВНО СЛЫХАЛ, ЧТО СВЕТ ДВИЖЕТСЯ БЫСТРЕЕ ЗВУКА.
МОЖЕТ, МНЕ ПРИ РАЗГОВОРЕ НАДО КРИЧАТЬ – ЧТОБЫ ГУБЫ ДВИГАЛИСЬ СИНХРОННО СО СЛОВАМИ.
ОБРЫВОЧНЫЕ ЗНАНИЯ ВЫГЛЯДЯТ СМЕШНОВАТО.
ОН ЧТО, ЕЩЕ НЕ УСЛЫШАЛ МЕНЯ?
С. Адамс
© 1992 United Feature Syndicate, Inc.

2
КАК УНИЖАТЬ ПЕРСОНАЛ

Моральный дух сотрудника — штука опасная. Счастливые служащие работают интенсивнее — и при этом не просят прибавки. Но слишком счастливым в голову ударяют эндорфины, эго разбухает, и они начинают скулить, что, мол, с нынешней зарплатой им после ухода на пенсию придется жить в приюте для бедных.

С точки зрения производительности труда наилучшее состояние сотрудника таково: счастлив, но обладает низкой самооценкой.

Можете проверить собственный уровень служебного счастья с помощью следующего теста. Если вы громко рассмеетесь вслух над любой из приведенных ниже «офисных шуточек», то счастливы ровно настолько, как это оптимально с точки зрения производительности.

Тест на высокопроизводительное счастье

Ниже приведено несколько шуток. Нечто подобное звучит в вашем офисе каждый день. Сколько из них вы находите невыносимо смешными?

1. От работы кони дохнут.

2. Кто работает как пчелка, от того немного толку.

3. Пусть пашет трактор — он железный!

4. Дома поработаем — здесь передохнём.

5. Понедельник — день тяжелый.

Если вы засмеялись над любой из этих пяти шуток, то вполне довольны жизнью — вроде припыленного Молчуна из сказки про Белоснежку и семь гномов — и располагаете всеми данными, чтобы стать производительным тружеником. Если же в ходе этого теста перед вашим умственным взором внезапно возник образ коллеги, которого вам хочется отдубасить телефонной трубкой, то для высокопроизводительного труда у вас, похоже, слишком развито самоуважение.

РЕШЕНИЕ ПРОБЛЕМЫ: ОПУСКАТЬ

За долгие годы предприниматели разработали широкий спектр методов, опускающих чувство самоуважения служащих до значений, которые попадают в «диапазон высокой производительности», причем не заставляя их жертвовать счастьем. В этой главе обсуждаются наиболее важные методы того, как «опускать» людей:

- Кабинки
- Гостиничная система
- Меблировка
- Костюмософия
- Соревнование между сотрудниками
- Недооценка вклада сотрудников
- Умение заставить подождать

КАБИНКИ

Кабинки — иногда называемые «рабочим пространством» или «рабочими отсеками» — являются для сотрудников постоянным напоминанием о том, как невысоко их ценят на фирме. Мне никогда не встречался рекламный буклет фирмы-изготовителя кабинок, но думаю, он выглядел бы примерно так:

Кабинка серии 6000™

Кабинка 6000™ — это образ жизни, а не только большая коробка, чтобы держать всё ваше барахло в одном месте!!!

При разработке Кабинки 6000™ в качестве руководства и эталона мы использовали природу. Каждый экземпляр пропитан неповторимым мотивационным ощущением, которое источают четыре наиболее вдохновляющих места на земле.

ОТКОРМОЧНЫЙ ТЕЛЯТНИК:

Только вообразите то чувство безопасности, которое испытывают молодые бычки-везунчики, аккуратно упакованные в свои индивидуальные жилые модули, где им не надо думать о мирских заботах. От них так и исходит вдохновляющий девиз: «Живи сегодняшним днем!»

КАРТОННАЯ КОРОБКА:

Мы воспользовались той же конструкцией, которая сотни лет служила для перевозки имущества преуспевающих людей!

КОЛЫБЕЛЬ МЛАДЕНЦА:

Напоминание об упоительной поре юности и том трепете, который вы испытывали в качестве пленника странных людей, говоривших всякую тарабарщину и наказывавших вас по абсолютно непонятным вам причинам!

ТЮРЕМНАЯ КАМЕРА:

Мы смогли уловить и воспроизвести беззаботность узника, который отсиживает два червонца или тянет пожизненный срок. Испытайте то ощущение безопасности, которое ранее было доступно только в пенитенциарной системе!

А теперь оцените другие приятные особенности Кабинки 6000™!!!

- Она открыта сверху, так что вы никогда не пропустите окружающий шум.
- Небольшие размеры и та же открытость гарантируют вам возможность наслаждаться ароматами, исходящими от сослуживцев.
- Никаких раздражающих окон.
- Цветовая гамма — корабельно-серый или фекально-коричневый тон.
- Транспортабельность позволит вам открыть для себя острые ощущения от частых офисных перетасовок.
- Вешалка для пальто (предусмотрена только в версии «Адмиральская»).

ПОСЛЕ НЕДАВНИХ СОКРАЩЕНИЙ У НАС МАССА ПУСТЫХ КАБИНОК.
С. Адамс E-Mail: SCOTTADAMS@AOL.COM
Я НАНЯЛ СТРОЙФИРМУ ПЁСБЕРТА ПЕРЕДЕЛАТЬ ЧАСТЬ ОФИСА ПОД ТЮРЕМНЫЕ КАМЕРЫ ДЛЯ СДАЧИ В АРЕНДУ ГОСУДАРСТВУ.
© 1995 United Feature Syndicate, Inc. (NYC)
ПОХОЖЕ, ЭТО БОЛЬШАЯ РАБОТА.
Э-Э, ПОДКРАСИМ, НАСТЕЛИМ НОВЫЙ ЛИНОЛЕУМ – И ГОТОВО.

ПО-МОЕМУ, ЭТО НЕХОРОШО – САЖАТЬ ЗЭКОВ В НАШИ КАБИНКИ.
С. Адамс E-Mail: SCOTTADAMS@AOL.COM
НЕ БУДЬТЕ ИЗУВЕРОМ. ЭТИ ЛЮДИ СОВЕРШИЛИ ОДНУ МЕЛКУЮ ОШИБКУ. ВО ВСЁМ ПРОЧЕМ ОНИ НЕ ОТЛИЧАЮТСЯ ОТ СОТРУДНИКОВ.
© 1995 United Feature Syndicate, Inc. (NYC)
ДУМАЮ, ПАРОЧКА ОТЛИЧИЙ ВСЕ ЖЕ ЕСТЬ!
ДА, ОБ ИХ ЗДОРОВЬЕ БОЛЬШЕ ПЕКУТСЯ.

ЭЙ, БРАТАН, ЗА ЧТО ПАРИШЬСЯ?
С. Адамс E-Mail: SCOTTADAMS@AOL.COM
В ОТЛИЧИЕ ОТ ВАС, Я ЗДЕСЬ НЕ ЗАКЛЮЧЕННЫЙ, А ТРУЖУСЬ ПО СОБСТВЕННОЙ ВОЛЕ!
© 1995 United Feature Syndicate, Inc. (NYC)
НУ И ДЕЛА... ТУТ ЗОНА ДЛЯ ПСИХОВ.
Я ЛЮБЛЮ РАБОТАТЬ.

ПРИКАЗЫВАЮ: ПРЕКРАТИТЬ ИСПОЛЬЗОВАНИЕ СВОБОДНЫХ КАБИНОК ДЛЯ ОСУЖДЕННЫХ.
С. Адамс E-Mail: SCOTTADAMS@AOL.COM
ВОТ ТАК!!! НАШЕ МНЕНИЕ УЧЛИ!
НЕ СОВСЕМ. ЗАКЛЮЧЕННЫЕ ЖАЛОВАЛИСЬ.
© 1995 United Feature Syndicate, Inc. (NYC)
ЛЮБОПЫТНО, ЧТО ОН ТЕПЕРЬ ПЛАНИРУЕТ ДЕЛАТЬ С ПУСТЫМИ КАБИНКАМИ?

ГОСТИНИЧНАЯ СИСТЕМА

Единственный недостаток кабинок заключается в том, что у ряда служащих вырабатывается ощущение, будто этот лоскуток недвижимости — их «дом». Вскоре у них формируется гордость собственника, потом растет самооценка, и — *бздынь!* — до свидания, производительность труда.

Но благодаря новой концепции «гостиничной системы» работы этот риск можно исключить. Гостиничный метод — это когда кабинки выделяются служащим каждый день, по мере явки на работу. Ни у кого нет постоянного рабочего места, и поэтому никакие контрпроизводительные чувства одомашненности не развиваются.

Еще одно преимущество: гостиничная система устраняет все физические свидетельства связи сотрудников с компанией. Это избавляет от лишней суеты при сокращениях; человеку даже не надо чистить свой письменный стол. При данной системе каждый служащий всегда одной ногой стоит за дверями фирмы.

Этот метод дает человеку важный сигнал: «Ты работаешь временно. Держи фотографии своей уродливой семейки в бардачке машины, нам на них незачем смотреть».

МЕБЛИРОВКА

Вы важны не более, чем ваша мебель. И так обстоят дела вплоть до самых вершинных уровней иерархии. Часто вы оказываетесь менее важны, нежели ваша мебель. Вдумавшись более глубоко, вы поймете: вас могут выгнать, а мебель останется и будет с выгодой служить фирме, которая в *вас* уже больше не нуждается.

Поэтому нет ничего удивительного в том, что люди вкладывают так много своего «я» в казенную офисную мебель. В зависимости от вашего статуса в компании ваша мебель посылает один из следующих двух сигналов:

«Игнорируйте ничтожный объект, сидящий на этом стуле».

Или...

«Боготворите меня!!!

Преклоните колени пред святыней из красного дерева!»

При наличии выбора вы предпочтете мебель, посылающую второе из сообщений. К сожалению, внушительная мебель доступна только на более высоких уровнях управления. Статистика подсказывает, что читатель этого раздела вряд ли будет принадлежать к высшему руководству. Так что данную часть рассуждений я опущу.

Даже в предположении, что вы не особо большой начальник, судьба всё же могла вам улыбнуться и одарить большой обструганной столешницей, которая тянется во всю длину кабинки и позволяет держать телефон не на коленях. Ради простоты изложения назовем эту штуку «письменный стол» или просто «стол». Данное столоподобное сооружение идеально дополняется крошечным стулом, на котором нужно отсидеть семьдесят часов в неделю.

Если вы — простая секретарша, то стул у вас, вероятно, лишен подлокотников. И это хорошо; вас наняли не затем, чтобы ваши руки лежали без дела. Ваша задача — искать пути предотвращения встреч персонала с вашим шефом. Ведь вам, черт возьми, платят деньги именно *за это*.

Но если вы не так просты, то не исключено, что вам дано наслаждаться роскошью подлокотников. Они просто необходимы для опоры и равновесия, если вы планируете вздремнуть в своей кабинке. За время моей карьеры в «Пасифик Белл» я благодаря мягким подлокотникам провел в кабинке множество блаженных часов крепкого сна. Компьютер я всегда ставил так, чтобы, глядя на экран, сидеть спиной к проходу. Тем самым я мог разложить документацию, уютно опереться на подлокотники, смежить веки и видеть сладкие сны — выглядя при этом преданным делу работником. Иногда позволял себе зазвонить телефон, но я научился не замечать его. (Мозг все-таки удивительная штука!)

Хотя в «Пасифик Белл» я всегда был хорошо отдохнувшим, иногда даже до обалдения, мне так и не удалось достичь там такого чувства самоуважения, чтобы стать дерзким. То была «заслуга» моей мебели — она обеспечивала ровно тот уровень смиренной униженности, чтобы поддерживать во мне лихорадочное стремление выглядеть производительным.

Донесения по электронной почте с постов в кабинках

Как можно видеть из последующих примеров, деньги — это мелочь по сравнению с тем, насколько важно ставить служащих на место.

От: (имярек)
Кому: scottadams@aol.com

Скотт!

Теперь, после реструктуризации, у нас стало меньше начальников, чем окон! Проблема серьезная, но решение все-таки нашлось. Перед окнами возвели полутораметровые разделительные стенки, чтобы рядовые сотрудники могли сидеть около них, не нарушая установленную иерархию.

От: (имярек)
Кому: scottadams@aol.com

Скотт!

Думаю, вам это понравится.
Мой знакомый работает в правительственном агентстве. Там недавно провели реорганизацию в техническом отделе и одного непритязательного рядового парня посадили в угол рабочего зала, где год назад нарастили полноценные стены, чтобы разместить там начальника. Так теперь они наняли подрядчиков, чтобы снова свести высоту стен до уровня обычной кабинки!

От: (имярек)
Кому: scottadams@aol.com

Скотт!

Недавно наша контора переехала в новое здание. Примерно тогда же мне повезло — повысили на новую должность.

Как во всех больших компаниях, распределение кабинок и их площадь связаны у нас с должностным уровнем (например, на уровне X ты получаешь кабинку в шесть квадратных метров, на уровне Y — девятиметровую комнату). И вот после многих лет прилежного труда на фирму мой уровень позволил мне заиметь свою комнатку.

Всё чудесно; однако этот уровень не предусматривал красивую деревянную офисную мебель. До нее мне еще шагать и шагать вверх. Поэтому, стремясь воспользоваться сохранившимися кабинками, хозслужба фирмы установила внутри моей комнаты кабинку. Вообразите только на секунду, как смешно это смотрится.

Теперь — самое забавное: в офисе, который я занимаю, имеется окно; оно, однако, полностью заслонено стеной указанной кабинки.

МОЙ СТУЛ РАЗВАЛИЛСЯ, А НА СКЛАДЕ СТУЛЬЯ ДЛЯ ИНЖЕНЕРОВ КОНЧИЛИСЬ.
С. Адамс E-Mail: SCOTTADAMS@AOL.COM
И ПОСКОЛЬКУ Я, КАК ВЫ ЗНАЕТЕ, ЖДУ ПОВЫШЕНИЯ, ТО, МОЖЕТ, МНЕ ПОЗВОЛЯТ УЖЕ СЕЙЧАС ВЗЯТЬ «РУКОВОДЯЩИЙ» СТУЛ.
© 1993 United Feature Syndicate, Inc.
Я ЧТО, ПРЕВЫСИЛ ПОЛНОМОЧИЯ?
ЗАВТРА ВЫ ПОТРЕБУЕТЕ В СВОЮ КАБИНКУ ДВЕРЬ С ЖАЛЮЗИ.

РАЗ НА СКЛАДЕ МНЕ НЕ МЕНЯЮТ СТУЛ, ПРИДЕТСЯ ПРОСТО УВЕСТИ У КОГО-ТО.
С. Адамс E-Mail: SCOTTADAMS@AOL.COM
ФАКТИЧЕСКИ ЭТО НЕ КРАЖА: ВЕДЬ СТУЛ ПО-ЛЮБОМУ ПРИНАДЛЕЖИТ ФИРМЕ.
© 1993 United Feature Syndicate, Inc.
ЧТО МНЕ УГРОЖАЕТ?
ПРИДЕРЖИТЕ ЛИФТ. ...СТОП.

ЭТО ЧТО, «ФИЛ, КНЯЗЬ ПОЛУТЬМЫ»?
Я ВИДЕЛ, КАК ТЫ ВЗЯЛ СТУЛ.
С. Адамс E-Mail: SCOTTADAMS@AOL.COM
Я ПРИЗВАЛ ВСЕХ ДЕМОНОВ И БЕСОВ ЯВИТЬСЯ И НАКАЗАТЬ ТЕБЯ СИЮ МИНУТУ!!!
© 1993 United Feature Syndicate, Inc.
Я ЭД, ИЗ БУХГАЛТЕРИИ. ОСТАЛЬНЫЕ ПОШЛИ НА ОБЕД.

А КАКОВА КАРА ЗА КРАЖУ СТУЛА???
С. Адамс E-Mail: SCOTTADAMS@AOL.COM
ТЫ ПРИГОВОРЕН К ОТСИДКЕ В КОМНАТЕ ОТДЫХА ПРИ БУХГАЛТЕРИИ.
© 1993 United Feature Syndicate, Inc.
Я ЛЮБЛЮ СТАВИТЬ НА ШЕСТЬ.
БОЖЕ! ЭТО МОЯ ВТОРИЧНАЯ СОБОЙКА.

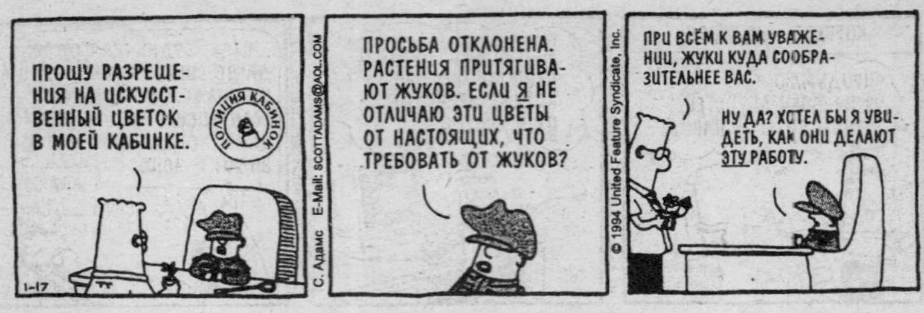

КОСТЮМОСОФИЯ

Разве есть что-нибудь более восхитительное, чем маленькая обезьянка шарманщика, одетая в крошечный облегающий жилет и шляпу? Это было бы официальной униформой и в вашей фирме, если бы в ее бюджете была строка «униформа».

Компании обнаружили дешевый метод заставлять людей одеваться так же унизительно, как эта обезьяна, и не тратиться при этом на закупку униформы. Секрет прост: установить фирменный стиль одежды, по символике близкий к обезьяньему, но допускающий всё же некоторое разнообразие:

Одежда	Символика
Галстук	Поводок
Туфли на толстой подошве	Ножные кандалы; узник
Фрак или сюртук	Пингвин; неспособность к полету
Высокие каблуки	Мазохизм

КОТБЕРТ – КАДРОВИК
ПРИДУМАЮ-КА Я ПАРОЧКУ ДУРОСТЕЙ, ЧТОБЫ ПОЗЛИТЬ НАРОД.
С. Адамс E-Mail: SCOTTADAMS@AOL.COM
МОЙ НОВЫЙ, ДЬЯВОЛЬСКИЙ КОСТЮМНЫЙ КОДЕКС ПРЕВРАТИТ ИХ В ПСИХОВ.
© 1995 United Feature Syndicate, Inc. (NYC)
...ИТАК, БУДНИЧНАЯ ОДЕЖДА НЕ СОБЬЕТ НАШИ АКЦИИ НА БИРЖЕ... НО ТОЛЬКО ЕСЛИ НОСИТЬ ЕЕ ПО ПЯТНИЦАМ... КОГДА НИКТО НАС НЕ ВИДИТ... ЯСНО?
БОЮСЬ, У МЕНЯ ЧТО-ТО С ГОЛОВОЙ.

НЕ ПОЙМУ Я ВАШУ НОВУЮ КОСТЮМНУЮ ПОЛИТИКУ, МИСТЕР КОТБЕРТ.
МОЖЕТ, У ВАС ПРОБЛЕМЫ С ПСИХИКОЙ?
С. Адамс E-Mail: SCOTTADAMS@AOL.COM
ЭТО ЖЕ ПРОСТО. ПО ПЯТНИЦАМ – БУДНИЧНАЯ. НО НЕ ДЖИНСЫ, А ТО ВАМ В НИХ КРАСИВО И УДОБНО, И У ВАС ИХ НЕСКОЛЬКО ПАР.
© 1995 United Feature Syndicate, Inc. (NYC)
ЭТО ОЧЕРЕДНОЙ САДИСТСКИЙ ЗАГОВОР ОТДЕЛА КАДРОВ, ЧТОБЫ ЛЮДИ УВОЛЬНЯЛИСЬ!!!
ПРИВЫКАЙТЕ К НЕБРОСКИМ СИЛУЭТАМ БЕДЕР.

НУ, ЭТО БЫЛА БЫ НЕ ПЯТНИЦА, НЕ УВИДЬ Я АЛИСУ В ОДНОЙ ИЗ ЕЕ ПАР БЕЖЕВЫХ ШТАНОВ.
С. Адамс E-Mail: SCOTTADAMS@AOL.COM
ОБОЖАЮ «ДЕЛОВОЙ БУДНИЧНЫЙ» СТИЛЬ ЗА УДАЧНОЕ СОЧЕТАНИЕ НЕПРИВЛЕКАТЕЛЬНОСТИ С НЕПРОФЕССИОНАЛИЗМОМ.
© 1995 United Feature Syndicate, Inc. (NYC)
ДУМАЕШЬ, МНЕНИЕ ИНЖЕНЕРА-МУЖЧИНЫ О МОДЕ КОЛЫШЕТ МЕНЯ?
ДВОЙНЯШКИ!

ПОЛАГАЮ НЕОБХОДИМЫМИ ПОДРОБНЫЕ УКАЗАНИЯ В СВЯЗИ С НАШИМ НОВЫМ КОДЕКСОМ ОДЕЖДЫ.
С. Адамс E-Mail: SCOTTADAMS@AOL.COM
ЗАПРЕЩЕНЫ: ШОРТЫ, БЕЗРУКАВКИ, ФУТБОЛКИ, МАЙКИ С НАДПИСЯМИ, ДЖИНСЫ, ТЕННИСКИ И САНДАЛИИ.
© 1994 United Feature Syndicate, Inc.
МОЙ МОРАЛЬНЫЙ ДУХ РАСТЕТ.
В ПРИЛОЖЕНИИ 1 ДАЕТСЯ СПИСОК РАЗРЕШЕННОГО БЕЛЬЯ.

СОРЕВНОВАНИЕ МЕЖДУ СОТРУДНИКАМИ

Программы этого типа шлют всем сотрудникам группы, а не только «победителям» соревнования важный сигнал, а именно: «Есть человек, которого не сократят, пока мы не избавимся от *вас*».

Но это далеко не единственная польза от программ соревнования между сотрудниками. Эти программы укрепляют также самоотождествление сотрудников с той социальной кастой, к которой они принадлежат.

Награда	Каста
Лучший работник месяца	«Треуголки из газеты»
Похвальная грамота	«Сверхурочные без оплаты»
Памятная премия наличными	«Выскочки из кабинок»
Отсутствует	«Начальники»

На самых высоких уровнях компании никаких программ соревнования между начальниками нет. Эти программы служат для мотивации сотрудников более низких рангов. Им внушают, что если они будут упорно трудиться, то имеют шанс достичь того административного уровня, где программ соревнования не существует.

Как-то в «Пасифик Белл» я победил в соревновании. В момент вручения грамоты стало очевидным, что начальник, который вел церемонию, понятия не имел, чем же я занимался. На потребу аудитории он наскоро придумал абсолютно фиктивный проект и долго благодарил меня за ценный вклад в его успех.

После этого я почувствовал себя «более счастливым», но моя самооценка не поднялась настолько, чтобы я счел момент подходящим для просьбы о прибавке. Однако со стороны фирмы это был мудрый мотивационный ход: ведь я в тот день даже подумывал, причем всерьез, честно отработать все положенное мне обеденное время.

Из электронной почты: Наиболее унизительная программа соревнования всех времен

От: (имярек)
Кому: scottadams@aol.com

Скотт!

После недавнего ухода многих опытных сотрудников фирма объявила, что ежемесячно за выдающиеся успехи в работе будет отбираться один сотрудник, которому присвоят звание «Пушистый кролик». Другой служащий, переодетый кроликом (клянусь, я ничего не придумываю), явится к избраннику в кабинку с воздушными шарами, кувшинчиком кофе и дипломом. Предполагалось, что это поощрит нас работать еще напряженнее. План рухнул (и слава Богу), поскольку не нашлось желающих на роль кролика.

НЕДООЦЕНКА ВКЛАДА СОТРУДНИКОВ

Служащим хочется чувствовать, что их вклад ценят. Вот почему все начальники пробуют избежать таких оценок. Вместе с ценностью сотрудника в нем растет чувство самоуважения, а с этим чувством приходят неразумные требования о прибавке.

Существует масса способов сообщить служащим, что их работу не ценят. Вот ряд методов пожестче, которые, кстати, работают лучше прочих:

- Когда сотрудник излагает свое мнение, листайте журнал.
- Требуйте от подчиненного «срочно» дать вам информацию, а затем позвольте ей пару-тройку недель поваляться на видном месте вашего стола в нетронутом виде.
- Велите своей секретарше не соединять вас с подчиненными.
- Используйте документ, подготовленный сотрудником, совсем не для той цели, для которой он предназначался, как в этом примере:

УМЕНИЕ ЗАСТАВИТЬ ПОДОЖДАТЬ

Один из наиболее эффективных методов унижения, используемых начальниками, — игнорировать мелкую сошку, вертящуюся в его кабинете или неподалеку, и делать в это время что-то явно незначительное. Тем самым подчиненному дают понять, что людей здесь нет. Это вроде переодевания при кошке: животное наблюдает — ну и что?!

Путем выбора действия, выполняемого начальником в то время, пока служащий ждет, этот инструмент можно настраивать на любой уровень унижения.

Действие	Шкала унижения
Разговор по телефону	Не так и плохо
Чтение других материалов	Плохо
Чистка зубов ниткой	Очень плохо
Изучение иностранного языка	Очень-очень плохо

3
ДЕЛОВОЕ ОБЩЕНИЕ

Любой профессор-экономист расскажет, что цель делового общения — четкая передача информации. Именно поэтому профессора редко преуспевают в бизнесе.

Истинная цель делового общения состоит в том, чтобы способствовать вашей карьере. Как правило, эта цель расходится с понятием «четкая передача информации».

Преуспевающий начальник знает, что лучший вид общения — тот, который передает единственное сообщение: «Я достоин продвижения по службе», — и даже случайно не несет никакой другой информации. Ясность в общении может только принести вам неприятности. Помните: вы не можете ошибаться, пока занимаете солидную должность. Не попадайтесь в эту западню.

ДЕКЛАРАЦИЯ МИССИИ

Если ваши подчиненные производят изделия низкого качества, которые никакое психически нормальное лицо не купит, эту проблему часто можно смягчить, проводя множество совещаний с целью обсудить декларацию миссии фирмы.

Формальное определение декларации миссии таково: длинное неуклюжее предложение, которое демонстрирует неспособность руководства к ясному мышлению. Ее имеют все уважающие себя учреждения.

Компании, не располагающие декларацией миссии, зачастую ошибочно полагают, что их цель состоит в препирательствах между отделами, в производстве изделий низкого качества и медленном продвижении к банкротству. Этот неверный подход можно легко излечить, написав декларацию миссии примерно такого типа:

Миссия

«Используя динамику всесторонне полномочной команды в новой парадигме тотального качества, выпускать изделия самого высокого качества, пока мы не станем лидером нашей отрасли промышленности».

Но это не означает, что все свободны и можно разойтись. Декларация миссии фирмы будет бессмысленна, пока все ее отделы не напишут свои собственные декларации миссии с целью поддержать генеральную миссию компании. Это может оказаться чуть потяжелее, потому что на большинство отделов возложено множество разных функций и не хотелось бы отказаться от любой из них. В конечном итоге декларации миссии отделов могли бы выглядеть примерно так:

Миссия

«Используя динамику всесторонне полномочной команды в новой парадигме тотального качества, вести на уровне мировых стандартов разработку изделий, а также финансовый анализ и предоставление текущих услуг, пока мы не станем лидером нашей отрасли промышленности».

Сами по себе декларации миссии — и всей фирмы, и ее отделов — не означают ровным счетом ничего. Но в совокупности они обязательно подвигнут служащих на достижение еще бо́льших высот.

ПЕРСПЕКТИВНОЕ ВИДЕНИЕ

Если по каким-то причинам декларация миссии компании не влечет за собой благоприятный поворот в ее рентабельности, вам может понадобиться еще и перспективное видение. В противоположность той подробной дорожной карте, каковой является декларация миссии, перспективное видение служит фирме путеводителем более «высокого уровня». И чем этот уровень выше, тем лучше: ведь вам нужна перспектива, которая переживет века.

Первый шаг в разработке перспективного видения таков: запереть всех начальников в одной компате — и пусть они там пособачатся о том, что это за штука «перспективное видение» и чем оно отличается от декларации миссии, от бизнес-плана или изложения целей. Всё это весьма важные вопросы, иначе один неверный шаг — и начнется работа над «видением», когда надо заниматься тем, что связано с «миссией», а потом в этой чащобе сам черт ногу сломит.

Дебаты над дефиницией «перспективного видения» закончатся, когда участники из-за утомленности и раздражения перестанут получать удовольствие от взаимного умаления интеллекта друг друга. В этот момент на кого-нибудь и снизойдет перспективное видение — только бы покончить с этой совещаловкой. Все хорошие перспективные видения исходили от людей с переполненными мочевыми пузырями, которые к тому же вообще предпочли бы заниматься чем-либо другим.

Можете быть уверены, что у вас классное перспективное видение, если оно вдохновляет служащих и позволяет им думать, будто они вовлечены в нечто куда более важное, чем их скверно оплачиваемая работа, а также если сотрудники почувствуют себя частью крупномасштабного проекта — словом, чего-то, всерьез влияющего на общество, в котором они живут. Вот примеры удачных перспективных прогнозов.

Пример № 1

«Мы будем владеть всеми богатствами мира, а все прочие сдохнут в грязных канавах от зависти».

Пример № 2

«Мы эволюционируем в чистую энергию и будем существовать в новом пространственно-временном континууме, БУ-ГА-ГА-ГА-ГА!!!»

Пример № 3

«Компьютер — на каждом письменном столе»[1].

КАК НАЗВАТЬ СВОЙ ОТДЕЛ

Один из самых мощных вызовов в сфере делового общения — придумать своему отделу название, позволяющее казаться жизненно необходимым для фирмы, но вместе с тем не навлекающее на отдел слишком много работы. Для этого в названии

---

[1] Это реальное перспективное видение фирмы «Microsoft».

используют пустые, но громко звучащие слова вроде «совершенствование», «технология» и «сфера».

Название должно быть достаточно неопределенным и широким, чтобы можно было законно выдвигать свои притязания на всё, что сулит хотя бы минимальные шансы на успех. Если старший начальник внезапно проявляет горячий интерес к мультимедиа, можно встать и сказать, что это звучит как работа для отдела совершенствования сферы технологии — потому что требует и технологии, и совершенствования. Аргумент сильный, и опровергнуть его непросто.

По истечении шести месяцев, когда ветер переменится или у вас окажется новый старший начальник, а мультимедийный проект вашими стараниями благополучно сядет на мель, можно будет говорить: «Наша работа сделана. Думаю, данный проект должен теперь проталкивать отдел маркетинга». Такой ход позволит передать им ответственность, но не бюджет (на простом языке это называется «перекинуть дохлого кота соседу»).

Недурно каждые несколько месяцев переименовывать свое подразделение, чтобы уходить от плохой репутации. К счастью, не наблюдается дефицита пустых, но громко звучащих слов, из которых можно выбрать подходящие. В зависимости от вашей специальности можете рождать для своей группы новые названия, произвольно комбинируя слова из приводимых ниже удобных подручных списков:

Техническая сфера

Информация
Технология
Разработка
Внедрение
Пользователь
Модернизированный
Мультимедиа
Данные
Служба
Системы
Компьютерный
Телекоммуникационный
Сеть
Исследования
Сопровождение

Маркетинг

Рынок
Продукт
Канал
Совершенствование
Общение
Коммуникации
Продвижение
Сбыт
Потребитель
Клиент
Представитель
Сервис
Центр

РАЗГОВАРИВАТЬ КАК НАЧАЛЬНИК

Если вы хотите продвинуться в административной сфере, то должны убедить других людей, что умны и ловки. Это достигается заменой обычных слов непонятным жаргоном.

Например, начальник никогда не скажет: «Я ел картофель вилкой». Он выразится так: «Для обработки крахмалосодержащего сырья я воспользовался многолезвийным инструментом». Оба предложения означают почти то же самое, но явно видно, что второе исходит от человека гораздо более умного и сообразительного.

ОБЪЯВЛЕНИЯ

Цель внутрифирменного объявления — сообщить о чём-то случившемся, но дать при этом читателю понять: он не настолько важная персона, дабы информировать его о любых существенных деталях. Впрочем, сообразительный человек порой умеет читать между строк и понимать истинный смысл, как в последующем примере:

ВДОХНОВЛЯЮЩИЕ РЕЧИ

Вам может попасться сборище недоучек, которые используют неадекватный инструментарий, погрязли в бюрократических процедурах и прочее, тем самым делая фирму неконкурентоспособной. Лекарство таково: вдохновляющие речи. Соберите всю вашу команду и «зажгите огонь в их сердцах» каким-нибудь собственноручным образчиком проникновенного красноречия.

Вовсе не важно, чтобы эти слова несли какую-то конкретную полезную информацию. Как уже объяснялось, информация никогда не ведет ни к чему хорошему. Цель одна — надо поднять подчиненных на отчаянную борьбу за конкурентоспособность, а для этого никакой информации не нужно. Вот ряд фраз, которые веками звали на бой:

Воодушевляющие призывы

- «Нам предстоит весьма непростой год».
- «Честно говоря, не думаю, что под наш проект выделят финансирование».

- «Если говорить о прибавках, не ожидайте многого. Работа сама по себе должна быть наградой».
- «Если прибыль не вырастет, в следующем году будет больше сокращений. По правде говоря, их в любом случае будет больше».
- «Никакие реорганизации не планируются. Всё будет как обычно».

ДОКЛАД О СОСТОЯНИИ ДЕЛ

На протяжении карьеры неоднократно приходится делать различные доклады о состоянии дел. Их цель — перебросить ресурсы и усилия с реальных дел и сосредоточить их на объяснении того, как хорошо вы работаете.

ДИЛБЕРТ, ГОТОВЬТЕСЬ К ДОКЛАДУ НА СОВЕЩАНИИ У ГЕНЕРАЛЬНОГО.
НА ЧТО ДЕЛАТЬ УПОР?
ОН, Я СЛЫШАЛ, СЕЧЕТ В ГЕОМЕТРИИ, ВОТ ТУДА И УКЛОН.
ВЫ В СИЛАХ БОЛТАТЬ ЧАС О СПОСОБАХ ИСПОЛЬЗОВАНИЯ ПРЯМОУГОЛЬНИКОВ?
С. Адамс
© 1991 United Feature Syndicate, Inc.

Я ГОТОВЛЮСЬ К ДОКЛАДУ У ГЕНЕРАЛЬНОГО. ГОВОРЯТ, ОН ЛЮБИТЕЛЬ ГЕОМЕТРИИ.
«ПРЯМОУГОЛЬНИКИ КАК ИЗВРАЩЕННО ПОНИМАЕМЫЕ ПАРАЛЛЕЛОГРАММЫ»
ЭТО ПОРОДИТ ДЕБАТЫ.
МЫ ВЕРИМ В ОТКРЫТЫЙ ОБМЕН МНЕНИЯМИ.
С. Адамс
© 1991 United Feature Syndicate, Inc.

СЛЕДУЮЩИЙ СЛАЙД – ПОЛНЕЙШАЯ КАША СЛОЖНОСТЕЙ И НЕПОНЯТНЫХ СОКРАЩЕНИЙ.
ВЫ СПРОСИТЕ, ЗАЧЕМ Я ЕГО ПОКАЗЫВАЮ, ЕСЛИ ИТОГОМ МОЖЕТ СТАТЬ ЛИШЬ УХУДШЕНИЕ МНЕНИЯ О МОИХ НАВЫКАХ ОБЩЕНИЯ.
ЧЕСТНО ГОВОРЯ, ПОТОМУ, ЧТО МНЕ БОЛЬШЕ НРАВЯТСЯ СЛОЖНЫЕ СХЕМЫ, ЧЕМ ВЫ.
С. Адамс E-Mail: SCOTTADAMS@AOL.COM
© 1995 United Feature Syndicate, Inc. (NYC)

А ТЕПЕРЬ ИЗВИНИТЕ ЗА ОФОРМЛЕНИЕ СЛЕДУЮЩЕЙ СХЕМЫ.
ЧТО ЭТО ТАКОЕ?
ВЫГЛЯДИТ КАК ЛИЦО ЭЛВИСА НА ЖЕРТВЕННИКЕ!
ХА-ХА-ХА!
ИЛИ ЭТО ТЕСТ РОРШАХА??!
ХА-ХА-ХА!!!
И ПОСЛЕДНЕЕ: Я ВАС ВСЕХ НЕНАВИЖУ.
С. Адамс E-Mail: SCOTTADAMS@AOL.COM
© 1993 United Feature Syndicate, Inc.

КАК ПИСАТЬ ХОРОМ

Стивен Кинг пишет очень страшные книги. Шекспир написал несколько превосходных пьес. К сожалению, оба работали в одиночку[1]. Попробуй они работать в группе — и результаты были бы на порядок лучше. Именно эта теория лежит в основе «коллективного написания текстов», и к логике тут не придерешься.

Вы, наверное, слышали, что если усадить тысячу обезьян в помещение с тысячей пишущих машинок и ждать достаточно долго, то в конечном счете получите зал, набитый дохлыми обезьянами[2]. (Совет: было бы неплохо кормить обезьян.) Коллективное творчество во многом подобно комнате с дохлыми обезьянами, разве что оно не такое «забавное».

---

[1] Некоторые ученые утверждают, что за Шекспира пьесы писали другие, а сам он только пожинал лавры и при сём грубо шутил насчет своего гульфика. В любом случае, его дерзость должна вас восхитить.

[2] Здесь пародируется довольно известный парадокс, гласящий, что в подобной ситуации можно в конечном итоге дождаться от обезьян и сонета Шекспира. – *Прим. перев.*

Главная задача коллективного творчества в том, чтобы каждое предложение отвечало всем целям каждого, кто находится в комнате. Если у участников различные цели, это может оказаться проблематичным. Для минимизации воздействия разных целей нужно сосредоточиться на тех, по поводу которых все стороны могут договориться, а именно:

1. Не включать в текст никакую информацию вообще.

2. См. пункт 1.

Лучшая вещь в мире, просто райское наслаждение, — когда тебя просят прокомментировать бумагу коллеги. Приятно дорваться и потоптать «я» другого человека, причем без всякого личного риска. Чувство удовлетворения гарантировано.

Ради забавы предложите изменения, которые выворачивают намерения автора наизнанку. Этим вы поставите того в неудобное положение: ему придется или направить документ на дальнейшие, столь же бесполезные отзывы, или решиться игнорировать ваши «доработки». Если ваши замечания проигнорируют, сам Бог дарует вам право высмеять конечный результат и посетовать, что ваше мнение никак не учли. Вся эта ваша деятельность будет выглядеть весьма похожей на «работу», но она куда легче и не сопряжена ни с каким риском. Если же высмеянный вами документ вдруг окажется удачным, можно спокойно пополнить им перечень собственных достижений.

ПРИМЕРЫ ЧЕТКОГО ДЕЛОВОГО ОБЩЕНИЯ

От: (имярек)
Кому: scottadams@aol.com

Скотт!

Несколько лет назад у меня была привычка готовить для подчиненных ежегодную сводную памятную записку о том, что сделано, что нас ждет впереди и т. д. Мы как раз собирались устанавливать автоматизированную систему, и я написал, что, хотя в минувшем году было сделано немало, ситуация, ожидающая нас в наступающем году, сложна. И далее: «Привычная многим ситуация пата становится нетерпимой».

Назавтра после того, как записка была роздана, одна женщина попросила о встрече со мной и затем, разразившись слезами, спросила, что я имею против нашего сотрудника Пата. Его ближайший друг тоже чуть не плакал, поскольку, как и другие, не мог взять в толк, почему я счел ситуацию Пата нетерпимой.

Вот и работай...[1]

От: (имярек)
Кому: scottadams@aol.com

Скотт!

Шеф запланировал мне на следующий год такие цели. (Это правда!) Я только что получил соответствующую бумагу.

«Шире использовать процедуры уточнения вопросов».

«Обеспечивать привлечение во все процедуры надлежащих лиц».

«Добиться наглядности своих действий в качестве командного игрока».

«Функционировать ради достижения командой наилучших результатов».

---

[1] Может, было бы лучше написать: «Ситуация угрожает всем матом». Впрочем, тогда не избежать бы бедному начальнику нашествия делегации от тамошнего женсовета с требованием прекратить запугивание сотрудников нецензурной бранью. — *Прим. перев.*

Такие вот передо мною ясные цели. Думаю, я сам придумал кое-что получше:

«Выпрямить процедуры максимизации уклонов».
«Обеспечить полное использование потенциала полномочий».
«Устранить случаи массового распространения хаоса».
«Административно сбалансировать компиляцию текстов с правами интеллектуальной собственности на процедуры».

От: (имярек)
Кому: scottadams@aol.com

Скотт!

Пожалуйста, помогите мне интерпретировать указания моего руководителя группы, поскольку подходит срок их выполнения. Причем насчет срока я не шучу — всё очень даже реально...

(1) Проконтролировать вспомогательные действия и сохранившиеся нестыковки.
(2) Идентифицировать любые новые нестыковки и
(3) Назначить на конец года этап оценки.

При определении состояния выполнения работы необходимо использовать следующие критерии:

(1) Состояние выполнения определяет семь [буквенное _сокращение].

Разъяснения вынесены в приложение, для вызова которого требуется применить [имя_файла1].

(2) Решения по ликвидации нестыковок будут разработаны и реализованы, как это указано в приложении с меткой [имя_файла2].

(3) Для состояния выполнения административной процедуры определяющей является работа с самым низким состоянием выполнения (иными словами, если некоторая административная процедура имеет четыре состояния вы-

полнения без нестыковок и одно с нестыковкой, то состоянием выполнения для данной административной процедуры является состояние выполнения, соответствующее ситуации с нестыковкой).

— КАРАУЛ!!!

От: (имярек)
Кому: scottadams@aol.com

Скотт!

Вот выдержка из служебной записки одного из членов нашей дирекции, где объявляется о кадровых изменениях.

«Данное изменение позволит нам лучше опереться на нашу базу талантов в сфере, где происходит всестороннее развитие, и стратегически сконцентрироваться на близящемся переходе к комплексной бизнес-системе, грамотное и точное применение которой явится важной предпосылкой для обеспечения в предстоящем напряженном периоде дальнейшего роста ранжировки уровня сервиса нашей постоянно растущей клиентуры».

Несколько человек уселись в попытке понять то, что нам собирались сообщить, и, отбросив массу псевдокрасот, пришли к следующему: «Данное изменение улучшит обслуживание наших клиентов».

От: (имярек)
Кому: scottadamş@aol.com

Скотт!

Декан здешней школы бизнеса (назовите его членом высшего руководства) хотел, чтобы коллектив факультета разработал декларацию миссии, которую все будут считать «своей». Но он знал, что не заставишь 110 человек работать вместе ни над чем, не говоря уже о декларации миссии, и поэтому сформировал комиссию.

А теперь угадайте, чем занималась комиссия. Правильно — она разделилась на группы и привлекла в ту или иную из них всех 110 сотрудников факультета. Были сформированы «команды», предназначенные «определить наши душевные склонности» и найти способ «удовлетворить наших потребителей» в контексте «непрерывного улучшения» (предпочтительно — за половину текущего бюджета).

Результат был вполне предсказуем. Одних огорчала пустая трата времени, другие выбрали остроумный, но все же слишком резкий сарказм, а третьи и впрямь думали, что эта акция даст возможность «лучше узнать друг друга». Они предложили всем взяться за руки и сказать: «Ты — человек особый. И этот момент — тоже особый».

Конечным продуктом явился документ, который бы не поддержал никто. Все мы получили от декана замечание, суть которого была такова: «Вы не поняли мою мысль и всё испортили!»

4

БОЛЬШАЯ ЛОЖЬ РУКОВОДСТВА

Для вашего удобства я составил список наиболее популярных ложных утверждений руководителей всех времен и народов. Это моя услуга деловому сообществу. Теперь, рассказывая про обман, учиненный вашими начальниками, можете просто сослаться на каждую ложь по номеру, например: «Она сказала нам номер шесть, а мы вернулись по своим кабинкам и хохотали». Это сэкономит вам массу энергии, которую можно будет направить на скулеж в кругу сослуживцев.

Список большой лжи руководства

1. «Сотрудники — наш наиболее ценный актив».

2. «Я провожу политику открытых дверей».

3. «При новой системе оплаты вы сможете зарабатывать больше».

4. «Мы реорганизуемся, чтобы лучше обслуживать клиентов».

5. «У нас светлое будущее».

6. «Мы вознаграждаем тех, кто рискует».

7. «Высокая отдача будет вознаграждена».

8. «Мы не расстреливаем того, кто принес дурную весть».

9. «Обучению — высокий приоритет».

10. «Я не слышал никаких сплетен».
11. «Мы проанализируем вашу работу через шесть месяцев».
12. «Наши люди — самые лучшие».
13. «Нам важны ваши предложения».

Не всегда легко различить грубую ложь начальства и его обычный кретинизм. Столкнувшись с неоднозначной ситуацией, обычно можно унюхать правду с помощью удобного метода, который я называю тестом «Что более вероятно». Он работает так.

> Сформулируйте каждую из допустимых интерпретаций действительности (по возможности используя юмористические метафоры), а затем спросите себя:
>
> «Что более вероятно?»

Вы обнаружите, что этот метод сильно проясняет понимание того, что исходит от ваших начальников. Позвольте мне продемонстрировать его полезность на всех видах большой лжи руководства.

«СОТРУДНИКИ — НАШ НАИБОЛЕЕ ЦЕННЫЙ АКТИВ»

Уже на самый первый взгляд это утверждение расходится с фактом, что фирмы обращаются со своими «наиболее ценными активами» подобно тому, как ветродуй — с пожухлыми листьями. Чем можно объяснить столь очевидное противоречие?

| Я ГОДАМИ ПОВТОРЯЛ, ЧТО «СОТРУДНИКИ — НАШ НАИБОЛЕЕ ЦЕННЫЙ АКТИВ». | ОКАЗЫВАЕТСЯ, Я ОШИБАЛСЯ. НАШ НАИБОЛЕЕ ЦЕННЫЙ АКТИВ — ЭТО ДЕНЬГИ. СОТРУДНИКИ — НА ДЕВЯТОМ МЕСТЕ. | БОЮСЬ СПРОСИТЬ, ЧТО ЖЕ НА ВОСЬМОМ. КОПИРКА. |

Здесь будет полезен пример. Предположим, что у вашего босса сломался стул, а в бюджете не осталось денег на его замену. Итак, какое действие босса кажется вам наиболее вероятным:

А. Он будет вплоть до начала следующего бюджетного года сидеть на полу.

Б. Он воспользуется стулом, не предназначенным для начальников, несмотря на более низкий статус, который это дает сидящему.

В. Он отложит заполнение вакансии, открывшейся в группе, распределит дополнительную работу между «наиболее ценными активами» и использует сбереженные средства, чтобы купить себе роскошный стул.

Как сотрудникам нам приятно считать себя более ценными, нежели офисная мебель. Но тест «Что более вероятно?» показывает, что это не тот случай. Реально оценивая, мы находимся ближе к концу иерархии того, чем комплектуется офис.

Открывая новую коробку скрепок, я имел обыкновение гордо оповещать их, что они призваны работать на меня, их бесспорного повелителя. Но в конечном счете я все-таки прекратил давать каждой из скрепок имя, пережив сильное эмоциональное потрясение, когда одна из них согнулась. Это может показаться отклонением от темы, но если кто-то увидит Элизабет, скажите ей, что я без нее тоскую.

«Я ПРОВОЖУ ПОЛИТИКУ ОТКРЫТЫХ ДВЕРЕЙ»

Что более правдоподобно?

А. Ваш шеф искренне хочет, чтобы через его кабинет тянулась бесконечная череда шутов и жаловалась на то, что в любом случае невозможно исправить. Его долгосрочная цель — дать отвлечь себя от реальных обязанностей, завалить работу и в конечном итоге стать бездомным.

Или...

Б. Он знает, что может запросто запугать людей, вынудив их обходить его кабинет стороной, если станет топтать тех первых десять человек, кто попробует зайти к нему, и сунет им первую попавшуюся работу. Тем самым он обретет все выгоды репутации «открытого» — но без никаких издержек.

«ПРИ НОВОЙ СИСТЕМЕ ОПЛАТЫ ВЫ СМОЖЕТЕ ЗАРАБАТЫВАТЬ БОЛЬШЕ»

Правдоподобно ли, что ваша фирма изменила систему оплаты именно с целью дать всем вам больше денег? Неужто обычные прибавки нынче столь редки, что начальство просто позабыло о такой возможности и решило сменить всю систему оплаты?

Или же более вероятно следующее: новая, компенсационная система оплаты — это изощренный маневр с целью замаскировать тот факт, что с этого момента ваши дотации на поддержку здоровья будут переправляться в распоряжение приверженцев Христианской науки?

«МЫ РЕОРГАНИЗУЕМСЯ, ЧТОБЫ ЛУЧШЕ ОБСЛУЖИВАТЬ КЛИЕНТОВ»

Имеются ли шансы, что нынешняя реорганизация — абсолютно отличаясь в этом смысле от всех предшествующих — превратит фирму в динамо-машину, которая генерирует прибыль? И разве главная причина ненависти клиентов к вашей фирме состоит в том, что схема оргструктуры в ней не совсем оптимальна?

Или всё дело в том, что ваше руководство понятия не имеет, как преодолеть фундаментальные проблемы фирмы, и думает, что перестановка существующего комплекта придурков будет имитировать прогресс?

«У НАС СВЕТЛОЕ БУДУЩЕЕ»

Насколько вероятно, что ваш босс — провидец, который умеет предсказывать будущее, хотя и не в состоянии освоить компьютер? А если ему действительно дано видеть будущее, то возможно ли, что он предпочитает впустую тратить этот бесценный дар на нынешней работе, вместо того чтобы использовать свою мощь для лечения рака и по ходу пьесы сделать пару баксов?

Или же более правдоподобно, что будущее не намного светлее, чем ваш босс?

«МЫ ВОЗНАГРАЖДАЕМ ТЕХ, КТО РИСКУЕТ»

По определению, те, кто рискует, часто терпят неудачу. Болваны тоже терпят неудачу. На практике отличить их трудно.

Насколько же вероятно, что ваш начальник станет вознаграждать людей, потерпевших неудачу, зная, что добрая их половина — болваны, причем за каждого из них он успел получить по крайней мере один втык от высшего начальства?

Или же тех, кто потерпит неудачу, скорее всего, сошлют в бригады качества, тогда как удачливые сбегут из фирмы быстрее, чем гепард из вегетарианской столовки?

Вопрос о заработке

Если преуспевающие люди уходят, то они будут получать в другой фирме больше денег или же меньше?

«ВЫСОКАЯ ОТДАЧА БУДЕТ ВОЗНАГРАЖДЕНА»

Правдоподобно ли, что в этом году высшие сановники вашей фирмы заявят: «Плевали мы на цены акций и на наши премии. О чём тут думать? Давайте-ка выделим побольше денег для сотрудников!»?

Или же более вероятно, что вас прогонят по извилистой дорожке процедуры под названием «Анализ отдачи», который завершится приблизительно одной и той же мизерной прибавкой, окажись вы хоть матерью Терезой, хоть Унабомбистом?

«МЫ НЕ РАССТРЕЛИВАЕМ ТОГО, КТО ПРИНЕС ДУРНУЮ ВЕСТЬ»

Возможно ли, что все начальники вашей фирмы одновременно нашли в ящиках своих письменных столов танцующего Будду и решили дать миру шанс?

Или же более вероятно, что порожденное сатаной и отравленное кофием начальницкое племя будет стараться извлечь выгоду из любой мишени, которая достаточно глупа, чтобы стоять неподвижно?

Примечание. Для усиления контраста полезно дополнить часть этих вопросов небольшой личной окраской.

«ОБУЧЕНИЮ — ВЫСОКИЙ ПРИОРИТЕТ»

Предположим, что бюджет отдела становится напряженным. Высока ли вероятность, что начальник оставит нетронутой высокоприоритетную сумму, предусмотренную для вашего обучения, задержав из-за этого намеченный выпуск вашего же изделия на рынок и тем самым снизив шансы на собственную прибавку и премию?

Или же более правдоподобно, что квота, выделенная на обучение, исчезнет быстрее, чем бутерброды с икрой на фуршете для голодающих политиков?

Из электронной почты...

От: (имярек)
Кому: scottadams@aol.com

Скотт!

...случилось со мной в [название_фирмы] несколько лет назад. Анализ выявил, что ее сотрудники нуждаются в обучении. В то же время бюджет на цели повышения квалификации сильно срезали. В итоге меня буквально силой заставили посетить дешевый и совершенно никчемный учебный курс по контролю за временем, который проводился в каком-то сарае, громко именовавшемся отелем.

«Я НЕ СЛЫШАЛ НИКАКИХ СПЛЕТЕН»

Неужто есть вероятность внезапного прекращения бесконечного потока слухов, причем именно в тот момент, когда всё свидетельствует: вот-вот произойдут какие-то неординарные события?

Или же больше шансов на то, что ваш начальник знает: новости ужасны и не подлежат разглашению, ибо даже легчайшее дуновение правды приведет на фирме к падению производительности до уровня ниже, чем на автобазе в Чихуахуа[1]?

«МЫ ПРОАНАЛИЗИРУЕМ ВАШУ РАБОТУ ЧЕРЕЗ ШЕСТЬ МЕСЯЦЕВ»

Наибольшая прелесть будущего в том, что оно еще не наступило. Если начальник обещает проанализировать вашу работу через шесть месяцев в целях возможного повышения, то что более вероятно?

---

[1] Возможно, эта аналогия притянута за уши. Но столь же возможно, что я провел в Чихуахуа исчерпывающие исследования организации работы, а также трудовой морали и обнаружил: тамошняя автобаза — пример наименее производительной организации.

А. Начальник полагает, что через 180 дней вы сможете стать умнее и производительнее и тем самым заслужите прибавку жалованья. Причем такую большую, что ее есть смысл ждать полгода.

Или...

Б. Начальник ожидает, что не позднее шести месяцев уйдет на новую работу, и ваши шансы на прибавку выглядят еще более дохлыми, чем у рыбной котлеты на кошачьей гулянке.

«НАШИ ЛЮДИ — САМЫЕ ЛУЧШИЕ»

Сотрудники хорошо воспринимают подобную ложь. К сожалению, в каждой отрасли только одна компания может иметь самых лучших работников. И вызывает подозрение тот факт, что как раз ваша фирма платит самое низкое жалованье.

Правдоподобно ли, что «лучшие» служащие оттянуты именно сюда, несмотря на зарплату, которая в вашей фирме ниже средней? Неужели мы имеем дело со странным помрачением ума, при котором люди блистают на рабочих местах, но почему-то неспособны сравнить два размера жалованья и определить, какой из них выше? Назовем этих лиц «мутантами-трудоголиками». Если таковые существуют, что же заставило всех их принять решение работать именно в вашей фирме?

И разве может быть так, что люди, с которыми вы трудитесь день за днем и их лоб выглядит не то что медным — титановым, в действительности не что иное, как наиболее квалифицированные профессионалы в своей области?

Или же более вероятно, что нобелевские лауреаты по экономике правы: рыночная система работает, и сотрудники вашей фирмы глуповаты ровно настолько, насколько фирма готова оплачивать их труд?

«НАМ ВАЖНЫ ВАШИ ПРЕДЛОЖЕНИЯ»

Для начальника истинной выглядит следующая цепочка тождеств:

предложение сотрудника = больше работы = очень плохо

Как человек угнетенный и бессильный вы знаете, какая это радость — подсунуть своему начальнику абсолютно непрактичное предложение, что-то вроде:

«Если вас заботит здоровье подчиненных, следует попросить генерального директора профинансировать научное исследование о влиянии люминесцентного освещения на способность служащих обоего пола к воспроизведению потомства».

Это предложение глубоко непрактично, но красота его в том, что начальник не может пропустить его мимо ушей, ибо рискует выглядеть человеком, которого и впрямь не заботит здоровье персонала. Более того, ему даже нельзя сплавить подчиненного к старшему по должности, поскольку он там может наговорить бог знает какие вещи.

Большинство предложений, выдвигаемых служащими, или бестолковые, или садистские. Порой проскользнет и разумная идея, но, увы, хорошая идея неотличима от плохой, если не вы сами придумали одну из них. Заранее никогда не ясно, действительно ли плод размышлений подчиненного чего-то стоит. Поэтому начальники должны считать все вносимые предложения ерундой. Вот вам тест, чтобы увидеть, действительно ли начальник заинтересован идеей сотрудника. Итак:

Отличается ли от нуля вероятность, что ваш босс рад дополнительной работе, возникающей в связи с хорошо продуманными и даже мудрыми предложениями, которые исходят от вас и ваших одаренных коллег?

Или же более вероятно, что шеф только притворяется слушающим ваши никому не нужные предложения, затем благодарит за вклад и поступает в точности так, как и планировал ранее, а вас в наказание просит возглавить какую-то дурацкую благотворительную кампанию?

Видите теперь, насколько легко тут разобраться?

5

МАКИАВЕЛЛЕВСКИЕ МЕТОДЫ

(НАПИСАНО ПЁСБЕРТОМ)

Эта глава содержит массу надежных и безошибочных советов, позволяющих обрести богатство и личную власть за счет людей, которые учатся быть командными игроками. Естественно, самые эффективные трюки я сохранил для себя, чтобы позже, если мне это понадобится или просто захочется в целях разминки, суметь одной левой сокрушить вас, дорогой читатель. Но и того, что вы здесь найдете, будет вполне достаточно, дабы отмести в сторону тех добросердечных болванов, которыми замусорена ваша дорога к успеху.

Используйте эти методы экономно — по крайней мере, до тех пор, пока не обретете полную власть над окружающими вас простаками. Если вы станете применять все указанные приемы сразу, то, вероятно, напугаете обитателей соседних кабинок и они начнут считать вас шаманом или ведьмой. Эта публика способна сбиться в неуправляемую толпу, взять штурмом ваш кабинет и убить секретаршу. То была бы настоящая трагедия, особенно если вы срочно нуждаетесь в ней (секретарше) для перепечатки парочки документов.

ДАВАЙТЕ ПЛОХИЕ СОВЕТЫ

За время, пока вы будете нарабатывать стаж, много людей обратится к вам за советом. Это дает вам шанс зарулить их подальше от трассы карьерных гонок в фирме, а при достаточной ловкости — еще и помочь им врезаться в толпу невинных зрителей.

Не всегда легко давать советы. Во-первых, ваш хвостик мог бы начать неудержимо вилять, тем самым сигнализируя о надвигающемся радостном предательстве. Кроме того, совет должен звучать вполне правдоподобно, независимо от того, насколько он в действительности деструктивен и корыстен. Лучший способ дать плохой совет, который звучит разумно и честно, — порекомендовать «идти прямым путем».

Предположим, к примеру, что ваш начальник влип в аморалку, а коллега нечаянно натолкнулся на это дело и пришел к вам за советом. Тут надо рекомендовать «идти прямым путем». Посоветуйте сослуживцу резко выступить против шефа, а заодно начихать и на более высокое начальство. Это не только откроет должность шефа для вас, но и одновременно, скорее всего, устранит вашего сослуживца в качестве возможного конкурента, причем всё произойдет во имя борьбы за «правое дело».

Не обязательно выбирать прямой путь во всех случаях. Коллеги могут оказаться достаточно слабоумными для того, чтобы, не моргнув глазом, скушать без тени сомнения ничем не приукрашенный и не завуалированный плохой совет старого доброго образца, как в последующих примерах.

ПРИПУДРИВАЙТЕ ПРАВДУ

Прелесть правды в том, что есть множество способов обойти ее, причем не прослыв «лгуном». Можно наслаждаться всеми выгодами введения людей в заблуждение и в то же время избежать клейма лжеца, если на минутку забывать важные уточнения своих утверждений.

ПРОЗВУЧАВШЕЕ УТВЕРЖДЕНИЕ	ОПУЩЕННОЕ УТОЧНЕНИЕ
«Я — командный игрок»	...в другой команде
«Вы — первый в моем списке»	...тех, кого я игнорирую
«Я позвоню тебе, когда буду знать»	...что тебя нет дома
«Мне нравится твоя прическа»	...типа «горшок с кактусом»

С КЕМ ПОВЕДЕШЬСЯ...

Люди будут судить о вас по компании, в которой вы вращаетесь, особенно во время обеда. Никогда не ешьте с человеком, получающим более низкое жалованье.

Исключения

- Ваша секретарша во время общенациональной недели канцелярских служащих (если таковая проводится — обязательно).
- Секретарша вашего шефа (косвенное подлизывание).
- Человек, о неизлечимой болезни которого знают все (заработаете очки за сострадательность).

Если вас впутали в обед с человеком, имеющим более низкий оклад, можете спасти ситуацию, пустив слух, что тот смертельно болен. В принципе, это не ложь, ибо все мы, в конечном счете, умрем. Если вас застанут вместе, при разговоре с мнимым «больным» всякий раз подносите салфетку ко рту на манер хирургической маски.

В идеале стремитесь хитростью заманивать выше оплачиваемых лиц туда, где вы едите. Они будут применять всяческие уловки, чтобы отвертеться, так что вам нужно быть хитрым и уметь лавировать. Например, можно наметить общий обед всего отдела и не потрудиться оповестить никого, кроме начальника. Если вы располагаете важной информацией, которая полезна и даже необходима высокооплачиваемому лицу, нужно сделать из своего знания нечто вроде заложника и потребовать в качестве выкупа обед.

УТАИВАНИЕ ИНФОРМАЦИИ

Для людей посредственных хороший способ показать близость к властям — создавать себе монополию на информацию. Она должна казаться важной, но не ключевой. Другими словами, ваши коллеги должны хотеть располагать той информацией, в которой вы им отказываете, но не настолько сильно, чтобы они могли задушить вас до смерти, если вы будете им препятствовать в ее получении.

Стройте многополосную эшелонированную оборону от покушений на вашу стратегически утаиваемую информацию. Правильно сочетая решимость с явно психопатическим поведением, можно утаить почти всё. Вот как это делается.

Первый рубеж обороны

Настаивайте, что не располагаете никакой информацией, и действуйте так, словно те, кто обращается по данному вопросу именно к вам, не в своем уме. Громко повторяйте заданный вопрос, как бы подчеркивая, что их просьба лишена смысла. Беспощадно издевайтесь над тем, почему, черт возьми, им вообще взбрело в голову, будто вы располагаете этой информацией. Если они представят убедительные доводы, подтверждающие, что им известно о наличии у вас данной информации, — улыбнитесь и ведите себя так, словно ваш отказ был вызван их неудачно сформулированным вопросом. Отступайте ко второму рубежу обороны.

Второй рубеж

Говорите, что вы слишком заняты, дабы разъяснять информацию всем заинтересованным лицам. Напомните им, что вам потребовались годы на постижение всего этого. Попросите их оставить на вашем автоответчике просьбу — которую легко проигнорировать — о том, чтобы вы наметили время, когда сможете вместе с просителем заняться данным вопросом. Не забывайте подчеркнуть, что «хотите помочь». Если нахал упорствует, отступайте на рубеж номер три.

Третий рубеж

Упорно настаивайте, что информация пока не готова — то ли поскольку вы ожидаете сведений от кого-то еще, то ли оттого, что вам надо «пригладить» цифры с целью изъять все данные, которые могут ввести в заблуждение. Если любопытствующий настаивает, что готов обойтись цифрами без пары последних месяцев — или даже принять информацию, вводящую в заблуждение, — отходите к четвертому рубежу.

Четвертый рубеж

Покажите, какой вы тяжелый человек. Будьте невежливы, негативны и снисходительны. Этот рубеж сам по себе не является защитой, но делает вопрошателя более уязвимым к следующим защитным полосам.

Пятый рубеж

Дайте им наконец неполную или не относящуюся к делу информацию, и пусть они уйдут, думая, что получили то, в чём нуждались. К моменту, когда они вернутся на свои рабочие места и обнаружат, что их надули, у них может пропасть воля к борьбе. Если вы убедительно действовали на четвертом рубеже, связанном с демонстрацией плохого характера, то есть много шансов на то, что разочарованным просителям не захочется снова обращаться к хаму, а вы останетесь целым и невредимым.

Не ваша вина

Если некий любознательный господин все же покинул вашу кабинку хотя бы с крупицей информации, поясните любому, кто захочет слушать, что эта информация ничего не даст получателю потому, что он либо не понял ее, либо извратил.

ДВЕ ГЛУПОСТИ ВЗАИМНО ГАСЯТСЯ. ПОЧТИ

Ваши бесхитростные родичи были, в принципе, правы, когда говорили, что две глупости ничем не умнее одной. Они, правда, забыли упомянуть, что две глупости могут иногда погасить друг друга, и, хотя их суммарный итог не столь хорош, как одно благое дело, он всё же намного лучше, нежели одна глупость. Умный человек может нейтрализовать любую грубую ошибку серией гасящих ее деструктивных действий, как в последующем примере.

НАКАЗАНИЕ

Наказание — ваш лучший друг, особенно когда оно сочетается с его естественным спутником: лицемерием. По неясным причинам наказание стало в бизнесе плохим термином. Но это касается только самого слова — ведь на практике наказание столь же популярно, как и в былые времена. Используйте его при каждом удобном случае.

Хотя удовольствие, а также чувство глубокого удовлетворения может доставлять и фактический акт наказания, наибольшую потенциальную помощь вашей карьере окажет угроза наказания. Чтобы таковая воспринималась всерьез, нужна действительная или потенциальная власть наказать на деле. Если вы в своей организации находитесь на низком уровне, то должны создавать впечатление, что скоро будете наверняка повышены или что у вас роман с кем-то могущественным. Если вы уродливы и вряд ли на вас клюнет высокое начальство, тогда лучшая ставка — создавать вокруг себя ауру неизбежного продвижения по службе, а для этого надо просто косить под начальника, то есть:

- одеваться дороже, чем равные вам по положению;
- скрывать любые следы технической компетентности;
- несколько раз в день использовать слово «парадигма»;
- сообщать каждому встречному, что вы готовитесь к встрече с президентом;
- ссылаться на статьи в «Уолл-стрит джорнэл»[1].

Этого недостаточно, чтобы гарантировать рост по службе, — хотя указанные действия и способствуют приближению желанного повышения, — но вполне хватит, дабы заставить ваших коллег на всякий случай подстраховаться и заранее начать лезть вам в разные места без мыла.

Все угрозы наказания будут выглядеть пустыми, если не продемонстрировать способность обнаружить нарушения, заслуживающие наказания, — даже если они происходят в ваше отсутствие. Один из способов казаться всезнающим — создать у себя в организации надежную сеть шпионов.

Лучший способ поощрять шептунов поставлять информацию именно *вам* — выглядеть желающим взамен предоставлять информацию *им*, причем предпочтительно ложную информацию. Не бойтесь изобретать правдоподобно звучащие слухи, про которые сами знаете, что они наверняка не сбудутся. Неточные слухи часто служат признаком наличия у вас

---

[1] Не тратьте свое время впустую на реальное чтение «Уолл-стрит джорнэл». Много народу держит в руках это издание, но никто по-настоящему не читает его. Ведь куда легче просто спросить: «Привет, видел вчера эту статью в "Джорнэле"?» И посмотреть, что из этого получится. Если собеседник говорит «да», значит, он тоже блефует, так что вы оба можете от всего сердца посмеяться насчет этой самой статьи и оставить всё как есть. Если же он признаётся, что не читал ее, нужно бросить на него снисходительный взгляд и пробормотать: «Это заметно», лишь после этого сменив тему разговора.

прямых контактов в тех закрытых сферах вашей конторы, где циркулирует масса идей, которые никогда не реализуются. Всегда облекайте свои слухи в обтекаемые словечки вроде «Идет рассмотрение...» или «Имеются планы...». Тогда вас не смогут поймать на слове независимо от того, что случится в действительности.

Заключительный и наиболее важный для вас этап работы по наказанию — пошире распустить слух о намерении воспользоваться этим инструментом, как в данном примере:

ВИРУСОМ ПО КОНКУРЕНТУ

Если вы отвечаете за проект, который наверняка закончится провалом, или если на вас работают одни неудачники, следует как можно скорее отойти от них на порядочное расстояние. Простейший метод для этого — позволить вашим плохим сотрудникам перейти в другое место или же уволить их. Но так получается далеко не всегда. Вместо этого начните думать о своих плохих активах как о потенциальных вирусах, которые можно использовать для инфицирования ваших врагов в пределах корпорации. Всё, что нужно делать, — искусственно раздувать их ценность и ждать какого-то ничего не подозревающего начальника, чтобы попробовать сбыть ему этих бестолочей с рук.

Никогда не совершайте ошибку, дав плохим работникам плохие характеристики. Это ограничит их способность сменить место работы в пределах фирмы и навсегда прикуёт к вам указанных людей, пока поразившая их смертоносная ржавчина не перекинется на вас. Лучше сосредоточиться на положительных аспектах деятельности каждого такого работника — даже если придется немного отклониться от правды.

Если не удается перебросить плохих сотрудников в другие отделы, переведите их на должности, где они станут играть ключевую роль для проектов, которые близко связаны с другими начальниками. Если подобной возможности нет, то в качестве последнего прибежища сделайте плохих исполнителей ответственными за общефирменную кампанию «Единым путем» — и пусть вместе с вами страдают все.

ДЕМАГОГИЯ

Можно достичь славы, выступая против того, что и так непопулярно. Мишенью нападок может стать проект, технология, стратегия или даже некомпетентный начальник. В подходящих целях недостатка не будет. Но выбирайте тщательно. Удостоверьтесь, что ваша цель уже обречена и презираема. Когда неизбежное случится, вы благодаря точному прогнозу краха станете числиться в гениях.

Вот хорошие примеры проектов, которым можно уверенно предсказывать крах:
- Любые усилия по поднятию морального духа.
- Любые крупномасштабные работы по реструктуризации.
- Любой проект, рассчитанный больше чем на два года.
- Любой технический продукт, разработанный на основе сигналов рынка.
- Всё, что не делалось прежде.

По чистой случайности некоторые из проектов, на которые вы нападаете, завершатся удачей. Но никакой проект не бывает настолько всесторонне успешным, чтобы в нем нельзя было выбрать несколько слабых мест и выдвигать их на передний план в качестве примеров, которые подтверждают: то, чего вы боялись, случилось.

Когда список ваших сбывшихся прогнозов о неудачах в работе других людей станет достаточно длинным, начальники более высокого уровня начнут думать, что вы — блестящий провидец. Теперь продвижение по службе неизбежно, а там, наверху, окажется намного проще воспользоваться достижениями других ради собственной выгоды.

ПОДСИЖИВАЙТЕ КОЛЛЕГ

Всякий успех относителен. Можно повысить свои относительные успехи, принижая знания и достижения окружающих. Это будет несложно, поскольку ваше окружение — идиоты. Сфокусируйтесь, подобно лазеру, на каждой оплошности, ко торую они делают, и пользуйтесь каждой возможностью довести их промахи до сведения шефа, причем по-умному, то есть так, чтобы не выглядеть стукачом и смутьяном.

Подобной репутации можно избежать, закладывая коллег секретарше босса. Это гарантирует, что информация попадет к нему в уши без вашей прямой сопричастности, причем есть и дополнительный плюс: дама наверняка приукрасит и преувеличит факты. И самое главное: если секретарша начальника однажды поверит, что ваши коллеги — неудачники, она не подпустит их встретиться с боссом, чтобы доказать ему противное.

Не делайте роковую ошибку — не критикуйте сослуживцев в их присутствии. Этим вы сами покажете на себя пальцем и напроситесь на месть. Единственная конструктивная критика — та, которая ведется за спинами заинтересованных лиц.

ФОРМА ВАЖНЕЕ СОДЕРЖАНИЯ

Наша планета населена людьми мелкими и невежественными. Именно поэтому форма всегда будет важнее сути и содержания. Можете тратить время впустую, жалуясь на несовершенство мира, или же плюнуть на это и последовать моим советам.

Документы

Если документ длиннее двух страниц, лишь немногие вообще станут его читать. А те, кто прочтет, через сутки ничего не будут помнить. Именно поэтому все ваши документы должны быть не меньше трех страниц. Вы ведь не ждете, дабы на читателей повлияли приведенные там факты. Вам хочется, чтобы они оценили творческое использование шрифтов, блестящее владение цветом, а также вашу вдохновенную графику. Хорошее форматирование оставит у читателя ясное впечатление, что вы — гений, и посему всё, написанное вами, должно быть чем-то особенным.

Облачение

Вопреки популярному убеждению, часто в должности повышают вашу одежду, а вовсе не вас. Вы пожинаете некие выгоды в качестве человека, находящегося внутри конкретной одежды. Всегда одевайтесь лучше коллег, чтобы именно вашу одежду отбирали для продвижения по службе. И когда идет повышение, непременно будьте в своей одежде. Один человек совершил ошибку, принеся свои вещи после химчистки на работу; это кончилось тем, что он сейчас напрямую починяется своему собственному спортивному пиджаку.

Выглядите занятым

Никогда не спускайтесь в холл без какого-нибудь документа в руках. Люди с бумагами под мышкой выглядят трудолюбивыми сотрудниками, направляющимися на важную встречу. Люди с пустыми руками заставляют думать, что они движутся в сторону кафетерия. Человек с газетой в кулаке, похоже, следует прямиком в туалет.

Теперь самое главное. Вечером, отправляясь домой переночевать, непременно нагрузитесь кипой материалов, создавая таким образом ложное впечатление, что работаете больше, чем на самом деле.

ИГРАЙТЕ НА ЖАДНОСТИ

Можете закоротить те два или три нейрона, которые люди используют для целей здравого смысла, играя для этого на их жадности. Ничто не определяет людей лучше, чем свойственная им готовность совершать неразумные поступки в погоне за феноменально маловероятной прибылью. На этом принципе основываются лотереи, а также религия. Можно воспользоваться этим причудливым свойством человеческой натуры в своих интересах, и это не будет стоить вам ни гроша.

Психологическое объяснение данного явления таково: жизнь тяжка, и все мы склонны пофантазировать, что вот-вот очутимся где-то совсем в другом месте. Ваша задача как манипулятора, почитающего Макиавелли, — дать людям микроскопический шанс обретения богатства, если только они станут исполнять ваши приказания.

ЗАСТАВЬТЕ ДРУГИХ ДЕЛАТЬ ВАШУ РАБОТУ

Используйте каждую возможность перепоручить ничего не сулящие и безнадежные куски своей работы кому-нибудь ниже, сбоку или наверху.

Перепоручать работу подчиненным легко, сложнее перебрасывать ее коллегам, равно как и шефу. Пробуя спихнуть свою работу в сторону или вверх, всегда прибегайте к соображениям «эффективности». Специально создавайте прецеденты своей некомпетентности и ненадежности при выполнении любых заданий, кажущихся вам скучными или неблагодарными.

К примеру, если вам в нагрузку поручили обеспечить общее собрание отдела рогаликами, принесите такие, которых никто не любит. Если попросят напечатать протокол этого собрания, преднамеренно подкиньте в цитаты из выступлений грамматические и прочие ошибки. Если вас назначили возглавить в фирме благотворительную кампанию «Единым путем», открывайте каждое совещание заявлением, что «этим людям пора взяться за работу и перестать угощаться на дармовщинку». В конечном счете ваше положение станет намного прочнее, если вы научитесь убедительно предостерегать: «Хорошо, я могу отпечатать те фотокопии, но в интересах эффективности было бы куда лучше, если бы эту работу проделал Тед».

Но настоящий высший пилотаж увиливания от работы возможен в связи с заданием, которое кому-то важнее, чем вам. Если игнорировать подобное задание достаточно долго, то в конечном счете человек, действительно нуждающийся в его результатах, сам предложит сделать работу, даже если она явно будет вашей.

ХВАСТАЙТЕСЬ СКОЛЬКО ВЛЕЗЕТ

Каждый преувеличивает свои таланты. Дело обычное, и никаких хитростей тут не требуется. Нужно перебираться этажом выше: на уровень чистой фантазии. Мало говорить, что вы хорошо выполнили всё порученное; нужно ставить себе в заслугу любое достижение, когда-либо имевшее место на фирме или вообще на земле.

Что вы сделали	**Что можно утверждать в автобиографии**
Посетили парочку совещаний, ели рогалики, кивали головой, имитируя понимание.	Создали стратегию, которая приведет фирму в следующее тысячелетие. Увеличили поступления на 25 миллионов долларов.
Работали над проектом, который закрыли после того, как руководство разобралось, что именно вы делаете.	Провели реструктуризацию основных технологических процессов фирмы и довели ее долю на рынке до 90 процентов.
Провалили закупку фирмой сберегательных облигаций казначейства США.	Стабилизировали денежно-кредитную систему богатейшей страны на земле.

ЗАПУГИВАНИЕ ШУМОМ И ГВАЛТОМ

Говорите громко и действуйте иррационально. Если использовать этот метод последовательно, сослуживцы и даже начальство подчинятся вашей воле. Ключевую роль играет тут систематичность. Дайте ясно понять, что вас не поколебать разумными аргументами и что вы не перестанете быть шумным и несносным, пока не добьетесь своего. Этот метод эффективен, поскольку закон не позволяет людям убить вас, а никакого другого практического способа остановить вас просто нет в природе.

Сначала ваша жертва может попробовать переждать, надеясь, что вы утомитесь и уйдёте восвояси. Именно на этом горит большинство псевдомакиавеллистов — они сдаются слишком рано. Вы же должны быть настойчивы, даже навязчивы — почти как чокнутый. Никогда не отступайте.

После того как желаемое получено, незамедлительно превращайтесь в самого приятного человека, какого только видела ваша жертва. Купите ей леденец. Позвоните её шефу и наговорите бедной жертве кучу комплиментов. Пойте ей хвалу, если кто-то есть рядом. Тем самым расширяется разрыв между тем, что испытывают люди, когда они удовлетворяют вас, — и когда вы на них злы.

Указанный метод наиболее эффективен по отношению к тем, кто вырос в трудных или неполных семьях. К счастью, этот круг охватывает почти всех. Такие бедолаги поверят, что вы — их лучший друг. После этого можете злоупотреблять ими сколько влезет.

РУКОВОДИТЕ ХОРОШО ЗВУЧАЩИМИ ПРОЕКТАМИ

Ценность любого проекта основывается на том, как он будет потом звучать в вашей автобиографии. Не поддавайтесь пропаганде, что какой-то проект, дескать, важен для акционеров. Акционеры — это люди, с которыми вы никогда не встретитесь. А поскольку большинство проектов проваливается или превращается в то, чего их идеологи первоначально не планировали, единственное реальное следствие вашей деятельности — это ее отражение в автобиографии. Четко придерживайтесь своих приоритетов.

Нет таких людей, кто, прочитав чью-то биографию, сообразит, что́ именно ее автор фактически делал на работе. Всякие суждения непременно основываются на совокупном звучании отдельных слов. Именно поэтому нужно работать над такими проектами, в названиях которых присутствуют хорошие слова.

Избегайте любого проекта, в кратком описании которого встречается одно из нижеследующих слов:

- Бухгалтерский учет
- Операции
- Снижение
- Бюджет
- Качество
- Анализ

Ищите проекты, в описании которых присутствует одно из следующих пригодных для автобиографии слов:

- Мультимедиа или мультимедийные средства информации
- Всемирный
- Усовершенствованный
- Стратегический
- Доход
- Рынок
- Технология
- Бурный
- Конкурентоспособный

ДАВАЙТЕ ВАШИ ПРЕДЛОЖЕНИЯ

Много болванов будет пробовать воспрепятствовать вашим блистательным планам. Можно свести их коллективное сопротивление к минимуму с помощью процедуры, именуемой «вовлечение». Начинаете со сбора мнений тех, кто озабочен вашими будущими решениями, затем имитируете заинтересованность, а далее делаете вид, что ваш план — прямое отражение пожеланий большинства.

Всё это могло бы показаться глупым, но если сравнить данный подход с альтернативами, то он окажется единственным практическим решением. Невозможно учесть сотню различных мнений, но и игнорировать их тоже нельзя. Всё, что вы можете сделать, — это внушить людям иллюзию, будто они тоже поучаствовали в принятии решения. По непонятным причинам этого достаточно, чтобы сделать их счастливыми[1]. Кстати, в этом — фундамент всех западных демократий.

СТРАТЕГИИ САМОЗАЩИТЫ

Зарегистрированы случаи, когда сотрудники, которые после легкого пищевого отравления в кафетерии своей компании, сочетавшегося позднее с гипнотическим трансом, вызванным скукой на рабочем месте, натыкались на вдохновенный циркуляр, вывешенный на информационном табло дирекции, внезапно реагировали на него и совершенно случайно начинали вкалывать целиком в интересах фирмы.

Такое может случиться и с вами. Посему, принимая пищу, будьте осторожны. Это лучший совет, который я могу вам дать.

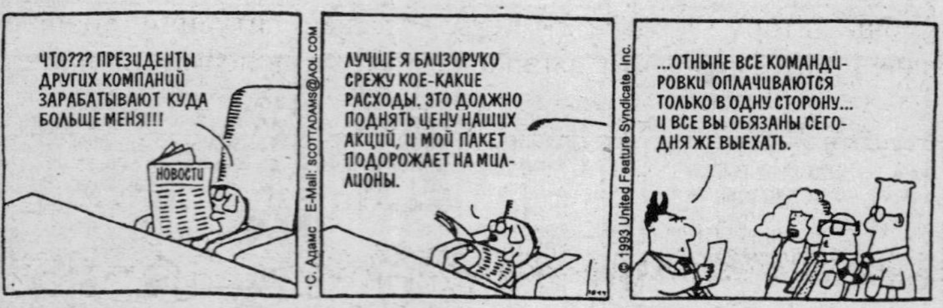

МАНИПУЛИРУЙТЕ СРЕДСТВАМИ МАССОВОЙ ИНФОРМАЦИИ

Перед репортерами ежедневно стоит выбор: кропотливо исследовать истории, предназначенные к публикации, или писать всё, что им наплели. По конечным результатам оба подхода одинаковы.

Вопреки вашим возможным предположениям, цитаты, которые фигурируют в газетах, редко отвечают тому, что было фактически сказано, и еще реже приводятся в первоначальном контексте. Большинство цитат выдумывается журналистами, чтобы поддержать те представления, которые они имели перед тем, как сели писать. Избегайте поэтому упоминать любое имя

---

[1] Причиной может быть то, что люди — идиоты.

или тему, применительно к которым вы не хотели бы видеть себя неверно процитированным!

Вот пример того, как безвредное общее утверждение может быть слегка отредактировано так, чтобы его первоначальный смысл кардинально изменился, хотя оно продолжает оставаться почти законной цитатой:

Вы сказали: «В фирме убрали также материальную заинтересованность заказами, но это почти не нашло отражения в пристрастных СМИ».

Газеты сообщили: «В фирме уб___ и та___ мат___ь___ ___Тере_____ за_____, но это почти не нашло отражения в пристрастных СМИ».

Все новости сосредоточиваются на одном из двух: что-то является либо очень плохим, либо очень хорошим. Нужно помочь автору увидеть то, что в вашей ситуации хорошее; иначе он по умолчанию напишет о том, что в ней очень плохое.

ЗАПАДНЯ ЧЕСТНОСТИ

Иногда у вас может возникнуть побуждение изложить свое честное мнение начальникам высшего звена. Любой ценой сопротивляйтесь этому искушению.

Не дайте убаюкать себя ощущением мнимой безопасности, исходящим от часто провозглашаемой руководством заинтересованности в получении обратной связи. Без риска шефу можно говорить только две вещи:
- «Ваши решения гениальны!»
- «У меня есть идея, как сэкономить немного бумаги!»

Любая другая обратная связь — прямой вызов интеллекту и властным полномочиям начальства. Если импульсивное стремление к честности становится слишком сильным, попытайтесь проделать следующее простое упражнение, имеющее целью укротить ваши мазохистские тенденции:

1. Найдите большую кухонную лопатку.
2. Стукните ею себя по голове.
3. Повторите.

ПОЛЬЗУЙТЕСЬ ПЛОДАМИ РАБОТЫ ДРУГИХ

Миллионы работающих каждый день делают миллионы вещей. По чистой случайности кто-то из них нечаянно может сотворить нечто ценное. Выявляйте эти редкие ситуации и прилагайте всяческие усилия, чтобы связать с ними свое имя.

Если вы шеф, проследите, чтобы ваша фамилия была отчетливо написана на любом хорошем продукте, произведенном подчиненными. Их это будет бесить, но, если вы проработали выше раздел о наказаниях, проблем тут для вас не возникнет.

Если вы входите в некую команду, позаботьтесь о том, чтобы самому доложить высшему руководству о результатах работы и вручить всем кому надо документы. Когда будете разносить бумаги, подкалывайте к ним свою визитку. Это позволит вам выглядеть ведущим разработчиком, даже если единственное, что вы делали в ходе совещаний, — это ели рогалики и фантазировали насчет того, как в подсобке занимаетесь любовью с коллегой сексапильного вида.

ПРИНОСИТЕ МНИМЫЕ ЖЕРТВЫ

Существенно необходимый элемент поведения командного игрока — готовность приносить мнимые жертвы, которые воспринимаются другими как подлинные. Предлагайте то, что, как вам отлично известно, либо не будет принято, либо всё равно будет сделано без вашей подсказки. Вот примеры того, что можно принести в жертву:

- Предложите уменьшить прирост будущих бюджетов и почаще вспоминайте это как сокращение бюджета.
- Передайте в «помощь» другому отделу ваших самых плохих сотрудников.

- Снизьте свой бюджет, закрыв проект, который из-за вашего руководства и без того обречен на неудачу.
- Предложите уволить тех сотрудников своего отдела, кто помогает другим подразделениям фирмы. Их руководителям придется вести борьбу за сохранение вашей империи, в то время как вы будете выглядеть командным игроком, готовым идти на жертвы ради общего блага.
- Предложите скостить подпитку наиболее существенных функциональных служб фирмы. Это предложение никогда не будет принято, зато те позиции, которые вы не советовали урезать, будут казаться более важными.

РАБОТАЙТЕ НАД ПРОЕКТАМИ, РЕЗУЛЬТАТ КОТОРЫХ НЕ ПОДДАЕТСЯ ПРОВЕРКЕ

Самая лучшая работа — та, результат которой не поддается измерению. Держитесь подальше от должностей, где ваша ценность может быть измерена в терминах количества и своевременности. Гораздо легче преувеличивать свое воздействие на качество, нежели на количество.

Плохие работы

Сбыт
Программирование
Финансовая деятельность
Обслуживание клиентов
Отгрузка и доставка

Отличные работы

Разработка стратегии
Любое занятие, где в названии есть слова «средства массовой информации»
Маркетинг (для зрелых изделий и продуктов)
Долгосрочные проекты реструктуризации
Реклама
Закупки и снабжение

ПОСЫЛАЙТЕ ЛЮДЕЙ В ЮРИДИЧЕСКИЙ ОТДЕЛ

Время от времени бывает нужно зарезать проект, не показывая себя убийцей. Именно для этого в больших фирмах существуют юридические отделы. Никакой проект не бывает настолько лишен риска, чтобы юрисконсульт не мог его угробить.

РУКОВОДИТЕ ВЫДЕЛЕНИЕМ БЮДЖЕТОВ

Управление бюджетом подразделения может показаться не весьма выигрышной работой. Большинство менеджеров не рвется выполнять эту обязанность, так что вам будет несложно взять бюджет под свой контроль. Сев на бюджет, вы фактически начинаете управлять стратегией отдела и карьерой каждого человека в нем.

Широко распространено неверное представление, будто бюджет устанавливается высшим руководством, а бюджетные аналитики — лишь проводники их политики. В действительности всё обстоит иначе. Большим боссам так надоедает управлять бюджетом и они настолько подавлены его сложностью, что с радостью соглашаются с любой рекомендацией аналитиков об изменении бюджета.

6

КАДРОВЫЕ СТРАТЕГИИ

Вы работаете больше, чем когда-либо. А если вы один из сотрудников с так называемым ненормированным рабочим днем, то вам даже не оплачивают сверхурочные. Похоже, ваша средняя часовая тарифная ставка претерпевает усадку наподобие дешевой хлопчатобумажной рубашки.

Неправда!

У природы свои пути поддержания равновесия. Нужно рассмотреть полную картину оплаты, которую я называю «фактическое почасовое вознаграждение» (ФПВ).

Определение

Фактическое почасовое вознаграждение — это общая сумма вознаграждений, которые вы получаете в час, куда входят:

- Оклад
- Премии
- Компенсация медицинских услуг
- Выгодная оплата командировочных расходов

- Украденные канцтовары
- Премии для регулярных пассажиров авиалиний
- Кофе
- Рогалики и булочки
- Газеты и журналы
- Личные разговоры по телефону
- Секс на службе
- Надомная работа
- Незаконные дни болезни
- Странствование по Интернету
- Личная электронная почта
- Использование лазерного принтера для печатания вашей автобиографии
- Бесплатные ксерокопии
- Обучение и иная подготовка к следующей работе
- Кабинка в качестве хранилища вторсырья

ЗАКОН АДАМСА О ПОСТОЯНСТВЕ ВОЗНАГРАЖДЕНИЯ

Закон Адамса о постоянстве вознаграждения гласит, что ФПВ (фактическое почасовое вознаграждение) сотрудника постоянно во времени. Всякий раз, когда предприниматель находит способ увеличить вам рабочую нагрузку, природа в целях поддержания равновесия будет корректировать или ваше вознаграждение, или истинное рабочее время.

Например, когда фирмы в начале девяностых годов начали бешеными темпами проводить сокращения, уцелевшим сотрудникам пришлось работать больше часов, чтобы избежать ярлыка малопроизводительных. Жалованье росло при этом не особо, ибо предложение рабочей силы превышало спрос. Внешне всё выглядело так, будто средняя часовая ставка постоянно снижалась.

Но, как и можно было предвидеть, природа отреагировала на временный дисбаланс, создав новые виды деятельности, которые напоминали работу, но не являлись таковой, например доступ к Интернету и надомную работу.

Это — проявления того же процесса одурачивания и маскировки, которые природа демонстрирует в других уголках животного царства. Например, птица под названием алабамский надувальщик в угрожающей ситуации может увеличить свои размеры вдвое по сравнению с нормальными[1]. Точно так же и сотрудники — они раздувают *отработанные* часы без увеличения *реальной* работы. Равновесие сохраняется.

ПОЛНОЕ УРАВНЕНИЕ РАБОТЫ

Реальная работа + Видимость работы = Полная работа

Можно поспособствовать реализации великого плана природы, активно проводя деятельность, которая восстанавливает нарушенное было равновесие. Пытайтесь удерживать свою *Полную работу* на постоянном уровне, не увеличивая *Реальную работу*. Добивайтесь этого усилением *Видимости работы*, используя для этого любое из нижеследующих действий:

- Странствование по Интернету
- Личная переписка по электронной почте
- Посещение совещаний
- Разговоры с шефом
- Участие в симпозиумах
- Модернизация компьютера
- Тестирование нового программного обеспечения
- Ожидание ответов от коллег
- Консультирование проектов
- Игра в прятки за спиной автоответчика

НАДОМНАЯ РАБОТА

---

[1] Ну хорошо, хорошо, я вас надул с этим надувальщиком. Но мы же с вами знаем, что где-то непременно должна иметься птица, которая раздувается, когда ей угрожают. Если не ошибаюсь, мой попугай Голди проделал именно этот номер перед тем трагическим баскетбольным инцидентом, в котором я позже винил своего братца.

Надомная работа — это дар природы нашему поколению. В тот момент, когда казалось, что сочетание длительных поездок на службу, загрязнения окружающей среды, переполненных шоссе и долгих совещаний вот-вот убьет нас, природа преподнесла нам надомную работу.

Теперь можно проводить время дома, сидя в пижаме, слушая стереосистему и играя с котенком или с куколкой-марионеткой. Если еще вдобавок проявить щедрость и посвятить два часа производительному труду, то получится больше, чем вы бы сделали в офисе, так что и совесть будет чиста.

Офис предназначен для «присутствия на работе», а вовсе не для производительного труда. Присутствие на работе может быть определено как «всё, что делается, дабы ничего не делать». Производительный труд — другое дело. Надомная работа заменяет десять часов присутствия на работе двумя часами производительного труда.

Чтобы скрыть свою радость от надомной работы (и избежать отмены этой программы из-за избытка радости), пользуйтесь любой возможностью соврать про то, какую массу «работы» вы проворачиваете дома. Находясь в своем жилище, оставляйте на автоответчиках шефа и коллег как можно больше глупых и ненужных сообщений. Это создаст иллюзию, что вы столь же несчастны и непроизводительны, как они, и тем самым обоснует целесообразность продолжения вами надомной работы.

ЗАНЯТИЕ ПОСТОРОННИМ БИЗНЕСОМ В СВОЕЙ КАБИНКЕ

Кабинка — превосходное место для розничной торговли, очень даже подходящее для продажи тряпичных кукол, сережек, косметики, полудрагоценных камней, инвентаря для ухода за растениями, домашних чистящих средств, недвижимости и путевок на отдых. Не пропустите такую возможность подзаработать или, как я люблю это называть, «сделать бабки». Всё, что вам нужно, — налепить на входе в свою кабинку сделанную от руки вывеску, которая оповещает окрестный люд, что ваш ларёк открыт. Брошюра или образец изделия могут помочь в соблазнении покупателей.

И вы вовсе не нуждаетесь в высококачественных товарах. Позволим себе быть честными — если бы ваши коллеги были настолько просвещёнными, чтобы улавливать разницу между бриллиантами и обезьяньим дерьмом, они бы здесь не трудились. Так что не тратьте время впустую ради «качества». Существенно только место для полок, а у вас для разворота всего пять квадратных и чуть больше кубических метров. Это — ваш шанс сделать кое-какие бабки, сидя на работе.

ПОДВОРОВЫВАНИЕ КАНЦТОВАРОВ

Канцтовары — важная часть вашего полного вознаграждения. Если бы Бог не хотел воровства канцтоваров, он не дал бы нам портфели, кошельки и карманы. Фактически никакая из мировых религий конкретно не запрещает хищения канцтоваров и не считает это грехом[1].

Единственный изъян этого занятия — в риске оказаться пойманным, опозоренным и посаженным в тюрьму. Но, думаю, вы согласитесь: если сравнить вышеперечисленное с вашей нынешней ситуацией на работе, то всё это не так уже и страшно.

Секрет тут один — не слишком жадничайте. Канцтовары похожи на сложные проценты: понемногу за день — и спустя какое-то время набегает изрядно. Если вам нужны жёлтые самоклеящиеся листки для заметок, не берите сразу целую коробку. Вместо этого вклеивайте каждый день по несколько листиков в те документы, которые берёте домой. Потом осторожно отделяйте их и складывайте в пачки.

Можете накрасть неограниченное количество ручек и карандашей, но избегайте ошибок желторотого новичка — не просите постоянно у секретаря ключ от кладовой. Это навлечёт на вас подозрение. Гораздо удобнее красть канцтовары непосредственно у сослуживцев. Небрежно «заимствуйте» их письменные принадлежности в ходе совещаний и никогда не возвращайте. Ведите себя естественно и помните: если вы попа-

---

[1] Часть теологов оспорит мою интерпретацию. Но, в конечном счёте, это — вопрос веры.

лись, когда клали чужую вещь себе в карман, то всегда можно рассмеяться и сказать, что действовали «рефлекторно».

Сослуживцы тоже будут пробовать стибрить ваши орудия письма. Защищайте свои ручки и карандаши, демонстративно грызя их во время совещаний. Я установил, что для предотвращения воровства несколько меток от зубов эффективнее, чем милицейский патруль.

Если у вас дома имеется компьютер, забудьте о покупке собственных дискет. Украденные дискеты неотличимы от тех, которые вы прихватили домой, чтобы «немного поработать вечерком». Единственный практический предел числа дискет, которые вы можете украсть, — уставной капитал фирмы, откуда вы их уводите. Ваша фирма может разориться и рухнуть, если взять там слишком много дискет. После такого исхода никто не будет в выигрыше. Именно поэтому важна умеренность. Когда дискет у вас окажется достаточно для того, чтобы скопировать весь жесткий диск, а при нужде и выложить ими крышу дачи, подумайте о том, что пора бы и остановиться.

КОМПЬЮТЕР КАК СРЕДСТВО ВЫГЛЯДЕТЬ ЗАНЯТЫМ

Всякое использование компьютера кажется случайному наблюдателю «работой». Можете посылать и получать личную электронную почту, скачивать порнуху из Интернета, обсчитывать свои финансы и вообще ловить любой кайф, не делая при этом ничего, даже отдаленно связанного с работой. Это, правда, не совсем те социальные выгоды, которые всеми ожидаются от компьютерной революции, но, в любом случае, и они отнюдь не плохи.

Если вас подловил шеф и вы попались, то лучшая защита сказать, что обучаетесь работе с новым программным обеспечением, тем самым экономя ценные доллары, предназначенные для переподготовки кадров. Словом, вы не бездельник, а человек, который самостоятельно повышает квалификацию. Предложите показать начальнику то, чему научились. Это заставит шефа смыться подальше — наподобие испуганной саламандры[1].

---

[1] В лабораторных испытаниях три из четырех испуганных саламандр были ошибочно приняты за начальников.

ОЖИДАНИЕ ИНФОРМАЦИИ ОТ КОЛЛЕГ

Едва ли какое-либо задание может быть выполнено без предварительного получения помощи от других лиц из фирмы. К счастью, вы никогда не добьетесь от них этой самой помощи, ибо указанные другие лица также заняты попытками получить помощь от еще более других лиц.

Данная ситуация — благая весть для каждого. Ведь в итоге никто не делает никакой реальной работы и все могут сваливать вину за свое ничегонеделанье на какого-то ничтожного ублюдка из соседнего отдела. Надо лишь периодически названивать туда и ждать помощи, которая никогда не придет. На еженедельной оперативке вы сможете законно утверждать, что сделали всё возможное.

Шеф: Вы закончили проектирование изделия?

Вы: Я обращался по телефону, но никто мне не перезвонил.

Шеф: Это не оправдание.

Вы: А что вы предлагаете?

Шеф: Надо было привлечь меня раньше, раз вы не получаете поддержку.

Вы: Я пробовал, но вы мне не перезвонили.

Шеф: Сейчас я займусь. После совещания расскажете мне, кто не оказывает вам надлежащую поддержку, и я позабочусь об этом.

Вы: Я вам позвоню.

АВТООТВЕТЧИК

Автоответчик освободил от работы больше сотрудников, чем любое другое новшество. До появления автоответчика люди подходили к телефону лично, и часто им из-за этого приходилось делать больше работы. Теперь можно позволить телефону звонить и звонить, пока он не переключится в режим автоответчика. Это тройное преимущество: вы можете (1) увильнуть от работы, появившейся в фирме минуту назад, (2) стереть поступившие сообщения, которые сулят будущую работу, и (3) создать впечатление, что сильно переработались!

Типовое сообщение от автоответчика

«Это Скотт Адамс. Не могу ответить на ваш звонок, ибо я — мученик, работающий за нескольких человек. Хотя я умираю от усталости, но уверен, что причина вашего звонка весьма значима и достойна моего внимания. Оставьте, пожалуйста, подробное сообщение, чтобы я мог оценить его важность по сравнению с шестью сотнями других сообщений, которые поступят ко мне сегодня».

7
ОЦЕНКА КАЧЕСТВА РАБОТЫ

ЦЕЛЬ ОЦЕНКИ КАЧЕСТВА РАБОТЫ

Одно из наиболее пугающих и унизительных испытаний в жизни каждого служащего — ежегодная оценка качества работы.

В теории процесс оценки качества работы может мыслиться как позитивное взаимодействие между «тренером» и сотрудником, вместе добивающимися достижения максимальной производительности. В действительности это скорее поиски дохлой кошки в собственном дворе, сопряженные с пониманием того, что лучшее решение — закинуть ее на соседскую крышу.

Затем ваш ненавистный сосед стащит ее оттуда и швырнет назад, как будто у него есть право так поступать. В конечном счете никто не будет счастлив, и меньше всех — кошка.

Если же отложить теорию в сторону, реальные цели вашего начальника при оценке качества работы таковы:

- заставить вас работать как древнеримскую садовую рабыню[1];
- получить от вас собственноручно подписанное признание в преступлениях против производительного труда;
- в очередной раз обосновать вашу низкую зарплату.

Ваша цель как сотрудника — выцыганить побольше незаслуженных денег из того холодного и бездушного типа, который маскируется под работодателя, в то время как на самом деле высасывает из вашего организма жизненные соки.

К счастью для вас, я — на вашей стороне.

В этой главе я преподам вам, как прорваться через процесс оценки качества работы, набив при этом карманы деньгами, которые законно принадлежат вашим более производительным коллегам. (Если у них с этим проблемы, пусть тоже купят себе полезную книгу.)

Ключевой элемент стратегии вашего начальника — хитростью вытянуть из вас признание в своих недостатках. Шеф вцепится в эти недостатки, словно питбультерьер — в ягодицы правонарушителя, вторгшегося в чужие владения. Будучи од-

---

[1] Не знаю, имелись ли вообще в Древнем Риме садовые рабыни. Но если да, то их работа, вероятно, требовала карабканья на шаткие лестницы, где любой мог заглядывать им под тогу.

нажды зафиксированы, ваши «недостатки» станут передаваться каждому новому руководителю, которого вам когда-либо доведется иметь, и явятся оправданием низких прибавок на протяжении всей оставшейся части вашей жизни. Вот вам два примера сотрудников, ненароком попавшихся в эту западню.

Из электронной почты...

> От: (имярек)
> Кому: scottadams@aol.com
>
> Скотт!
>
> В своей компании мы должны заполнять оценочные опросные листы. На бланке — множество рубрик (творческий потенциал, инициативность, действия в команде и т. д.) с пропусками, где ты должен указать «сильные стороны» и «возможности для роста».
>
> Я новенькая и не знала, как лучше действовать, так что заполняла бланк честно и пробовала выявить хорошие возможности для собственного роста. Но коллега остановила меня и сказала, что любые «возможности для роста» администрация впоследствии автоматически перепасовывает назад сотрудникам как примеры низкого качества их работы. Мне ничего такого не надо, поскольку я и так уже активная участница кампании «Единым путем», а нам с вами известно, что это означает.

> От: (имярек)
> Кому: scottadams@aol.com
>
> Скотт!
>
> Я работала в фирме, занятие которой — руководить проектами. Как-то меня там спросили: «Что вы думаете о круговых диаграммах?», а я ответила: «Лично я их ненавижу». И почему-то разные «большие люди» спрашивали меня об этом не раз.

> Когда я проходила следующую годичную оценку, то получила несколько отрицательных отзывов из-за того, что «отказалась делать круговые диаграммы». Я указала своему шефу, что меня никогда НЕ ПРОСИЛИ делать круговые диаграммы, а просто выясняли мое мнение о них. Эта разница, конечно же, никак не была отражена в моей характеристике: теперь слова «отказалась делать круговые диаграммы» являются НЕОТЪЕМЛЕМОЙ ЧАСТЬЮ МОЕГО ЛИЧНОГО ДЕЛА!

Ваша единственная защита против расставленной шефом «ловушки совершенствования» (мол, укажите, что вам нужно развить в себе) должна перечислять потребности развития таких качеств, которые звучат не худшим образом:

- «Мне нужно стать менее привлекательной, чтобы коллеги из-за меня не отрывались постоянно от работы».
- «В интересах командных действий я должна научиться контролировать свой могучий интеллект в присутствии менее одаренных сотрудников».
- «Мне следует научиться отдыхать, вместо того чтобы работать типичные для меня девятнадцать часов в сутки».
- «Я должен вступить в контакт с иноземной цивилизацией, поскольку их технология — это единственная вещь, которую я пока не до конца понимаю».

СТРАТЕГИЯ ДЕЙСТВИЙ ПРИ ОЦЕНКЕ КАЧЕСТВА РАБОТЫ

Вы знаете, что заслуживаете гораздо больше денег, чем получаете, исходя из двух бесспорных фактов:

1. Основную часть времени вы присутствуете на работе.
2. См. пункт 1.

Ваш начальник может смотреть на это иначе (ублюдок!). К счастью, кое-что работает в вашу пользу: (1) начальник, похоже, слишком ленив, чтобы написать вам характеристику с оценкой качества работы без вашей же «рыбы», и (2) начальник побаивается, что вы можете публично расплакаться либо даже прибегнуть к насилию. «Тяги» этих двух факторов достаточно, чтобы толкать «поезд качества работы» в вашем направлении.

ПОДГОТОВКА СОБСТВЕННОЙ ХАРАКТЕРИСТИКИ

Шеф наверняка попросит вас изложить свои достижения на бумаге, которая пойдет в качестве «рыбы» для характеристики с оценкой качества работы. Неподготовленному сотруднику может показаться, что его как бы вынуждают рыть собственную могилу. Но после изучения этого раздела подобная просьба покажется вам фантастическим приглашением к ювелиру за дармовыми презентами.

Ювелирный магазин вашей мечты

Вообразите своего шефа богатым, но не шибко смекалистым владельцем ювелирного магазина. Перед отъездом в длительный отпуск он дает вам следующее указание: «Когда никого рядом не будет, посчитай, сколько рубинов вон в том огромном мешке в кладовке. Я уже много лет задаюсь этим вопросом».

Оценка качества работы может оказаться похожей на туго набитый мешок несчитанных рубинов. Неважно, сколько камушков было в мешке первоначально; существенно лишь то, что вы сообщите шефу. При описании своих достижений придерживайтесь этой же нехитрой философии.

СОВЕТЫ ПО ОПИСАНИЮ СВОИХ ДОСТИЖЕНИЙ

1. Некоторые люди глупо ограничивают список своих достижений теми проектами, над которыми они фактически работали. Это — ошибка. Не забывайте неосязаемую выгоду от упоминания тех проектов, о которых вы «думали».

2. Независимо от того, с каким грохотом рухнул ваш проект, сосредоточьтесь на том, сколько денег было бы потеряно, если бы вы сотворили нечто еще более тупое. Затем посчитайте «предотвращенные затраты»: разность между убытками, которые вы реально породили, и еще бо́льшими потерями, которые *могли бы* случиться.

3. Аббревиатуры — ваши союзники. Они звучат внушительно, не неся при этом никакой информации. Используйте их как можно шире.

Шеф: И каков же ваш конкретный вклад в данный проект?

Вы: Главным образом, в АК. Я был также ИСУ для разных ББ[1].

Шеф: Угм... Хорошо. Сработали превосходно.

4. Если единственное, что вы делали в минувшем году, — это сидели в своей кабинке и мастурбировали, украсьте упомянутое достойное занятие самыми новомодными учеными словечками. Говорите, что вы автономный работник, с повышенной активностью реструктурировавший свою личную технологию функционирования в соответствии с требованиями системы тотального качества, а также всего комплекса EEO, OSHA и стандарта ISO[2] 9000. Подчеркните свою решимость так же хорошо трудиться и в следующем финансовом году.

5. Включайте свидетельства из источников, не поддающихся проверке. Начальник слишком ленив, чтобы проконтролировать их. А поскольку ваше личное дело конфиденциально, лицо, которое вы процити-

---

[1] Вообще-то эти сокращения и так понятны почти каждому (умному). Но на всякий случай сообщаем, что в оригинале фигурируют менее ясные акронимы QA, SME и BU, которые, скорее всего, расшифровываются как Quality Analysis (анализ качества — АК), System Management Engineer (инженер по системной увязке — ИСУ) и Basic Unit (базовый блок — ББ). — *Прим. перев.*

[2] И эти английские сокращения, конечно же, всем известны. И все-таки: EEO — это Equal Employment Opportunity (равные возможности найма), OSHA — Occupational Safety and Health Administration (обеспечение безопасности и здоровья на рабочих местах), ISO — International Standardization Organization (Международная организация по стандартизации). — *Прим. перев.*

ровали, скорее всего, никогда не узнает о ссылке на него.

6. В качестве достижений данного года включайте всё, что сделали в прошлом году, а также что планируете на следующий год. У начальства нет обостренного ощущения времени. Иначе разве стал бы шеф требовать от вас сделать работу шести месяцев за две недели? Не упустите шанс использовать в своих интересах этот свойственный руководству любопытный дефект восприятия времени.

7. Включайте в качестве своих достижений всё, что сделал сотрудник с похожей на вас внешностью или фамилией. Попробовать стоит, а если вас поймают за руку, улыбнитесь и скажите: «Я всегда нас путаю», — после чего быстренько смените тему.

ПОДГОТОВКА СЦЕНЫ

Можете заранее готовить сцену для своего предстоящего выступления в роли объекта оценки качества работы, при каждой возможности с жаром рассказывая о своих достижениях. Придерживайтесь следующей модели:

ОКРУЖАЙТЕ СЕБЯ СЛАБАКАМИ

Постарайтесь работать в одной группе со слабаками. Ведь они получат маленькие прибавки и тем самым оставят для вас вполне достаточную сумму. Самая худшая ошибка, которую только можно сделать, — работать вместе с высококвалифицированными людьми. Эта ситуация — проигрышная для всех. Зато тюфяки и неудачники — ваши друзья (но только фигурально выражаясь). Если у вас в отделе нет слабаков, помогите начальнику взять на работу пару-тройку — предпочтительно в таких областях, которые не затрагивают лично вашу жизнь. Вам удобнее, если слабаки будут с вами в одной графе бюджета, но не настолько близко, чтобы раздражать вас ежедневно.

Помню, сколько бывало радости в компаниях, где я работал, после того как проходила реорганизация. Я бежал за копией новой схемы оргструктуры, едва ли не подпрыгивая от радости: ведь просматривалась перспектива обнаружить рядом с собой слабаков, которые «проставят» мне следующее повышение. Найти в своей группе некомпетентного сослуживца — все равно что наткнуться у себя в палисаднике на золотой самородок. Это — готовые деньги, причем безо всяких дополнительных усилий.

Поэтому если вы думаете, что единственное благо, которое идиоты даруют миру, состоит в поддержке индустрии сувенирных тарелок, то заблуждаетесь; они также способствуют росту вашего жалованья. За это их нужно уважать.

ОЦЕНКА В СИСТЕМЕ «ВСЕ ОБО ВСЕХ»

При такой системе каждому дается возможность оценить и подчиненных, и равных по положению, и (тут-то как раз и зарыта вкусная собака!) ненавистное дьяволово семя: начальников. Если вам повезло и в вашей фирме принята именно такая процедура оценки, появляется шанс: угрожать шефу «взаимно гарантированным уничтожением»[1].

Секрет, позволяющий заставить эту систему работать на вас, таков: надо оказаться последним человеком, который заполнит анкеты взаимной оценки. Везде носите с собой эти бланки, иногда доставая их и произнося что-то вроде: «Это напоминает мне...», причем самым зловещим тоном, на какой вы только способны.

И не забудьте также выкосить своих сотоварищей. Каждый доллар, идущий им, — это доллар из бюджета отдела, который уже не достанется вам. Выбивая деньги себе, иногда

---

[1] Термин заимствован из стратегии сдерживания ядерной войны. — *Прим. перев.*

испытываешь угрызения совести, но помните: ваши сослуживцы только расфукают отдельскую сумму на глупую ерунду вроде обучения и заботы о здоровье, в то время как вы стимулировали бы развитие экономики страны, тратя эти деньги, скажем, на модную одежду. Обдумывая вопрос о качестве труда своих коллег, нужно видеть всю картину в целом, а не отрывочные фрагменты.

ИСКУССТВО РАСПИСЫВАТЬ СОБСТВЕННЫЕ ДОСТИЖЕНИЯ

На дикие утверждения, которые вы сделаете о себе в «рыбе» к оценке качества вашей работы, шеф будет мысленно смотреть сквозь уменьшительное стекло. К счастью, он напрочь слеп в вопросе выбора масштаба уменьшения. Следовательно, рассуждая логически, наилучшая стратегия для вас такова: лгать как продавец обуви, для которого ноги — фетиш[1].

Ниже приводится ряд рекомендуемых фраз, которые я годами использовал в «рыбах» для своих оценок качества работы, а здесь еще и сгруппировал по ультрамодным категориям. Все они написаны так, что готовы для подписи начальником, и тем самым полностью избавляют того от необходимости вообще о чём-либо думать.

---

[1] Я убежден, что для всех, кто занят продажей обуви, ноги являются фетишем, и данное убеждение вытекает из простых экономических соображений: эти люди никогда не согласились бы работать за свою мизерную зарплату, будь они ногоненавистниками. Фетишизм продавцов, кстати, заодно объясняет, почему они часто «забывают» ваш размер ноги и настаивают на повторном замере.

Демонстрирует ли сотрудник взаимодействие с командой?

Скотт любит равных по положению, как самого себя, разве что не так высоко ставит их физическую привлекательность. Скотт вливается в любую команду — даже если делает это только в душе или же просто с целью приписать все заслуги себе. Он — настоящий командный игрок.

Обладает ли сотрудник навыками общения?

Скотт бегло владеет семнадцатью языками, включая один африканский, который основан на пощелкиваниях и хорошо сочетается с азбукой Морзе, тем самым обеспечивая многофункциональность и мультизадачность.

Демонстрирует ли сотрудник концентрацию на клиенте?

Никто не сосредоточивается на клиентах более интенсивно, нежели Скотт. Иногда это заставляет клиентов, особенно женщин, нервничать, но есть основания полагать, что им это нравится.

Владеет ли сотрудник навыками лидерства?

Скотт — прирожденный лидер. Люди следуют за ним всюду, куда бы он ни шел, а также пристально наблюдают за его действиями. Некоторые утверждают, что в Скотте есть многое от параноика, но на самом деле это — чистой воды лидерство.

Служит ли сотрудник моделью, способствующей этическому поведению?

Еще как. Причем всю дорогу. Например, он никогда не преувеличивал свои достижения в попытке неэтично раздуть зарплату до уровня «рыночных эквивалентов», о которых постоянно слышит кругом всевозможные разговоры.

Присущи ли сотруднику высокие ожидания и стандарты?

Стандарты Скотта столь высоки, что он презирает ничтожных увальней, которые его окружают, — так называемых сослуживцев. Еще хуже он думает о клиентах.

Ожидания Скотта весьма высоки. Он неоднократно высказывался, что его цель — эволюционировать в чистую энергию и стать повелителем Вселенной. Перед ним еще длинная дорога, но утрата волос — надежный признак наблюдающегося быстрого ускорения.

Вовлекает ли сотрудник в работу других и дает ли им полномочия?

Скотт предоставляет всем окружающим полномочия вкалывать, передавая сослуживцам свою работу всякий раз, когда те кажутся ему недостаточно занятыми. Иногда он раздает всю свою работу и даже вынужден искать дополнительную, дабы все имели хоть какое-то занятие. В этом плане его окружающие не могут быть более счастливыми: уж чего-чего, а полномочий им хватает.

Верно ли сотрудник устанавливает для себя приоритеты?

Скотт знает свои приоритеты. Когда я (его слабый и малосимпатичный начальник) подошел к нему с просьбой подготовить данную оценку качества работы, он, хотя и разговаривал в тот момент со своим главнейшим клиентом, на полуслове повесил трубку и накинулся на клавиатуру, словно пантера.

Понимает ли сотрудник перспективное видение компании?

Скотт — единственный человек, который действительно «видел» перспективы компании. Он утверждает, что это зрелище явилось ему однажды ночью в лесу и его «трудно объяснить», но он понимает указанное видение, когда оно у него перед глазами. Принес он на фирму и парочку высеченных на скрижалях «заповедей» от Бога.

(Отмечу, кстати, что у Скотта превосходный почерк, и указанное сравнение лишний раз ведет к выводу, что в нем многое от Бога!)

Резюме качества работы

Скотт для меня — образец, которому я неустанно подражаю. Моя мечта — стать еще более похожим на него. Иногда я хожу за ним по пятам, копирую его походку и покупаю такую же самую одежду. Время от времени я роюсь в его мусоре.

Как-то я наблюдал за Скоттом, идущим по водной глади озера, аки посуху, дабы исцелить раненого лебедя.

Он — это любовь.

ЗАКЛЮЧЕНИЕ

Если ничто не сработает, попробуйте подписаться на журнал «Солдат удачи»[1] с доставкой в офис. Вам самому читать его не надо — достаточно оставить на видном месте своего письменного стола. Можете позлить шефа дополнительно, попросив «отгул для решения ряда личных проблем».

Если вы последуете этим советам, то, по моему мнению, следующая оценка качества работы завершится для вас бо́льшим повышением, чем вы того заслуживаете.

---

[1] Издание, рассчитанное на наемников, которые хотят завербоваться в какую-нибудь экзотическую или нерегулярную армию. — *Прим. перев.*

8

КАК ПРИТВОРЯТЬСЯ РАБОТАЮЩИМ

Когда речь заходит об увиливании от работы, могу смело сказать, что учился у больших мастеров. После девяти лет в «Пасифик Белл» я знал практически всё, чем надо владеть, дабы *выглядеть* занятым, фактически *не будучи* таковым. За указанный период цена акций компании устойчиво поднималась вверх, так что я вполне могу сделать следующий вывод: мое уклонение от работы было в русле интересов данной фирмы, и мне есть чем гордиться.

Здесь я впервые раскрываю свои личные секреты насчет того, как притворяться работающим. Они — ваш билет в царство свободы.

Самое большое препятствие досугу на рабочем месте — шеф. Он будет пытаться загрузить вас почти до смерти — но так, чтобы вы все-таки остались в живых. Это может показаться не совсем верной уравниловкой, ибо для него экономически более обоснованно дожимать тех, кто приближается к пенсионному возрасту, чуть сильнее.

Вам как сотруднику нужна стратегия выживания. Необходимо развить в себе способность казаться производительно работающим, фактически не расходуя ни времени, ни энергии. Ставкой здесь выступает сама ваша жизнь.

В итоге собственных кропотливых исследований[1] я пришел к заключению, что имеется три типа сотрудников:

1. Те, кто упорно трудится независимо от вознаграждения (идиоты).

2. Те, кто избегает работы и выглядит лентяем (идиоты).

3. Те, кто избегает работы, но при этом умеет выглядеть производительным работником (сотрудники, довольные жизнью).

Остальная часть этой главы посвящена конкретным стратегиям, позволяющим войти в категорию довольных сотрудников и сделать это за счет вашего работодателя, который, кстати, и не заслуживает иметь у себя такого достойного человека, как вы.

СТАНОВИТЕСЬ В СВОЕМ ПОДРАЗДЕЛЕНИИ КОНСУЛЬТАНТОМ

Если не можете влезть в начальники, то еще один отличный способ избежать реальной работы — стать «консультантом» тех, кто реально работает. Чтобы сделаться чужим советчиком, вам может понадобиться кое во что вникнуть, но не переборщи-

---

[1] Не больно их было много, но кое-что накропал.

те с этим. Знать нужно ровно на один процент больше, чем те люди, кому вы даете советы, и тогда вас будет не отличить от Мэрилин вос Савант[1].

Для иллюстрации моей точки зрения рассмотрим следующую гипотетическую ситуацию: вы ведете непринужденную беседу с Альбертом Эйнштейном, и внезапно в того ударяет молния. После этого убийственного происшествия он мгновенно делается еще вдвое умнее. Смогли бы вы изложить возникшую разницу?

Коль человек умнее вас, не имеет значения, насколько: на один процент или в тысячу раз. Разницу вам всё равно не удастся понять. Посему не тратьте впустую время на приобретение тех знаний, которые ничем не поднимут вашу ценность с точки зрения окружающих.

Лучше всего стать экспертом в тех сферах, которые являются ключевыми для многих проектов, мелкими по существу и невыигрышными в смысле внешнего эффекта и зрелищности. Выберите область, которая настолько суха, что средний человек, столкнувшись с нею, предпочтет просверлить себе дырку в голове — лишь бы избавиться от давящей скуки и дать ей выход. Вот ряд сфер, которые вполне соответствуют указанным требованиям:

1. Руководство вспомогательными службами
2. Администрирование базы данных
3. Налоговое законодательство

ОЖИДАНИЕ НЕОБХОДИМЫХ СВЕДЕНИЙ

Ищите должности, сильно зависящие от данных и материалов, которые должны предоставить некомпетентные коллеги, перегруженные начальники или же вечно лгущие поставщики. Если любой из них подведет, у вас не будет возможности сделать возложенную на вас работу. Вам не останется никакого выбора, кроме как ждать. Можно помогать другим в срыве сроков, добиваясь от них того, что они почти наверняка не в состоянии выполнить, например:

---

[1] У Мэрилин вос Савант самый высокий коэффициент интеллекта из всех людей. Говорят, перепуганный кубик Рубика от одного её вида сам уложился как надо.

- Требуйте от безграмотных торговых агентов представления огромных и тщательно проработанных документов.
- Размещайте заказы на туманно-неуловимые изделия, которые, согласно утверждениям их поставщиков, будут «вскоре доступны».
- Назначайте совещания с сослуживцами, которые плохо распоряжаются своим временем и никуда не успевают.

Все эти действия обладают убедительной аурой необходимости и вместе с тем дают вам столько свободного времени, сколько пожелаете.

ПОЧАЩЕ МЕНЯЙТЕ ДОЛЖНОСТИ

Круг должностных обязанностей ужасно быстро разрастается. Чем дольше оставаться на одном месте, тем больше работы на вас станут наваливать. Дело в том, что люди запомнят ваш род занятий и будут знать, как вас найти. Еще хуже, что через какое-то время вы станете компетентным, а это означает одно: накликать себе побольше работы.

Меняйте должности настолько часто, насколько возможно. Это избавляет от всяких докучливых людей, располагающих вашим номером телефона. Вы сможете заново изобрести для себя менее загруженную роль «советника» кого и чего угодно. Два года — вот максимум, который можно себе позволить провести на одном посту.

ПОСТОЯННО ЖАЛУЙТЕСЬ НА ЗАГРУЖЕННОСТЬ

Используйте любую возможность пожаловаться на чрезмерные требования, которые к вам предъявляются. Закрепляйте эту мысль при каждом контакте с коллегой или начальником. Существуют испытанные временем фразы, которые надо вставлять во всякую беседу:

«Я по уши в дерьме».
«Выше задницы погряз в болоте с крокодилами».
«Вечно тушу пожары».
«У меня на автоответчике сегодня полторы сотни сообщений. Типичный случай».

«Похоже, мне *снова* придется торчать здесь весь уик-энд».

Спустя какое-то время эти слова впечатаются прямо в подсознание каждого из окружающих и те станут считать вас титаном трудолюбия, хотя бы им и не довелось когда-либо наблюдать даже минимальные следы физических свидетельств в поддержку данной теории.

Другими словами, не будьте таким вот дурнем:

АВТООТВЕТЧИК

Никогда не поднимайте телефонную трубку при наличии автоответчика. Не бывает звонков с целью что-то дать, причем «за так», — напротив, люди звонят, поскольку хотят столкнуть *свою* работу *вам*. А это вам совсем ни к чему. Так что пропускайте все поступающие обращения через автоответчик.

Если кто-то оставил вам на автоответчике текст, где есть намек на надвигающуюся работу, ответьте нахалу в обеденный перерыв, когда того наверняка не будет на месте. Звонок в обед заодно послужит сигналом вашей чертовской загруженности и одновременно добросовестности — хотя на деле вы хитроумная лиса.

Продуманно сочетая метод просеивания входящих сообщений с ответами на звонки в момент, когда абонента нет на месте, можно существенно увеличить шансы на то, что обращавшийся к вам сдастся или станет искать решение, не требующее вашего привлечения. Вот наиболее приятное сообщение автоответчика, какое только можно услышать: «Моя последняя просьба уже неактуальна. Я решил вопрос сам».

Если у вашего автоответчика предусмотрен предел количества сообщений, которые он в состоянии хранить, добейтесь, чтобы этот предел достигался почаще. Один из способов — никогда не стирать поступающие сообщения. Если они набираются слишком медленно и долго, сами пошлите себе несколько штук. Звонящие будут слышать слова железной леди: «К сожалению, автоответчик переполнен» — верный знак того, что вы чрезвычайно загружены и пользуетесь высоким спросом.

Если вы проснулись посреди ночи, ибо того потребовала природа, воспользуйтесь моментом, чтобы забросить сообщение на автоответчик шефа. Оно будет автоматически снабжено меткой времени и тем самым укрепит в нем иллюзию, что вы работаете круглые сутки. Ради такого способа приукрасить действительность полезно перед отходом ко сну засосать банку-другую пива.

Отдельные типы автоответчиков при поступлении сообщения автоматически активизируют ваш пейджер. А некоторые системы позволяют отложить отправку такого сигнала и запланировать ее на более позднее время. (Держу пари, вы не представляете, куда всё это движется и до чего может дойти наука.) Если у вас на подходе бесполезное совещание, запрограммируйте автоответчик так, чтобы он послал вам вызов на пейджер как раз в разгар посиделок. А пейджер настройте вместо вибрации на звуковой сигнал — пусть все знают, что вас разыскивают. При взгляде на входящий номер, горящий на индикаторе пейджера, изобразите на лице ужас, затем быстро извинитесь. По пути на выход полезно, наступая на ноги, бормотать: «О Боже».

ПРИХОД И УХОД

Всегда являйтесь на работу раньше начальника. Если не можете сделать этого, уходите с работы после него. Добравшись на службу прежде шефа, можете утверждать, что явились в четыре утра, и нет способа опровергнуть это заявление. В случае ухода с работы после начальства смело можете говорить, что вкалывали до полуночи.

Единственные, кто может разоблачить вас, — сослуживцы. Именно поэтому важно дать им понять, что вы — так же, как и они, — отслеживаете моменты их явки на службу и убытия оттуда. Тем самым вы взаимно вынудите друг друга быть «честными».

НЕУБРАННЫЙ СТОЛ

Высшее начальство может обходиться абсолютно чистым столом. Для прочих смертных пустая столешница выглядит так, словно они трудятся недостаточно упорно. Складывайте вокруг себя огромные кипы документов. Для стороннего наблюдателя папки за несколько прошлых лет смотрятся так же, как и сегодняшняя работа; тут важен суммарный объём. Простирайте бумаги ввысь и вширь. Если знаете, что кто-то должен зайти к вам в кабинку, закопайте документ, который понадобится к разговору, ровно в середину дальней стопки и после прихода коллеги поройтесь в его поисках.

ПРИХОД НА СОВЕЩАНИЯ И УХОД С НИХ

Приходите на совещания с опозданием, а уходите раньше. Это оставляет впечатление, что из-за страшной занятости вы не успеваете сделать всё. Кроме того, первые минуты совещания в любом случае бесполезны, а в конце идёт раздача поручений. Для занятого человека вроде вас и то и другое — время, потраченное напрасно.

ИССЛЕДУЙТЕ И ИЗУЧАЙТЕ

Беритесь за такую работу, которая позволит вам «анализировать» или «оценивать» что-либо, а не «выполнять» или «делать». Оценивая нечто, вы получаете возможность критиковать работу других. Когда вы сами что-то «делаете», у других появляется возможность покритиковать *вас*.

Обычно никаких четких стандартов для анализа качества проделанной работы нет. Можете проводить сколько угодно времени, смакуя ошибки тех людей, которые в своё время были достаточно глупы, дабы позволить засадить себя «делать» что-то.

РАБОТАЙТЕ НАД ДОЛГОСРОЧНЫМИ ПРОЕКТАМИ

Легко скрыть свою леность тому, кто связан с долгосрочным проектом. Всегда в запасе есть денёк-другой, чтобы сделать то, чем не захотелось заниматься сегодня. А ведь так или иначе, проект, скорее всего, закроют или изменят до неузнаваемости прежде, чем его закончат, — следовательно, вы не причините никакого вреда, не сделав свою часть.

Любой ценой избегайте краткосрочных проектов. От них — одни неприятности. Кругом все ожидают результатов, а также рассчитывают, что вы будете пахать допоздна, чтобы уложиться в установленные сроки. Не нужны вам эти радости и склоки.

СТАРАЙТЕСЬ ВЫГЛЯДЕТЬ НЕКОМПЕТЕНТНЫМ

Ничто не спасает от работы более эффективно, нежели явная и искренняя некомпетентность. Чем более несведущим кажется человек, тем меньше работы его попросят сделать. Ситуация эта, как вы и сами смекаете, не без риска. Например, вас могут признать кретином и выдвинуть в руководство. Но, за исключением этой опасности, указанная стратегия вполне надежна.

ИЗБЕГАЙТЕ БЕССМЫСЛЕННЫХ ПОРУЧЕНИЙ

Средний начальник раздает сотрудникам массу бессмысленных заданий. Большинство из них достаются тем невезучим, кто попал в одну из следующих категорий:

- сидит ближе всех к кабинету шефа;
- первым задал вопрос по делу;
- неосмотрительно вошел в кабинет шефа первым.

Никогда и ни при каких обстоятельствах не задавайте вопросы, выходящие за рамки ваших должностных обязанностей. Они будут истолковываться как заинтересованность в получении новой работы. На основании одного неосторожного вопроса вас возведут в положение «наиболее подходящего» для любого бессмысленного поручения.

В глазах начальника тот несчастный подчиненный, чья кабинка находится к нему ближе всех, станет чем-то вроде огромной «корзины на выброс». Избегайте подобного местоположения, даже если для этого придется переспать с начальником АХО[1]. Такое место — как тюремный срок. Ведь всякий раз, когда послышатся шаги, придется притворяться работающим. Каждое пустячное задание будет в конечном итоге попадать на ваш стул с маленькой желтой липучкой, где написано ценное указание шефа. Вашу роль в фирме станут связывать с потоком незначительных поручений. Конец карьере, а погубило ее плохое расположение рабочего места.

Никогда не входите в кабинет начальника без крайней нужды. Каждый начальник отводит один угол письменного стола для бесполезных поручений, которые раздаются посетителям наподобие леденцов в канун Дня всех святых. Ведите все дела с шефом через автоответчик или электронную почту, и пусть он угощает своими «презентами» менее смекалистых коллег.

---

[1] Вот еще одна превосходная причина выбрать пост менеджера вспомогательных служб.

СТРАТЕГИЧЕСКОЕ ПЛАНИРОВАНИЕ ОТПУСКА

Наконец, последний совет: оставляйте часть своего отпуска на такое время, когда сможете использовать его для стратегических маневров после завершения отпускного сезона.

9

СКВЕРНОСЛОВИЕ

КЛЮЧ К УСПЕХУ ДЛЯ ЖЕНЩИН

Мужчинам сквернословие тоже может помогать в налаживании связей с другими мужчинами. Но оно лишь в ничтожной степени способствует их деловому успеху. От мужиков все и без того ждут ругани, так что, когда они поступают в соответствии с ожиданиями, ничего особенного не происходит. Никого это не шокирует.

Например, если мужчина заходит в кабинет к другому мужчине и просит просмотреть подготовленный им документ, типичный ответ мог бы звучат так: «А засунь ты его себе в задницу — и можешь сдохнуть».

Затем оба мужика рассмеются, сплюнут и обменяются небрежными замечаниями про разных чудаков на букву «м», создав этим пожизненные узы, которые уже ничем не разорвать[1]. Всё это выглядит не больно симпатично, по такова жизнь: в мире мужчин сквернословию отведено свое место, хотя и незначительное.

---

[1] Если только не впутаются эти самые чудаки.

Для женщин всё обстоит совершенно иначе. Здесь сквернословие может шокировать и привлекать сильнейшее внимание. Оно признак женской мощи, а также пренебрежения границами и условностями. Помимо того, оно второй по важности фактор для достижения успеха.

Факторы женского успеха

1. Круг знакомых
2. Сквернословие
3. Образование
4. Характер деятельности

Я пришел к этому заключению после наблюдения за маленькой выборкой преуспевших женщин-руководителей, которые ругаются почище пьяных сапожников[1].

Размер выборки был невелик не по моей вине. Причина в том, что женщин в нашем обществе лелеют, но расти им не дают. И я не несу за это никакой личной ответственности: когда я рос на своей фирме, меня тоже поливали, только не водичкой. Так что оставьте меня в покое и не заводите.

Чтобы понять, как сквернословие может помочь женщине, рассмотрим следующие гипотетические ситуации.

Сценарий № 1 (без сквернословия)

Мужчина заходит в кабинет к женщине и просит просмотреть написанный им документ. Женщина отвечает: «Понимаете, я сейчас немного занята». Отнюдь не напуганный этим сдержанным отказом, мужчина вытаскивает себе стул и съедает у женщины час ценного времени. В конечном счете ее производительность будет сведена к нулю бесконечным парадом мужчин, предпочитающих потрепаться с ней, нежели работать. Карьера дамы войдет в штопор, и в иноге она станет мешочницей и бомжихой. Впрочем, что она будет за мешочница, если не научится ругаться последними словами!

---

[1] Речь не про тех сапожников, которые опьянели, скажем, от счастья. Я имею в виду ситуацию, когда вы заводите с человеком разговор про цены на набойки, а он отвечают на бойком языке того старого попугая, которого пришлось прикончить, поскольку он упорно долбил в одну точку на манер дятла-долбо... носа.

А теперь предположим, что та же самая женщина является экспертом по части искусства делового сквернословия. Приведенный выше сценарий мог бы тогда выглядеть следующим образом.

Сценарий № 2 (со сквернословием)

Мужчина заходит в кабинет к женщине и просит просмотреть его документ. Женщина отвечает так: «А засунь ты его себе в задницу — и можешь сдохнуть». Мужчина будет на мгновение ошеломлен. Маловероятно, что он вытащит себе стул. Не возникнут при этом и никакие пожизненные узы. Он, по всей видимости, медленно попятится за дверь. Производительность дамы круто, наподобие ракеты, взмоет вверх. А как насчет последствий? Ведь у этой женщины может когда-нибудь возникнуть нужда в покровительстве со стороны того мужчины, которого она только что оскорбила словом. К ее счастью, все мужчины с рождения обучены терпеть от женщин словесные обиды и довольно быстро забывать о происшедшем.

А в том маловероятном случае, когда мужчина в будущем все-таки проявит некоторое колебание при необходимости оказать ей помощь, ситуацию можно сгладить посредством простейшего метода общения, сводящегося к следующему высказыванию: «Сделай это сию же минуту, или я оторву тебе яйца и запихну в твою мерзкую глотку».

Есть еще три сценария, которые я не стал рассматривать, но вкратце их легко свести к следующему:

Действие	Результат
Мужчина обзывает женщину последними словами	Шесть лет тюрьмы
Женщина обзывает женщину последними словами	Откуда мне знать?
Человек обзывает компьютер последними словами	Ящик пашет лучше

10
КАК ДОБИВАТЬСЯ СВОЕГО

Настоящая глава посвящена стратегиям, которые должны помочь вам добиваться своего. Увы, эти стратегии не вознесут вас на вершину той свинской кучи, которая именуется вашей фирмой, но благодаря им можно получить кое-какое маленькое удовлетворение, столкнув окружающих вас болванов пониже.

В болванах хорошо то, что их легко оставлять в дураках. Этим вопросом я планирую заняться более подробно в продолжении и развитии данной книги, которое назову «Ой, зачем я купил еще одну такую книгу?».

Победа — не самая важная вещь в бизнесе. Надо еще и разбогатеть, иначе от этого занятия невелик толк. Впрочем, если вас заботит исключительно богатство, рекомендую стать дворецким у стареющего миллионера, который потерял мыслительные способности, но не умение собственноручно расписаться (на завещании в вашу пользу). Если же вы не в состоянии разбогатеть, советую стать самодовольным и циничным, поскольку это — следующая после богатства чудесная вещь. Тут-то как раз и могут пригодиться мои стратегии.

МАНЕВР «ЗАКЛЮЧИТЕЛЬНОЕ ПРЕДЛОЖЕНИЕ»

Многие годы я использовал маневр «заключительное предложение» на тех совещаниях, про которые знал, что в мнениях будет царить разнобой и только моя точка зрения имеет какую-то реальную ценность. Иными словами, на каждом совещании, которое доводилось посещать. Доля успеха при использовании этого подхода удивляет. И это хорошо: ведь среди «не весьма удивляющих» стратегий масса таких, о применении которых не может быть и речи.

Не весьма удивляющие стратегии

- Прикидываться восковой фигурой.

- Сделать себе галстук из бумажных подкладок на стульчак.

- Привлекать внимание публики с помощью расистских эпитетов.

- Практиковать в своей кабинке искусство хиромантии.

В отличие от этих стратегий, «ведущих в никуда», маневр «заключительное предложение» железно сработает, причем на вас. Это произойдет так.

Маневр «заключительное предложение»

1. Позвольте всем присутствующим представить их слабоумные предложения.

2. Оставайтесь невозмутимым всё то время, пока остальные участники будут наподобие кроликов, щиплющих свежую капусту, рвать в клочки предложения друг друга. Наблюдайте, как у них развивается ярко выраженная личная ненависть, которая не увянет на протяжении всей их совместной карьеры.

3. Ближе к концу времени, отведенного для совещания, когда терпение всех истощилось и вот-вот лопнет вместе с мочевым пузырем, выступайте со своим предложением. Опишите его как логическое следствие хороших мыслей, услышанных на совещании, независимо от того, насколько смешны они были в действительности.

Если время выбрано верно, все участники будут в этот момент испытывать ощущение полнейшего разочарования, а также физического дискомфорта и поймут, что ваше предложение — самый быстрый способ закончить кошмар, именуемый совещанием. Маскируя свое предложение под сочетание мыслей всех участников, вы минимизируете в них естественную потребность напасть на вас.

Вы будете выглядеть рациональным приверженцем компромисса, в то время как другие заседатели — напоминать нытиков, проталкивающих свои партикулярные точки зрения. Единственный недостаток данного подхода в том, что вас не будут единолично отождествлять с высказанной идеей, если она вдруг сработает. Но в типичном случае проблемы тут не будет, поскольку большинство идей и так и так не срабатывают. А те, которые почему-то окажутся результативными, ваш босс всё равно присвоит себе.

САРКАЗМ КАК СРЕДСТВО ДОБИТЬСЯ СВОЕГО

По определению, людей с неверными идеями не поколебать никакой логикой. Прежде всего, если бы они умели рассуждать логично, у них не возникали бы ошибочные идеи — разве что эти идеи основываются на неверных исходных данных и предпосылках. Поэтому, чтобы опровергнуть нелогичную идею и добиться своего, у вас остаются две возможные стратегии:

- спорить с первичными данными — подвергнуть их исчерпывающему анализу с целью продемонстрировать изъяны в исходных предположениях оппонента;
- использовать сарказм, чтобы высмеять идею и сделать из ее автора болвана.

Если более приемлемым вам кажется вариант «исчерпывающего анализа», то учтите: придется потратить слишком много времени. Плюс к этому, данный метод может сработать лишь в том случае, если имеешь дело с тем, кто мыслит логически и готов признать допущенную ошибку. Поэтому, выбрав подобный способ, придется заодно найти сослуживца, являющего собой супермодель лица всемогущего и всеведающего. (Обратите внимание на тонкое использование сарказма для демонстрации всего безумия указанного подхода.)

Выбор номер два — сарказм — куда более гибок. Он сработает независимо от того, почему заблуждается человек, которым вы хотите манипулировать: то ли у него плохо с данными, то ли с мозгами. Взывайте к чувству страха и ощущению неуверенности, которые присущи большинству людей. И еще: сарказм, звучащий сегодня, должен заодно подчеркивать потенциальные возможности будущих насмешек.

Здесь полезен пример. Представим себе, что ваш идиот-начальник только что предложил награждать усердных работников похвальной грамотой. Взгляните, как можно воспользоваться сарказмом, чтобы заставить его изменить планы.

ПРИМЕР МОГУЩЕСТВА САРКАЗМА

Вы: Раньше я думала, что все проблемы нашей фирмы вызваны скверным управлением и неадекватной системой оплаты труда.

Начальник: Это — распространенное заблуждение.

Вы: Теперь я понимаю, что всему виной нехватка похвальных грамот.

Начальник: Угм...

Вы: Больше всего мне в этом деле нравится то, что на каждого человека, который получит грамоту, придется пятьдесят тех, кому она не достанется, — и это называется наградой за «дополнительные усилия»!

Начальник: Кажется, я понимаю, что вы пробуете...

Вы: *Я хочу заработать эту грамоту! Меня ничто не остановит!*

Начальник: Хорошо-хорошо, очко у вас уже есть...

Вы: А правильно ли я поступлю, если останусь сегодня допоздна и буду вечером вощить столы в зале заседаний своими волосами?

МАНЕВР «ПОЛНАЯ КАРТИНА»

Теоретическое обоснование маневра под названием «полная картина» состоит в следующем: каждый «белый воротничок» стремится выглядеть так, будто он в состоянии видеть «полную картину», в то время как окружающие — сплошь близорукие неудачники. Ваши коллеги будут пробовать подключиться к любому сценарию типа «полная картина», который вы выдвинете. И сам Бог велел манипулировать ими, с выгодой пользуясь этим импульсом.

Предположим, что вы только что спустили миллион долларов на проект, который рухнул не хуже пьяной вдрызг девяностолетней старухи со сломанным бедром. Сейчас вы сидите на совещании в окружении стаи стервятников, которые рвутся потратить всё отведенное время на то, чтобы возить вас мордой об финансовые документы. Ваша задача: избежать этой судьбы и — в случае удачи — даже укрепить свою позицию. Здесь маневр «полная картина» незаменим.

Разговор мог бы развиваться примерно так:

Вы: Я израсходовал миллион долларов, но проект не заработал.
Уолли: Ты расфукал *миллион долларов*!!!
Алиса: Что ты себе думал?
Тед: Послушайте! Разве вообще *никто* не руководил этим делом???
Вы (окидывая хладнокровным взором полную картину): Миллион долларов — пустяк на фоне всего бюджета для научных исследований. Наш бизнес — рискованный.
(В этот момент другие участники совещания поймут, что их обошли с фланга маневром «полная картина», и судорожно начнут выкарабкиваться с целью поиметь хоть какую-то компенсацию.)
Уолли: Всего за миллион долларов мы многое узнали.
Алиса: По сравнению с суммарным внутренним валовым национальным продуктом страны эта величина находится в пределах ошибки округления.
Тед: Может, перейдем к разговору о чём-то действительно *важном*?

СТРАТЕГИЯ ДИНОЗАВРА

Стратегия динозавра означает игнорировать все новейшие директивы руководства, чинить им препоны и продолжать делать всё так же, как вы поступали доселе. Успех этой стратегии обеспечивается тем, что обычно вашему начальнику нужно шесть месяцев для того, чтобы заметить ваше восстание и начать из-за этого беситься. По случайному совпадению, это как раз тот отрезок времени, в течение которого среднестатистический начальник находится на одной и той же должности.

Средний срок жизни оргструктуры любой организации — шесть месяцев. Можете благополучно игнорировать любое указание начальника, на выполнение которого требуется больше шести месяцев. Другими словами, окружающая среда изменится прежде, чем вам нужно будет что-нибудь сделать. Посему можете спокойно продолжать тянуть резину и потихоньку рыться в вулканическом пепле от прежних извержений деловой активности, а новые начальники будут между тем приходить и уходить.

Если ждать достаточно долго, любая плохая идея исчерпает себя и бесследно испарится. И большинство хороших идей также. Поэтому, если у вас есть время только на освоение единственной стратегии, данный раздел — это как раз то, что вам нужно.

Пример стратегии динозавра

От: (имярек)
Кому: scottadams@aol.com

Скотт!

Когда руководство сталкивается с управленческой проблемой и не имеет ни малейшего понятия, как действовать, но чувствует необходимость сделать ЧТО-ТО, оно, кажется, всегда прибегает к чёртовой БАЗЕ ДАННЫХ. Конечно, у него нет никаких стратегических планов фактического ИС-

ПОЛЬЗОВАНИЯ базы данных, но деятельность вокруг да около нее, похоже, дает начальству занятие и заставляет отцепиться от инженеров (на некоторое время).

Первая служебная записка по указанному вопросу разъясняет, как и почему новая база данных решит все наши проблемы.

Следующая записка отмечает, что упомянутая база данных — главный общефирменный проект и в целях «формирования перспективного видения будущего» он требует активного сотрудничества со стороны каждого.

Несколько последующих служебных записок указывают, что база данных пока еще только развивается, но смотрится всё лучше и лучше.

Дальнейшие записки содержат примеры того, что именно даст база данных, а также немного обескураживающую оговорку, констатирующую, что данные в базе пока еще нельзя признать настолько полными, дабы ожидать значимых результатов.

Очередные записки сожалеют, что сбор данных идет дольше, чем ожидалось, поскольку инженеры не обеспечивают их своевременного занесения в компьютер.

Что касается инженеров, то они продолжают успешно игнорировать все служебные записки, равно как и брань в свой адрес.

В конечном счете всё стихает и БАЗА ДАННЫХ мирно исчезает вместе с закатившимся солнцем.

11
МАРКЕТИНГ И ОБЩЕНИЕ

Про маркетинг я могу говорить как знаток предмета, поскольку когда-то посещал соответствующие курсы. Кроме того, я много чего покупал.

Постороннему представляется, что всю научную дисциплину под названием «маркетинг» можно резюмировать следующей концептуальной формулой:

> Если понизить цену, то можно продать больше штук.

Но это чрезмерное упрощение, которое оскорбляет профессионалов маркетинга и игнорирует сотни лет растущего понимания всяких хитрых тонкостей искусства маркетинга. Эти тонкости таковы:

- Если поднять цену, продадите меньше штук.
- Ну, и как я в этом прикиде?

Отдел маркетинга использует множество продвинутых методов с целью заставить изделия и покупателей встретиться, причем так, чтобы максимизировать прибыль. Например, они раздают брелки для ключей.

Но это далеко не всё. Ради удобства читателей я свел воедино главные понятия маркетинга, так что вам не понадобится просиживать штаны на соответствующих курсах, как это делал я. Итак, добро пожаловать.

СЕГМЕНТАЦИЯ РЫНКА

Каждый клиент хочет получить наилучшее изделие по самой низкой цене. К счастью, многие клиенты не в силах уловить разницу, скажем, между прекрасным азиатским шелком и бумажными полотенцами фирмы «Баунти». Независимо от того, насколько благородно ваше изделие, всегда найдется кто-то, либо не понимающий разницу, либо не располагающий доступом к альтернативам. Работа отдела маркетинга как раз и состоит в том, чтобы выявить указанные «сегменты» рынка, всадить им в карман насос и выкачивать его содержимое до тех пор, пока там не останутся только пушинки и ниточки, приставшие к подкладке.

Сегментация рынка может показаться чем-то сложным, но реально это тот самый процесс, которым пользуются в детстве, набирая игроков в свою команду. Каждый потенциальный игрок оценивается по объективным характеристикам типа скорости, техники и силы. Если эти показатели не приводят к окончательному выбору, то группа сегментируется далее по уровням прыщавости и популярности. Ребят, оценки которых по предпочтительным характеристикам высоки, относят к «сегменту команды», а мальчики с низкими показателями, когда вырастут, попадут, скорее всего, в сегмент рынка, покупающий себе резиновых надувных девиц. Всё абсолютно просто.

Наиболее важный сегмент рынка известен под названием «глупые богачи» — из-за их тенденции покупать всё новое независимо от цены или полезности. Если вы в состоянии продать достаточное число экземпляров «глупым богачам», ваши издержки производства на единицу продукции уменьшатся. Тогда можно будет снизить цену и начать продавать «глупым беднякам» — там только и появятся настоящие объемы выручки!

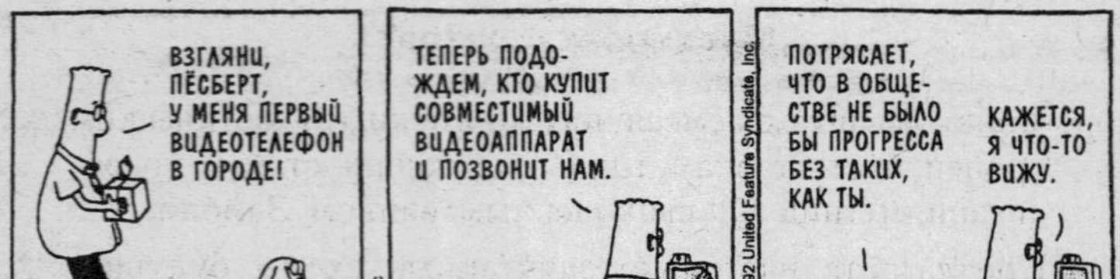

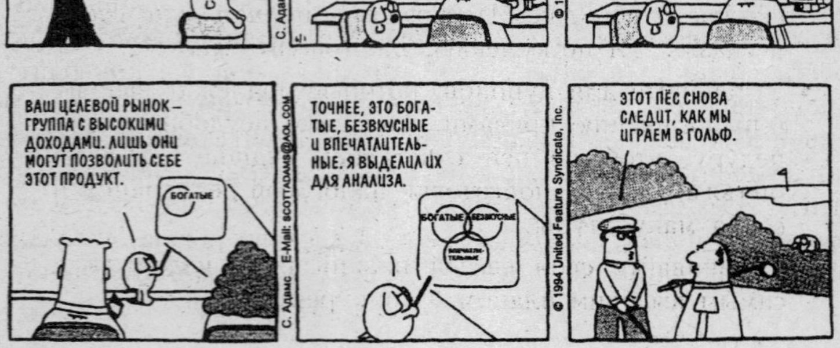

Всегда неразумно проектировать свое изделие в расчете на «умного бедняка» или «умного богача». Умный бедняк в любом случае не купит ваш продукт: он сообразит, как его украсть. Умный богач купит всю вашу фирму с потрохами и уволит тебя, осел ты эдакий. Как правило, умные люди — нежелательный сектор рынка. К счастью, таковых не существует.

КАК ВЫДЕЛИТЬ СВОЕ ИЗДЕЛИЕ

Лучший способ выделить, или, иначе говоря, дифференцировать, свое изделие — сделать его лучшим в его классе. Но в каждом классе может иметься только одно наилучшее изделие, и раз вы читаете эту книгу, то вряд ли работаете на фирму, выпускающую именно это изделие. Так что в данную стратегию нам вдаваться не надо.

Предположим, вы продаете то, что имеет аналоги на рынке, к примеру сотовую связь, страховые услуги, кредитные карточки или ссуды под заклад домов. Можете сделать свой продукт или услугу выглядящими по-особому, маскируя истинные затраты и затем объявляя своё более экономичным, нежели альтернативные варианты.

К хорошим методам маскировки истинной стоимости изделия относится...

Маскировка затрат

- Привязывайте ежемесячные платежи к экзотическим процентным ставкам типа плавающих ставок по облигациям типа Q, выпущенным банком Замбии.
- Предлагайте настолько запутанные схемы будущих скидок, чтобы даже Нострадамус поднял руки вверх и сказал: «Я не кумекаю. Растолкуйте мне».
- Установите для купонов, которые подлежат выкупу или погашению призами, настолько неудобную процедуру, чтобы в ней сочетались худшие элементы рытья в мусоре, подготовки налоговой декларации и сбора макулатуры.
- Сравнивайте свой самый низкий план издержек с самым высоким планом у конкурентов.

- Предлагайте тем, кто не силен в математике, выбор вариантов аренды.
- Устанавливайте гигантские штрафы для клиентов, запоздавших с платежами. Один раз в год забывайте отправить клиенту счет.
- Предлагайте крутые скидки для начальных платежей, за которыми последуют прямо-таки непристойные повышения цен. Затрудняйте клиентам возможность выкарабкаться после того как они попались в ваши сети.
- Продавайте изделие без одного из важных элементов, делая его тем самым бесполезным, например компьютер без клавиатуры или без оперативной памяти.

МАРКЕТИНГ ПО СЦЕНАРИЮ «ПОБЕДА—ПОРАЖЕНИЕ»

Иногда ваша фирма торгует плохим изделием по высокой цене. Именно тогда и можно показать себя истинным волшебником маркетинга. Центр тяжести переносится с обучения потребителя на его полное и всестороннее изнасилование.

Если у вас возникают в этой ситуации какие-то этические проблемы, вспомните девиз профессионалов маркетинга:

«Мы не насилуем клиентов.
Мы лишь держим их, пока насилуют продавцы».

Благодарите Господа за невежество ваших потребителей. Путаница и неразбериха — ваши друзья. Пользуйтесь благами доброй репутации, сотворенной вашими конкурентами, и создавайте изделия, которые по названию пугающе похожи на их продукцию, но зато намного хуже.

Примеры:

Видеомагнитофон «Поносоник»
Телевизор «Колд Стар»
Автомобиль «Поршень 911»
Мотоцикл «Харя Дэвидсон»
«Пупси-кола»

РЕКЛАМА

Хорошая реклама может заставить людей покупать ваш товар, даже если он явная халтура. Это очень важно, поскольку на вас перестает давить необходимость выпускать хорошие изделия. Доллар, израсходованный на промывку мозгов потребителей, рентабельнее доллара, потраченного на усовершенствование изделия.

Разумеется, существует некое минимальное качество, которого каждое изделие обязано достичь. Товар должен выдержать процесс отгрузки и доставки и не измениться от этого до неузнаваемости. Но после достижения указанного минимального уровня главную роль начинает играть реклама.

Хорошая рекламная кампания проектируется с точным расчетом на конкретную аудиторию. В частности, один и тот же рекламный посыл сугубо по-разному доходит до мужчин и до женщин.

Мужчины — существа предсказуемые. Это позволяет легко смастерить такой маркетинговый посыл, который на них подействует. Все успешные рекламные кампании, нацеленные на мужчин, включают один из следующих двух посылов:

1. Это изделие поможет тебе назначать свидания манекенщицам, демонстрирующим купальники «бикини».
2. Это изделие сэкономит тебе время и деньги, которые понадобятся, если ты хочешь назначать свидания манекенщицам, демонстрирующим «бикини».

По сравнению с прямолинейными и однообразными мужчинами женщины намного более изощрённы и сложны. И ваш рекламный посыл должен взывать к большему диапазону интеллектуальных интересов и эстетических предпочтений, присущих женщине. Конкретнее, он должен говорить следующее:

1. Купив это изделие, ты станешь манекенщицей, демонстрирующей «бикини».

Подкрепите свою информацию о «качестве» изделия цитатами экспертов, говорящих о нем хорошие слова. Некоторые эксперты станут настаивать, что им, дескать, необходимо посмотреть на ваше изделие, прежде чем отзываться о нем; держитесь от таких людей подальше. Вам нужен такой эксперт, которого можно ублажить дармовым ленчем или развесистым комплиментом.

Не навредите себе попытками заставить эксперта давать идеальные формулировки. В рекламе, как и в журналистике, можно пересказывать цитаты своими словами — для удобочитаемости. Фактически вы вольны творить совершенно новые фразы, пользуясь любым словом, которое когда-либо произнес ваш эксперт. С формальной точки зрения это всё еще будет цитата. Многие из знакомых вам прекрасных публикаций используют данный метод. И вы тоже смело можете применять его.

Первоначальная цитата в дословном виде

«В этом изделии очевидно низкое качество и полное пренебрежение рынком».

Подредактированная цитата

«В этом изделии очевидно… качество».

ПОНИМАЙТЕ КЛИЕНТА

Для вас весьма существенно, даже необходимо понимать клиента. Это ничего не изменит в вашем продукте — здесь решения определяются внутренней политикой и ситуацией фирмы, — но зато необходимо, если на совещаниях вы хотите демонстрировать установку «я-ориентирован-на-клиента-сильнее-тебя».

ПОНИМАЙТЕ МАРКЕТОЛОГОВ

ЛЮДИ РЕШАЮТ ЗАНЯТЬСЯ МАРКЕТИНГОМ, ОСОЗНАВ, ЧТО НИЧЕГО КОНКРЕТНО НЕ УМЕЮТ.

А Я ГОВОРЮ: НУЖНО ПРИСЛУШИВАТЬСЯ К КЛИЕНТАМ И ДАВАТЬ ИМ ТО, ЧТО ОНИ ХОТЯТ.

НО ОНИ ХОТЯТ ЧЕГО ПОЛУЧШЕ, И ПРИТОМ ЗА БЕСПЛАТНО.

А-А… ТОГДА ДАВАЙТЕ ПРОДАВАТЬ ИМ ТО, ЧТО У НАС ЕСТЬ, И НАЗОВЕМ ЭТО СТРАТЕГИЕЙ.

С целью понять клиентов отдел маркетинга прежде всего должен сесть в кружок и поговорить, что сделал бы каждый из них, если бы по тупости превратился в клиента. Разговор маркетологов будет звучать примерно так:

Сотрудник № 1: Вы и я можем предпочитать в гамбургерах говядину, но средний потребитель этого не различает.

Сотрудник № 2: Я слыхал про парня, который ест лампочки и гвозди.

Сотрудник № 1: Всё точно. Их вообще не колышет, что они едят.

Сотрудник № 2: Так что мы вполне можем класть в наши булочки с начинкой хоть травку с лужаек, хоть сапожные гвозди и прочее [технический термин опущен], а они никогда и не заметят разницу.

Сотрудник № 1: Нас еще и поблагодарят за то, что мы экономим им деньги.

Сотрудник № 2: Устал я от всего этого рыночного анализа. Хотите бифштекс?

Сотрудник № 1: Я вегетарианец.

Если вам когда-либо доводилось встретить живого клиента, смело обобщайте его поведение на всех клиентов. Если клиент вам не встречался, пересказывайте истории, услышанные от того, кто его видел, приукрашивая их, если это абсолютно необходимо, своими собственными небольшими придумками.

Через какое-то время полусказка про одного клиента от частого повторения и варьирования станет «ходячей истиной» о предпочтениях всех клиентов.

Подлинная история. Клиент одной крупной телефонной фирмы жаловался, что не может протестировать свою аппаратуру на общедоступной сети, не уплатив предварительно за обслуживание. С каждым новым рассказом о жалобе этого клиента руководству фирмы становилось всё очевиднее, что тестировать оборудование необходимо «множеству клиентов». Один менеджер часто упоминал про «стопку запросов» на его столе. В конечном счете потребительский спрос стал настолько велик, что для решения проблемы назначили специального сотрудника невысокого ранга, который должен был вести проект создания многомиллионной лабораторной установки. Но всякие его попытки проверить наличие огромного спроса неизменно приводили к одному и тому же первоначальному заявителю, давно, кстати, решившему свою проблему. Однако сотруднику всё равно приказали строить эту установку, руководствуясь теорией, что где-то должно иметься много клиентов, подобных тому единственному парню, кто реально обращался с просьбой. Проект был в конечном счете зарублен — по причинам внутрифирменной политики. А сотрудник низкого ранга в итоге оставил ту телефонную компанию и стал довольно известным карикатуристом.

Для сужения диапазона исследования можете использовать эталонные группы. Туда входят люди, отобранные на основе наличия у них необъяснимого свободного времени и (объяснимой) любви к бесплатным бутербродам. Их приглашают в комнату и просят ответить на ряд вопросов, задаваемых специально обученным посредником.

Многие из указанных лиц впервые окажутся в ситуации, когда их кормят, да еще и выслушивают. Это может порождать у них некоторые странности в поведении. Большинство начнут неистово жаловаться на то, что прежде их никогда не беспокоило. Затем они станут предлагать такие продукты, которые сами наверняка бы не купили.

Лицо № 1: Если бы у моей зубной щетки на другом конце имелась щетка для чистки собаки, я могла бы чистить зубы и одновременно своего пуделя. Вот тогда это будет продукт, который я куплю.

Лицо № 2: Да, да! И хорошо бы иметь третий оконечник — для одновременной полировки автомашины. Я купил бы такую вещь. Если бы у меня была машина.

Лицо № 3: Стоп-стоп-стоп! А что, если бы зубной щеткой можно было еще и завести свою машину? Или даже лучше чью-то машину?

В один прекрасный день, обалдев от острых ощущений, порождаемых дармовыми бутербродами и всеобщим вниманием, участники эталонной группы непременно внесут переломные предложения, которые на вечные времена изменят курс вашей фирмы. Разве что вам достанется плохая эталонная братия, которая сожрет ваши бутерброды, обругает вас по-деревянному и уйдет восвояси.

Теперь вы готовы к анализу рынка.

АНАЛИЗ РЫНКА

В более примитивные времена бизнесменам для выяснения пожеланий клиентов приходилось использовать метод проб и ошибок. Так было до того, как изобрели анализ рынка и тем самым превратили туманную мешанину догадок и естественного отбора в тонко настраиваемый научный процесс.

Анализ рынка стал возможным благодаря открытию, что решения потребителей о покупках рациональны и хорошо аргументированы. Это, конечно же, святая правда, и в ней легко убедиться: достаточно запастись непредубежденным мнением и опросить статистически достоверное подмножество лиц о том, чего же они хотят.

Ниже приводятся некоторые из наиболее удачных обзоров анализа рынка, которые быстро привели к созданию продуктов и услуг, пользовавшихся бешеной популярностью. Без такого анализа все они просто не появились бы на свет.

ИСТОРИЧЕСКИЕ ПРИМЕРЫ ОБЗОРОВ СОСТОЯНИЯ РЫНКА

Анкета авиалиний (1920)

Если вам предстоит дальнее путешествие, то что вы предпочтете:

А. Сесть за руль автомобиля.

Б. Купить билет на поезд.

В. Позволить, чтобы вас всадили в огромный металлический контейнер, весящий больше вашего дома, и перемещали в пространстве за счет взрывающихся химикалий, зная, что любая из тысяч человеческих, механических или погодных проблем приведет к тому, что вы сгорите заживо, словно факел.

Если ваш ответ «В», то не станете ли вы возражать, если мы заодно истопчем ваш багаж и отправим его в другой город?

Анкета по видеомагнитофонам (1965)

Если бы вы могли бы купить устройство, которое воспроизводит по телевизору записанный на плёнку кинофильм, сколько вы готовы уплатить за него?

А. 200 долларов.

Б. 500 долларов.

В. 2500 долларов, ибо оно будет стоить любых денег, если я смогу брать напрокат похабные картины и мастурбировать на манер дикой обезьяны.

Анкета по сетевым компьютерам (1985)

Если бы вы могли бы подсоединить свой компьютер к обширной информационной сети, как бы вы использовали эту службу?

А. Собирал ценную научную информацию.

Б. Улучшил свое образование.

В. Продемонстрировал полное отсутствие индивидуальности, тратя несчетные часы для набора на клавиатуре дурацких и часто непристойных фраз, которые разные люди смогут просматривать точно так же, как и я, то есть в «реальном времени».

Если ваш ответ «В», то как следует назвать указанную службу?

А. Компьютерный трёп.

Б. Я идиот и берусь доказать это!

В. Прощай, сберкнижка.

РЫНОЧНЫЕ ТРЕБОВАНИЯ

После завершения анализа рынка приходит время проектировать продукт. Инженеры будут просить вас указать, что именно они должны делать. Это может оказаться непростым делом и потребовать много работы, причем на вас же свалят всю вину, если новинку потом никто не купит. Поэтому любой ценой избегайте специфицировать рыночные требования. Если технари всё же продолжают выбивать их из вас, выберите один из следующих подходов:

1. Упорно настаивайте, что вы уже определили требования, когда сказали, что у продукта должны быть «высокое качество и низкая цена». Жалуйтесь начальнику проектантов, что те ни черта не делают.

2. Попросите проектанта указать все возможные варианты плюс связанную с ними стоимость, чтобы вы смогли выбрать наилучшее решение. Жалуйтесь начальнику проектантов, что данный инженер уклоняется от сотрудничества.

3. Определите такие рыночные требования, которые или невыполнимы технически, или невозможны логически. Жалуйтесь начальнику проектантов, что ваш напарник не «нацелен делать дело».

СОЗДАНИЕ РЫНКА

Если для вашего продукта нет никакого рынка, иногда можно самому создать его. Это включает два этапа: выдумывание проблемы и затем обеспечение ее решения. Наиболее эффективные методы создания рынка включают:

Способ создания проблемы	Возможность для рынка
Писать плохое программное обеспечение	Продавать новые версии
Выпускать ненадежные изделия	Продавать гарантийные талоны
Сообщать людям, что они дурно пахнут	Продавать дезодоранты

ЕСТЕСТВЕННЫЕ ВРАГИ

Проектанты — естественные враги маркетологов, вечно пытающиеся внести в каждую ситуацию совершенно нежелательные логику и знания. Часто они позволяют себе неразумно требовать, чтобы продукт на что-либо годился. Иногда они бесконечно скулят, поскольку продукт, мол, калечит клиентов. Если не одно, так другое. Можно свести проблему к минимуму, не приглашая их на совещания.

Технари наиболее опасны, когда зловредно пользуются присущей спецам по маркетингу склонностью верить во всё услышанное. Вот вам примеры:

— Я в шутку сказанул Стэну из маркетинга, что перестроил его ДНК. А он так легковерен, что и впрямь стал меняться!

— Надо использовать его легковерие, чтобы обратить этот процесс вспять. Помни, его мир сформирован сказочками для клиентов.

— Ходит слух про мнимую эталонную группу, и из одной цитаты вне контекста я поняла, что ты не станешь лисой.
— НЕТ?!
УР-Р-РА!

МАРКЕТИНГ В КАРТИНКАХ

— Работая в маркетинге, используй этот кладезь премудрости для проверки своих идей.

— Ежедневно, кроме пятниц, можешь прокричать в колодец свой вопрос, и вскоре придет ответ.
— А почему кроме пятниц?

— В пятницу ты будешь дежурить в колодце.

— Если считать фирму человеком, то мы, маркетологи, — мозг.

— Отдел сбыта — это тело.
— А инженеры?

— Сопли.

— Я иду на работу по твоим стопам.

— Начну с поста въедливого грызуна, но упорным трудом и учебой дойду до инженера.

— Я бы рекомендовал тебе карьеру в маркетинге.
— Какой милый портфельчик, верно?

151

Гримасы маркетинга, поступившие по электронной почте

От: (имярек)
Кому: scottadams@aol.com

Скотт!

Вот рекордная глупость нашего отдела маркетинга, которая может вам пригодиться.

Мы выпускаем [тип и марка механизма]. Новая версия нашего изделия и дешевле, и работает быстрее. Большой прорыв, крупное достижение, верно?

Ну а отдел маркетинга требует от проектантов замедлить быстродействие, чтобы получить для начала только более дешевые устройства. Распродав их, они велят провести модернизацию до полной скорости и станут сбывать «новинку» по огромной цене. Физически обе версии будут идентичны, только в первую нарочно зашьют специальный код, чтобы она работала медленнее.

От: (имярек)
Кому: scottadams@aol.com

Скотт!

Мы попросили отделение маркетинга дать нам ориентировочные данные о том, сколько единиц каждого продукта они хотят продать.

Их ответ: Нам нужно выручить «Х» долларов. А вы сами посчитайте, сколько надо выпустить каждого продукта, чтобы выйти на эту цифру.

Наш вывод: Люди из маркетинга понятия не имеют, как делать свою работу; они не хотят делать свою работу; весь маркетинг и связанная с ним жизненно важная для фирмы деловая активность (типа прогнозирования) — сплошной вымысел, плод нашего воображения.

От: (имярек)
Кому: scottadams@aol.com

Скотт!

Прежде чем два года назад я начала работать в [название фирмы], они закончили разработку своего нового продукта базового уровня. Незадолго до начала его продаж служба маркетинга решила обнародовать потенциальным клиентам некоторые детали о «системе следующего поколения». Тем настолько понравилось услышанное, что они решили пока воздержаться от покупки нынешнего изделия и ждать новинку. Вероятных клиентов фирмы восхитила система, которая придет на смену сегодняшней, тем более что ее ожидаемый срок службы составлял целых двадцать пять лет; посему они пока не собирались ничего покупать.

Двумя годами позже система «следующего поколения» была почти готова. Опытные образцы произвели впечатление на клиентов, но они высказали ряд пожеланий.

«Не надо волноваться, — ответил отдел маркетинга, — через два года мы закончим "высокопроизводительную быстродействующую систему", которая учтет всё, что вас беспокоит».

И снова клиенты решили подождать. Тем временем фирма потеряла кучу денег, а сильно разрекламированная «высокопроизводительная система» находится лишь на ранних стадиях планирования. Весь персонал служб, занятых производством, временно уволен, но большинство менеджеров, равно как и штат отдела маркетинга, всё еще трудятся. Законченная система может так никогда и не стать реальностью.

12
КОНСУЛЬТАНТЫ ПО МЕНЕДЖМЕНТУ

Если сотрудники вашей фирмы некомпетентны, у вас может возникнуть желание привлечь консультантов. Консультант — это человек, получающий ваши деньги и раздражающий ваших сотрудников, ведя неустанный поиск наилучшего способа продлить свой консалтинговый контракт.

Консультанты проведут кажущуюся бесконечной серию совещаний с целью проверки различных гипотез и предположений. Эти посиделки жизненно важны для того, чтобы вытянуть из здешних менеджеров некие рекомендации, которые, скорее всего, приведут к необходимости повторить всю процедуру консалтинга сначала. Зато «правильная» рекомендация должна окупить все затраты. Впрочем, ее проверка и подтверждение потребуют длительного анализа. Консультанты начнут вкалывать почище ошалевших бобров в кофейном озере. Они сжуют горы бумаги. До вас донесется стон долго росших старых деревьев, ныне умирающих под топором из-за того, что консультанты не устают выдавать на-гора тома всяких подтверждающих диаграмм и предпосылок. Причем они сознательно построят анализ так, чтобы максимально сбивать читателя с толку. Это помешает затаившемуся в засаде персоналу фирмы биться за пересмотр рекомендаций, поскольку народ побоится выглядеть стадом непроходимых тупиц.

Когда к отделу добавляют консультантов, они нарушают его сложившийся баланс и «химию». Чтобы воспользоваться знаниями консультантов, нужна новая технология работы. Наиболее эффективная технология должна использовать тупых сотрудников в качестве сборщиков данных, призванных кормить могучие мозги консультантов. Это обеспечит занятость сотрудников и заодно заставит их чувствовать себя участниками процесса, пока консультанты проводят совещания с высшими чинами фирмы, жалуясь тем на недостаточную поддержку и пробивая свои новые проекты.

Консультанты используют стандартный набор инструментов для принятия решений, куда входит создание «альтернативных сценариев», основанных на различных «предположениях». Любое докучное предположение, не льющее воду на мельницу заранее предопределенной рекомендации, быстро отбрасывается как экономически нецелесообразное — для консультантов.

Остающиеся предположения объективно подтверждаются путем отправки сотрудников за информацией, которая явно недоступна. Позже в итоге говорильни о том, что «наиболее вероятно», эти предположения преобразуются в псевдофакты.

Консультанты в конечном счете порекомендуют вам делать противоположное тому, что делается теперь. Централизовать то, что децентрализовано. Заменить вертикальные связи горизонтальными. Рассредоточить сконцентрированное и избавиться от всего, что не принадлежит к «ядру» вашего бизнеса. Вряд ли вам когда-либо попадется консультант, который порекомендует оставить всё по-старому и прекратить тратить впустую деньги на консультантов. И редко консультанты доберутся до коренной причины проблем вашей фирмы, поскольку таковой, скорее всего, является как раз тот самый человек, кто нанимал их. Вместо этого они будут искать способы улучшить «стратегию» и «процедуры».

Консультанты, чтобы стать экспертами в своем деле, не нуждаются в большом опыте работы в промышленности. Они учатся быстро. Если ваш двадцатишестилетний консультант по дороге на работу проезжает на машине мимо фирмы «Яйцеголовые»[1], занимающейся программированием, то одно это квалифицирует его как человека, располагающего опытом в индустрии программного обеспечения. Если указанная фирма в тот день проводит распродажу модемов, парень обладает еще и опытом в сфере компьютерного «железа». Эта разновидность опыта недоступна обычным служащим, отработавшим в промышленности по двадцать лет, но всё еще вынужденным вчитываться в желтые липучки для заметок, где кратенько изложены различные руководящие открытия.

---

[1] Так в Америке именуются высоколобые интеллектуалы. — *Прим. перев.*

Наряду с мощным интеллектом консультанты привносят в фирму массу достоинств, которыми штатные сотрудники не располагают.

- Консультанты вызывают доверие, ибо не настолько глупы, чтобы состоять в штате вашей фирмы.

- Консультанты в конечном счете непременно покидают фирму, что делает их превосходными козлами отпущения для любых, даже самых грубых ошибок руководства.

- Консультанты могут договориться о встрече с вашим начальником, потому что не обладают вашей репутацией мелкого и плаксивого нарушителя спокойствия, постоянно являющегося к руководству с целью поставить перед ним неразрешимые проблемы.

- Консультанты обоего пола внешне обычно привлекательнее штатных сотрудников. Если это не совсем верно и вам досталась партия не особенно удачных с виду консультантов, всегда можно через месяц заменить их.

- Консультанты ответят на ваши телефонные звонки, потому что для них это всё равно оплачиваемое рабочее время, за которое они выставят счет.

- Консультанты каждый день трудятся до неприличия долго и тем самым заставляют обычный штат с его жалкими шестьюдесятью рабочими часами в неделю чувствовать себя ничего не стоящими бездельниками.

КОНСУЛЬТАНТЫ В КАРТИНКАХ

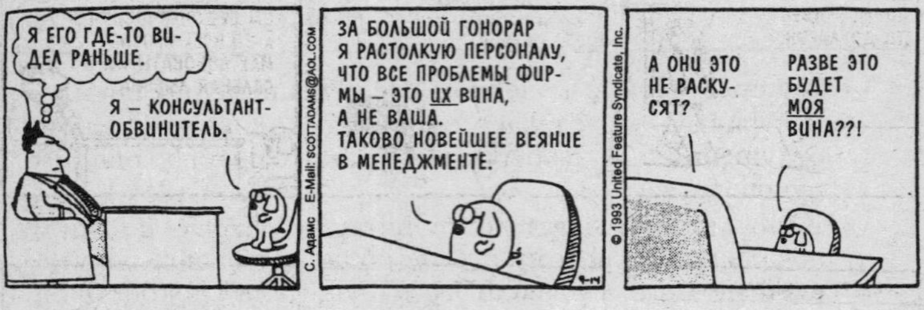

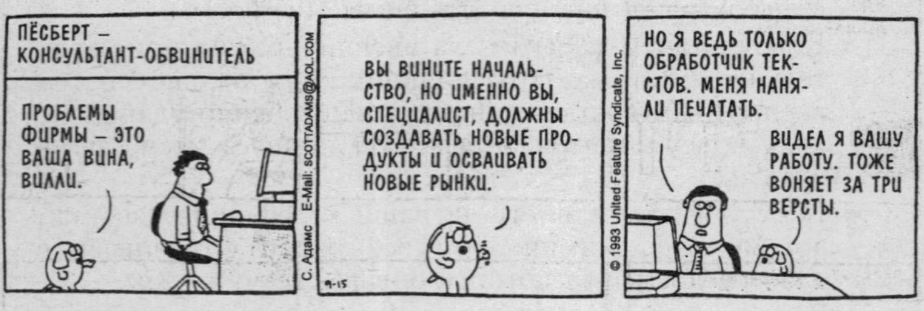

ВОТ МОЙ КОНСАЛТИНГОВЫЙ ОТЧЕТ О ВАШЕЙ ФИРМЕ.
С. Адамс E-Mail: SCOTTADAMS@AOL.COM
ОЗАРЕНИЯ НА МЕНЯ НЕ СНИЗОШЛИ, ТАК ЧТО Я РАЗДУЛ ЕГО МЕТКИМИ СРАВНЕНИЯМИ.
© 1993 United Feature Syndicate, Inc.
«БАШКА У НЕГО БЫЛА КАК БОЛЬШОЙ ГНИЛОЙ АРБУЗ С ВОТКНУТЫМИ ТУДА ДВУМЯ КЛОЗЕТНЫМИ ЩЕТКАМИ».
ЖИВО НАПИСАНО, ПРАВДА?

МОЙ ГОНОРАР ЗА ЧАС КОНСАЛТИНГА – ДВЕСТИ ДОЛЛАРОВ.
ВЕСЬМА НЕДУРНО.
С. Адамс
Я ПОТРАЧУ ДЕНЬ НА ОПРОС ВАШИХ СОТРУДНИКОВ О ПРОБЛЕМНЫХ СФЕРАХ.
© 1991 United Feature Syndicate, Inc.
ПОЗДНЕЕ
ОНИ ЕДИНОДУШНЫ. ИМ НЕДОПЛАЧИВАЮТ, А ВО ВСЕХ ПРОБЛЕМАХ ВИНОВАТЫ ВЫ, САЛЬНАЯ ЛЫСИНА.

ПЁСБЕРТ – КОНСУЛЬТАНТ
ВАША ПРИБЫЛЬ ВОШЛА В ПИКЕ.
$
С. Адамс
ЭТУ ПРОБЛЕМУ БУДЕТ НЕЛЕГКО РЕШИТЬ.
МОЗГИ
КОНКУРЕНТЫ
БОБРЫ
ВЫ
© 1991 United Feature Syndicate, Inc.
И КАК ЖЕ НАМ ПОСТУПИТЬ? СНОВА УРЕЗАТЬ СМЕТУ НА ОБУЧЕНИЕ?

ПЁСБЕРТ – КОНСУЛЬТАНТ
У МЕНЯ ЕСТЬ ОРИГИНАЛЬНЫЙ ПЛАН, КАК УЛУЧШИТЬ ВАШ ИМИДЖ В ФИРМЕ.
С. Адамс
ЗАСТРЕЛИТЬСЯ?
© 1991 United Feature Syndicate, Inc.
ЗДОРОВО УГАДАНО.

УОЛЛИ? А Я ДУМАЛ, ТЕБЯ УВОЛИЛИ.
ТАК И БЫЛО.
С. Адамс E-Mail: SCOTTADAMS@AOL.COM
НО ЛЮДИ С УЛИЦЫ ВЫГЛЯДЯТ УМНЕЕ. ВОТ МЕНЯ И ВЗЯЛИ СНОВА – КОНСУЛЬТАНТОМ И НА КУДА БОЛЬШИЕ ДЕНЬГИ.
© 1994 United Feature Syndicate, Inc.
МОЖЕШЬ ВООБРАЗИТЬ? НЕ СТЕСНЯЙСЯ ПРОСИТЬ МЕНЯ ПОМОЧЬ В ТРУДНЫХ ВОПРОСАХ.

БОЛЬШАЯ НОВОСТЬ – ВЫ УВОЛЕНЫ!
С. Адамс E-Mail: SCOTTADAMS@AOL.COM
ПОЛУЧИТЕ ЩЕДРОЕ ВЫХОДНОЕ ПОСОБИЕ, ДВУХНЕДЕЛЬНЫЙ ОТПУСК, И МЫ ПРИМЕМ ВАС ОБРАТНО – ПО КОНТРАКТУ И НА БОЛЬШУЮ ЗАРПЛАТУ.
© 1994 United Feature Syndicate, Inc.
И Я МОГУ ПРИ ЖЕЛАНИИ РАБОТАТЬ ДОМА, НО РАЗ МЕНЯ НЕ КАСАЮТСЯ УКАЗАНИЯ НАСЧЕТ ОДЕЖДЫ...
ААХХ
БУМ БУМ

ПОХОЖЕ, ВЫ ИДЕТЕ НА ОБЩЕЕ СОБРАНИЕ, ЭТО НА ТРИ ЧАСА. А Я ИДТИ НЕ ОБЯЗАН.
С. Адамс E-Mail: SCOTTADAMS@AOL.COM
Я РАД БЫТЬ НА КОНТРАКТЕ С ВЫСОКОЙ СТАВКОЙ. ПОКА ВЫ БУДЕТЕ БИТЬСЯ ЗА ГЛОТОК КИСЛОРОДА, Я ПОВЫШУ КВАЛИФИКАЦИЮ.
© 1994 United Feature Syndicate, Inc.
ТРИ ЧАСА СПУСТЯ
Я ОСВОИЛ МУЛЬТИМЕДИА. А КАК ПРОШЕЛ ВАШ ДЕНЬ?

КАК ВАШ КОНСУЛЬТАНТ Я ИЗЛОЖУ ПУТИ СОВЕРШЕНСТВОВАНИЯ ВАШЕЙ ДЕЯТЕЛЬНОСТИ.
С. Адамс E-Mail: SCOTTADAMS@AOL.COM
Я ПОКАЖУ ВАМ, КАК ХОРОШО ПРОДУМАННЫЕ ПРОЦЕДУРЫ МОГУТ КОМПЕНСИРОВАТЬ ВАШУ ЛЕНЬ, АПАТИЮ И ВСЕСТОРОННЮЮ НЕКОМПЕТЕНТНОСТЬ.
© 1994 United Feature Syndicate, Inc.
И САМОЕ ВАЖНОЕ: ДАВАЙТЕ ПОЛУЧАТЬ УДОВОЛЬСТВИЕ.

ПЁСБЕРТ – КОНСУЛЬТАНТ
ХОРОШИЙ МЕТОД ОЦЕНИТЬ ЗДОРОВЬЕ ФИРМЫ – УЗНАТЬ О ТЕКУЧЕСТИ КАДРОВ.
С. Адамс E-Mail: SCOTTADAMS@AOL.COM
У НАС ТЕКУЧЕСТЬ ВЕСЬМА НИЗКА. МЫ НАБИРАЕМ ЛИШЬ ТЕХ, ЧЬЯ КВАЛИФИКАЦИЯ НЕ ПОЗВОЛЯЕТ РАБОТАТЬ В ДРУГОМ МЕСТЕ.
© 1994 United Feature Syndicate, Inc.
ВИДИМО, У ВАС МЕТРИКИ ОТДАЧИ НЕ В ЧЕСТИ.
НИКАКОЙ МЕТРИКЕ МЕНЯ НЕ ПЕРЕПЛЮНУТЬ!!!

ПЁСБЕРТ – КОНСУЛЬТАНТ
МОЖНО ОЦЕНИТЬ СВОЮ ЭФФЕКТИВНОСТЬ ЧИСЛОМ ПОСТОЯННЫХ КЛИЕНТОВ.
С. Адамс E-Mail: SCOTTADAMS@AOL.COM
С ГОРДОСТЬЮ МОГУ ЗАЯВИТЬ, ЧТО ПРАКТИЧЕСКИ КАЖДЫЙ КЛИЕНТ В ТЕЧЕНИЕ ТРЕХ МЕСЯЦЕВ ПОСЛЕ ПОКУПКИ БЕРЁТ ВТОРОЙ ЭКЗЕМПЛЯР.
© 1994 United Feature Syndicate, Inc.
А ЕСЛИ ОТБРОСИТЬ ГАРАНТИЙНЫЕ ЗАМЕНЫ?
НУ... ТОГДА МЫ ВЫГЛЯДИМ УЖЕ НЕ ТАК ХОРОШО.

ПЁСБЕРТ – ТВОРЧЕСКИЙ КОНСУЛЬТАНТ
ВОТ МОЙ ЗАКЛЮЧИТЕЛЬНЫЙ ОТЧЕТ О ВАШЕЙ ФИРМЕ.
С. Адамс © 1993 United Feature Syndicate, Inc.
Я ПРИШЕЛ К ВЫВОДУ, ЧТО ВЫ ОБРЕЧЕНЫ. У ВАС УХОДИТ СЛИШКОМ МНОГО ДЕНЕГ НА КОНСУЛЬТАНТОВ.
Internet: SCOTTADAMS@AOL.COM
НО ВЫ ЖЕ КОНСУЛЬТАНТ.
ПОЛУЧАЕТСЯ ИРОНИЯ, ДА?

СКАЗАНИЯ О КОНСУЛЬТАНТАХ

От: (имярек)
Кому: scottadams@aol.com

Скотт!

Вот что случилось в фирме, где я работаю....

Президент игнорирует предложения сотрудников о способах улучшения работы. Он нанимает консультанта в надежде, что тот придет и даст предложения. Консультант беседует с сотрудниками, получает от них те же самые предложения и излагает их президенту; тот оценивает их как «хорошие идеи» и внедряет.

Это, конечно, раздражает, но лучше так, чем никак...

От: (имярек)
Кому: scottadams@aol.com

Скотт!

Я долго работала в большой фирме, которая выпускает ядерное оружие и спецсканеры. Начальство наняло группу консультантов, чтобы те пришли и научили нас, как изменить свою деятельность.

Консультанты сказали, что [название фирмы] — вот то предприятие, которое должно послужить нам моделью. Указанная компания начала заниматься велосипедами с нуля и за очень короткое время выросла, став в своем секторе заметной величиной.

Когда вы заказываете там велосипед, вас обмеряют и делают велосипед под ваши габариты, а красят его в тот цвет, который вы захотите. Заказ готов в течение двух недель. Идея здесь состояла в том, чтобы и нам подстраиваться под клиента.

Мы делали очень большие и дорогостоящие спецсканеры. У нас не было уверенности, что было бы хорошо красить их в разные цвета.

Все менеджеры среднего звена придерживались линии фирмы и пробовали подхлестнуть сотрудников согласиться. Как раз в то самое время я искала себе велосипед и подумала, что было бы удобно заиметь такой, который сделан точно под меня. Я отправилась искать велосипед той самой фирмы, но нигде не могла найти. В соответствующих магазинах мне сообщили, что их выпуск прекращен.

На следующий день я рассказала об этом своему начальнику. И услышала в ответ, что я наивна (тут он прав) и наверняка ошиблась (тут он не прав).

Это меня всерьез достало, так что я обзвонила несколько магазинов, на вывесках которых была реклама с фирменными знаками упомянутой фирмы, и выяснила у них телефон ее регионального отделения. Там мне сказали, что больше не имеют дела с велосипедами, и дали общенациональный номер.

Когда я позвонила по этому телефону, меня соединили с отделением, занимающимся в той же компании «товарами для массажа и ванной». Они сообщили, что прекратили выпускать велосипеды по крайней мере шесть месяцев назад, а если какие-то и остались, то были проданы другой фирме.

Я записала все факты, разговоры и телефонные номера и возвратилась во всеоружии, чтобы поспорить с начальником (я ведь уже признавалась в наивности). Предполагаю, что он передал материалы своему шефу, и больше мы об этом ничего не слышали. Держу пари, что боссы никогда и никуда не звонили.

От: (имярек)
Кому: scottadams@aol.com

Скотт!

Приблизительно четыре месяца назад моя фирма [центр документации и копирования] привлекла очень дорогого консультанта, чтобы тот преподал нам всё о новой программе «Качество». Основной вывод из услышанного звучал так: больше нам не позволяется делать ошибки. Естественно, мы подняли вопрос о вероятности достижения такого совершенства, и его аргументы выглядели примерно так:

(А) Если вы в состоянии в течение десяти секунд не делать никаких ошибок, то можете не совершать их и на протяжении минуты. А если можете продержаться минуту, то способны и на шестьдесят безошибочных минут. И так далее.

(Б) Вы говорите, что для фирмы нормально, если делаются ошибки? Сколько это «нормально»? Один случай на сто? Да? А что, если доктора станут одного из сотни новорожденных младенцев ронять на кафельный пол? Или если один из сотни самолетов станет врезаться в склон горы?

Да-да, этот человек действительно проводил параллель между ошибками при копировании и смертями тысяч людей.

13
БИЗНЕС-ПЛАНЫ

Где-то между галлюцинациями высшего руководства и суровой действительностью рынка находится то, что именуется бизнес-планом. Созданию бизнес-плана предшествуют два основных этапа:

1. Сбор информации
2. Ее игнорирование

На стадии сбора информации каждое подразделение фирмы просят предсказать его доходы и расходы в течение ближайших лет. Как и можно ожидать, эти прогнозы будут делаться «с жирком», чтобы потом они были легко достижимы. Например, если подразделение продало в прошлом году миллион штук чего-то, в наступающем году оно станет преследовать менее агрессивные цели.

ОЦЕНКА ОБЪЕМА ПРОДАЖ В СЛЕДУЮЩЕМ ГОДУ

«В течение следующего года объем продаж будет отрицательным. Мы ожидаем, что многие магазинные воришки будут красть наши изделия с полок и позднее возвращать их кассиру, используя вместо чеков обертки либо резиновые упаковочные колечки и преследуя цель получить "назад" деньги. Медицинские расходы вырастут на тридцать процентов, поскольку те немногие клиенты, кто все-таки оплатит наши продукты, вернут их, энергично швыряя в наших же сотрудников».

Высшее руководство рассмотрит сводную ложь отдельных подразделений и подкорректирует ее, ибо «знает, как должно быть». Это может породить довольно большой разрыв между тем, что, по мнению сотрудников, они в состоянии сделать, и тем, чего потребует от них дирекция. Указанный разрыв можно ликвидировать, подкорректировав исходные предпосылки.

Сначала следует предположить, что все положительные тенденции сохранятся навечно, а отрицательные завтра же повернут вспять. Затем надо прогнать все числа через компьютерную электронную таблицу. Полученный результат и есть будущее. (Позже, если окажетесь неправым, возложите вину за это на глобальную экономику.)

Некоторые фирмы, чтобы добиться желаемого будущего, изменяют род или характер своей деятельности. Это — пустая трата времени. Можно достичь того же результата, подкорректировав в своем бизнес-плане предположения. Помните, будущее зависит от предположений, а они — всего лишь тот исходный материал, который вы сами составляете. Нет смысла самого себя нокаутировать.

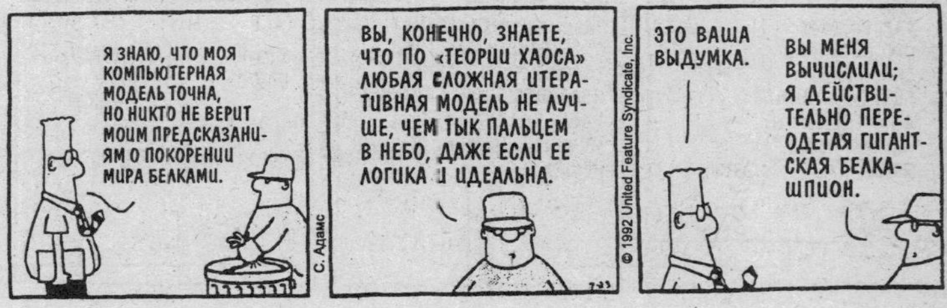

При подготовке предположений для бизнес-плана неразумно позволить реальной действительности ограничить полет вашей мысли. Реальность весьма безрадостна, непопулярна, и читать о ней не доставляет удовольствия. Если вам не доводилось видеть никаких описаний действительности, приведу примеры того, насколько мало она может воодушевлять.

Предположения, основанные на действительности (избегайте их)

Руководитель проекта — дебил. Наш лучший сценарий предполагает, что он хотя бы не станет бегать с инструментами в руках и никого не поранит.

Команда, занятая проектом, попросит дополнительных людей. Дирекция отреагирует на это требованием увеличить частоту представления отчетов о состоянии дел.

Наш анализ рынка явно проводился в психиатрической клинике. Так или иначе, но в реальности на рынке огромный спрос на людей по имени Моисей.

На первый взгляд может показаться неэтичным строить бизнес-план, преднамеренно избегая любого контакта с действительностью. Я называю подобные мысли «чушь собачья» — и не потому, что эти слова имеют какой-то ясный смысл, а просто смеха ради[1].

Каждый знает, что бизнес-планы создаются после того, как дирекция приняла все решения. Следовательно, в любом случае никто не поверит вашим предположениям. Стало быть, используя смехотворные предположения, вы не нарушите этику — ведь вы лжете лишь ради того, чтобы удержаться на работе. Люди будут уважать вас за это.

Отнюдь не всегда легко смастерить такие предположения, которые обеспечат результат, желаемый вашим начальством. Но я здесь и готов помочь. Вот несколько ценных указаний для получения «правильных» ответов при проведении анализов.

Иррациональные сравнения

Если имеется лучшее решение, чем то, обосновать которое хотят ваши высокие начальники, избегайте его, как фестиваль самодеятельной поэзии. Не упоминайте лучшую альтернативу ни словечком и надейтесь, что никто этого не заметит. Вместо

---

[1] Смелей вперед, испробуйте это сами. Увидите, что будете часто произносить чушь собачью, и вам это понравится.

этого сконцентрируйтесь на таких заведомо и грандиозно глупых альтернативах, что на их фоне рекомендуемый подход выглядит недурно.

Плохие альтернативы, на фоне которых ваша выглядит хорошей

1. Модернизировать безнадежно устаревшее оборудование.

2. Нанимать орды рабочих, склонных к забастовкам и прочим гадостям.

3. Не делать ничего и спокойно наблюдать за тем, как ваш бизнес рушится, в то время как ловкие конкуренты пожинают неприлично высокую прибыль, проживают на больших виллах и нанимают ваших родственников в качестве прислуги.

НЕРЕАЛИСТИЧНОЕ ПРОГНОЗИРОВАНИЕ ДОХОДА

Если всего один процент мирового населения купит ваше изделие, это будет пятьдесят миллионов клиентов! Некоторые вариации такого рода «анализа» успешно использовались каждой фирмой, когда-либо начинавшей выпуск любого продукта. Это — неотразимый аргумент в пользу запуска нового изделия, поскольку каждый знает, что общее население страны разбивается следующим образом:

60% — люди, которым не нужен ваш продукт;
30% — люди, у которых нет ни копейки денег;

5% — люди, у которых плохо с головой;
5% — люди, которые купят любую дрянь.

Такой расклад оставляет кругленькие десять процентов населения, которые могут рассматриваться как потенциальные покупатели вашего продукта, а этого более чем достаточно для обоснования и поддержки любого бизнес-плана. Если кто-то подвергает сомнению ваши рыночные прогнозы, просто укажите, что ваш целевой рынок — «люди, у которых плохо с головой» и «люди, которые купят любую дрянь». Никто не скажет вам, что одних этих людей мало тому, кто рассчитывает на успех.

СОСТАВЛЕНИЕ БИЗНЕС-ПЛАНА ФИРМЫ

Сотрудники хотят чувствовать, что они тоже участвовали в формировании бизнес-плана. Этот ход называется «вовлечение», и он существенно необходим для того, чтобы в будущем напомнить сотрудникам: если что-то идет не так, как надо, — это их собственная вина.

Вот важные шаги для «вовлечения» штата в разработку бизнес-плана фирмы:

1. Высшие чины формируют направление движения фирмы мудрыми указаниями типа: «Стать лидером рынка в сфере стиральных порошков и спутниковой связи».

   Это указание о направлении движения необходимо, иначе сотрудники могут быть легко введены в заблуждение и решить, что цель фирмы — поскорее обанкротиться. Или еще хуже: водителя грузовика из отдела доставки могло бы смутить отсутствие направления, в котором надо двигаться, и он стал бы разрабатывать схемы на микрочипах, вместо того чтобы развозить стиральный порошок.

2. Сотрудников просят объективно проранжировать значимость совершаемых ими действий через призму достижения целей фирмы.

3. Сотрудники оценивают каждый вид своей деятельности как наиболее приоритетный и критически важный для самого существования фирмы. Свои утверждения они подтверждают убойными аргументами — непонятными и перегруженными всякими нерасшифрованными сокращениями.

4. Предложения сотрудников собирают и подшивают в толстые папки.

5. Финансовый отдел использует предложения сотрудников в качестве основы для длинных дискуссий об относительной тупости и ненужности каждого из отделов.

В конечном счете готовятся бюджетные рекомендации, которые строятся на основе нескольких взвешенных факторов:

10% — проекты, аббревиатуры которых наиболее знакомы финотделу;

10% — проекты, про которые финотдел слышал из четвертых рук байки, указывающие на их поддержку дирекцией;

80% — проекты того отдела, куда люди из финансового отдела хотели бы в конечном счете перейти, если смогут найти способ избавиться от разработки смет и бюджетов.

6. Привлекается «технический редактор», которому предстоит взять на себя вину за то, что различные компоненты плана лишены смысла, а важные проекты в нем вообще не финансируются. Этот человек с чувством ожесточения и цинизма, но и с ощущением безопасности (поскольку заранее знает, что никто и никогда не заглянет в данный план) компонует разрозненные болванки воедино и затем с отвраще-

нием умывает руки, после того как стер исходный файл.

7. План запирают в надежном месте, поскольку он слишком важен и ценен, чтобы поделиться им с сотрудниками.

14

ИНЖЕНЕРЫ, УЧЕНЫЕ, ПРОГРАММИСТЫ И ПРОЧИЕ СТРАННЫЕ ЛЮДИ

Те, кто работает в области науки и техники, не похожи на других людей. Это может быть огорчительно для «нетехнических» лиц, которым приходится иметь дело с людьми научного склада. Тайна умелого обращения с последними состоит в умении понять их побуждения. Данная глава преподаст вам всё, что надо знать для этого.

У всех технарей-профессионалов есть общие черты. Для удобства я сосредоточусь прежде всего на инженерах. Выводы можно без всяких опасений обобщить и на другие специальности из сферы науки и техники.

К слову, по образованию я сам не инженер. Но я десять лет отработал в самых разных местах вместе с инженерами и программистами. Наблюдая за ними, я узнал их привычки и манеры — во многом идя по стопам Джейн Гуделл[1], которая изучала больших приматов, — но обошелся без такой заковыристой штуки, как искаться с ними.

Со временем я проникся уважением к инженерам и оценил их методы. В конечном счете я, как оказалось, принял их красивую и в то же время функциональную жизненную философию. Мне было уже поздно возвращаться к учебе и становиться настоящим инженером, но я, по крайней мере, мог выдавать себя за одного из них и наслаждаться очевидными выгодами от своей возросшей сексуальной привлекательности. Думаю, всё это работает до сих пор.

Работа инженера в наше время стала столь модной, что каждому хочется быть им. Словом «инженер» чрезмерно злоупотребляют. Если около вас кто-то пробует, как вам кажется,

---

[1] Известная английская естествоиспытательница, этолог и ведущий специалист по шимпанзе, с 1960 года прожившая десять лет рядом с этими обезьянами в заповеднике близ озера Таньганьика и раскрывшая множество тайн их поведения. — *Прим. перев.*

прикидываться инженером, подбросьте ему приведенный ниже тест — и правда сразу выйдет наружу.

Тест для опознания инженера

Вы заходите в комнату и замечаете, что картина висит криво. Тогда вы...

А. Поправляете картину.

Б. Игнорируете увиденное.

В. Покупаете компьютерную систему автоматизированного проектирования и тратите следующие шесть месяцев на разработку действующей от солнечной энергии саморегулирующейся рамы для картины; при этом вы часто и громко заявляете вслух о своей убежденности в том, что изобретатель гвоздя был полным идиотом.

Правильный ответ — «В», но можно частично поверить любому, кто на полях бланка с тестом напишет «Смотря по ситуации» или просто обвинит во всей этой дурости отдел маркетинга.

Мой вклад в понимание инженеров будет состоять в попытке объяснить благородные и глубоко обоснованные мотивы присутствия в их поведении того, что так называемые нормальные люди считают странностями.

СОЦИАЛЬНЫЕ НАВЫКИ

Абсолютно несправедливо и нечестно мнение — причем довольно распространенное, — будто инженеры социально неприспособлены. Просто, когда речь идет об общении в компании, инженеры преследуют другие цели.

«Нормальные» люди неоправданно ожидают, что общение в компании даст им:

- возможность бесед, которые стимулируют и заставляют думать;
- важные социальные контакты;
- чувство связанности с другими людьми.

Эти цели иррациональны и глупы. Опыт показывает, что большинство бесед вырождается в рассуждения о местах для парковки, о перемене климата, о том, сколько воды утекло с момента последней встречи, и — Боже упаси — о «чувствах». Указанные темы едва ли можно отнести к разряду тех, которые стимулируют и заставляют думать. И при этом от них нет никакой пользы.

Инженеры понимают, что для их рода деятельности поддержание личных контактов несущественно. Для них имеет значение не то, «кто знает вас», а то, «кто знает меньше вас».

Да и ценность чувства «связанности» с другими людьми не так уж осязаема материально. Подобную туфту лучше оставить поэтам и творцам методов многоуровневого маркетинга. Для инженера большинство «нормальных» людей в интеллектуальном смысле неотличимо от перекати-поля с лицами[1]. Чувство «связанности» с болванами, состоящими из углеродных соединений, сродни радости быть прикованным наручниками к дохлой зебре — вроде бы и безвредно, но всё же так быстро, как раньше, уже не побежишь.

---

[1] Если вы думаете, что легко придумывать замечательные сравнения, попробуйте сами.

В противоположность «нормальным» людям, инженер при каждом социальном контакте преследует рациональные цели:

- покончить с этим делом как можно скорее;
- избежать приглашения на нечто неприятное;
- во всём продемонстрировать умственное превосходство и владение предметом.

Данные цели вполне осязаемы и могут доставлять большую радость. Социальные навыки инженера следует оценивать на базе именно этих рациональных устремлений, а вовсе не исходя из неких причудливых и бессмысленных общественных норм. Если вести рассмотрение именно под этим углом зрения, то вы, я думаю, согласитесь, что инженеры в своих социальных контактах весьма эффективны. Это «нормальные» люди — чокнутые.

ОЗАБОЧЕННОСТЬ ВСЯКИМИ ИГРУШКАМИ

Для инженера вся материя во вселенной может быть отнесена к одной из двух категорий: (1) то, что нуждается в починке, и (2) то, что будет нуждаться в починке после того, как с этим несколько минут повозиться. Инженеры любят решать проблемы. Если никаких проблем под рукой нет, они их сами себе создают. Нормальные люди не понимают этого подхода; они полагают, что если вещь не сломана, то не надо ее чинить. Инженеры же убеждены, что если вещь не сломана, то в ней пока еще не реализованы все необходимые функции.

Никакой инженер не может смотреть на пульт дистанционного управления телевизором, не задаваясь вопросом, что требуется для его переделки в шокер. И никакой инженер не может принимать душ без размышлений насчет разновидности тефлонового покрытия, которое могло бы сделать мытье ненужным. Для инженера мир — это коробка с игрушками, полная всякими недостаточно оптимизированными и бедными по своим возможностям штуковинами. Их надо переделать, но сперва взглянуть, что там внутри.

Такая установка — хорошая и общественно полезная.

Без принуждения со стороны инженеров человечество никогда не узнало бы колесо и довольствовалось вместо него неким трапецоидом, ибо какой-то неандерталец из службы маркетинга убедил бы каждого, что именно такая угловатость обеспечивает наилучшее торможение. И не появился бы огонь, ибо пещерный человек на уровне среднего менеджера непременно бы указал, что будь костер действительно такой хорошей штукой, он бы уже давным-давно горел в других пещерах.

Из электронной почты...

От: (имярек)
Кому: scottadams@aol.com

Скотт!

Я работаю на [название фирмы] техником-ремонтником, занят обслуживанием разных клиентов непосредственно на местах. Как-то я отвечал на звонок одной проектной фирмы. Они жаловались, что их ксерокс «заедает». Добравшись туда, я обнаружил груду деталей: всяких гаек, болтов и т. д. — и практически голую раму.

У их ведущего инженера накопилось два тома записей о реальных, ложных и померещившихся сбоях устройства. Там фиксировалось время дня, условия работы (одно- или двухсторонние копии, с автоподачей документов или без нее, сорт и удельный вес бумаги и т. д.), а также колебания напряжения в сети. Я спросил, зачем они всё разобрали, и услышал: «Так у вас уйдет меньше времени на ремонт».

Потребовалось четыре дня (я не шучу и ни капли не преувеличиваю!), чтобы снова собрать и настроить ксерокс — после дотошных и утомительных регулировок.

И вы знаете, в чём заключалась проблема? В картридж вместо тонера всыпали сухую типографскую краску! С точки зрения ремонтника, едва ли не самая легкая вещь в мире для диагностирования, которая требует на устранение тридцать минут (для этого конкретного изделия).

МОДА И ВНЕШНИЙ ВИД

Одежда имеет у инженера самый низкий приоритет — лишь бы только соблюдались основные требования по поддержанию температуры тела и элементарных приличий. Если никакие придатки, привески и прочие побрякушки не смерзаются и не слипаются друг с другом и если гениталии или грудные железы не болтаются выставленными на всеобщее обозрение, то цели, которые ставятся перед одеждой, достигнуты. Всё, что сверх, — пустая трата денег.

Коль поразмыслить над этим логически, единственный человек, кто не смотрит на вас, — это вы сами, не считая кратких моментов, проводимых перед зеркалом. Инженеры понимают, что их внешний облик раздражает только посторонних, и потому нет резона его оптимизировать.

Добавочный плюс: несоблюдение инженером моды может воспрепятствовать нормальным людям в их стремлении побеседовать с ним, к примеру, о разных малоприятных вещах, которые проделывают его детки.

ПОЗВОЛЬТЕ ПРЕДСТАВИТЬ ВАМ ОДНОГО ИЗ НАШИХ ИНЖЕНЕРОВ.
КАРИН – НАШ НОВЫЙ ВИЦЕ-ПРЕЗИДЕНТ. А ВЫ?..
ДИЛБЕРТ – ЦЕННЫЙ СОТРУДНИК.
Я СТОРОННИЦА ОТКРЫТОСТИ. ДИЛБЕРТ, ВЫ ВПРАВЕ ГОВОРИТЬ ОБО ВСЁМ.
О НЕТ
ИТАК, ЧЕМ ВЫ СЕЙЧАС ЗАНИМАЛИСЬ?
О НЕТ
Я ПО ЭЛЕКТРОННОЙ ПОЧТЕ СПРОСИЛ КОЛЛЕГУ, СИДЯЩЕГО У ОКНА, ИДЕТ ЛИ ДОЖДЬ.
ЕСЛИ ЛЬЕТ, Я ВЫКРОЮ СЕБЕ ПЛАЩ ИЗ МЕШКА ДЛЯ МУСОРА.
ВЗГЛЯНИТЕ.
ТРИ ДЫРКИ – И ТЫ ГОТОВ НА ВЫХОД!
ВЫ ПЛАНИРУЕТЕ ИДТИ НА ОБЕД?
ТОЛЬКО В СЛУЧАЕ ДОЖДЯ.
С. Адамс E-Mail: SCOTTADAMS@AOL.COM
© 1995 United Feature Syndicate, Inc.

ДИЛБЕРТ, Я БЫ ПРОСИЛ ВАС ПОГОВОРИТЬ С ЧЕЛОВЕКОМ, ЖЕЛАЮЩИМ К НАМ УСТРОИТЬСЯ.
ПРОВЕРЬТЕ, ЕСТЬ ЛИ В НЕМ ТО, ЧТО ДЕЛАЕТ ЧЕЛОВЕКА ИНЖЕНЕРОМ.
ПРИВЕТ, КАРЛ, МЫ НАЧНЕМ СО СТАНДАРТНОГО ТЕСТА ДЛЯ ИНЖЕНЕРОВ.
О-КЕЙ, МОКЕЙ.
У МЕНЯ ЗДЕСЬ 35 КАРАНДАШЕЙ И РУЧЕК. СКОЛЬКО ВАМ РЕАЛЬНО НУЖНО ДЛЯ РАБОТЫ?
ВСЕ ДО ЕДИНОЙ.
ПРАВИЛЬНО... А ТЕПЕРЬ: КАК ИХ СЛЕДУЕТ НОСИТЬ?
ОПЯТЬ ВЕРНО. ПОСЛЕДНИЙ ВОПРОС: ЧЕМ ПОЛЕЗНЫ НАТУРАЛЬНЫЕ ТКАНИ?
АХ-ОХ... СИТУАЦИЯ ПАНИЧЕСКАЯ.
Я... Я НЕ ЗНАЮ.
ВСЁ ХОРОШО. Я ПРОВЕРЯЛ ВАШУ ПРИЧЕСКУ. ВЫ – ИНЖЕНЕР.
С. Адамс
Internet: SCOTTADAMS@AOL.COM
© 1993 United Feature Syndicate, Inc.

СЕГОДНЯ Я ДОЛЖЕН ПРОИЗНЕСТИ РЕЧЬ ПЕРЕД ОБЩЕСТВОМ ИНЖЕНЕРОВ... Я НЕМНОГО НЕРВНИЧАЮ.
ИНОГДА МОЖНО РАССЛАБИТЬСЯ, ВООБРАЗИВ, ЧТО СЛУШАТЕЛИ ОБНАЖЕНЫ.
УАУ! КОНЧАЙТЕ. Я ВДРУГ ПРЕДСТАВИЛ ЧЕТЫРЕСТА ГОЛЫХ ИНЖЕНЕРОВ.
СЛИШКОМ ПОЗДНО.
С. Адамс E-Mail: SCOTTADAMS@AOL.COM
© 1993 United Feature Syndicate, Inc.

ЛЮБОВЬ К СЕРИИ «STAR TREK»

Инженеры любят все телевизионные шоу и кинокартины из серии «Star Trek». И в этом нет ничего удивительного: ведь их коллеги на космическом корабле «Энтерпрайз» изображаются героями, а иногда даже занимаются сексом с инопланетянками. Каждый инженер мечтает спасти Вселенную и покувыркаться с инопланетяночкой. Это куда шикарнее, чем реальное инженерское бытие, состоящее из попыток скрыться от Вселенной и из секса без привлечения других форм жизни. Следовательно, рейтинг «Star Trek» останется высоким, пока его авторы будут держаться как можно дальше от любого реализма.

СВИДАНИЯ И ОБЩЕНИЕ СО ЗНАКОМЫМИ

Свидания никогда не были для инженеров легким делом. Нормальный человек не побрезгует использовать различные косвенные и двуличные методы для создания ложно приукрашенного впечатления о своей привлекательности. Инженеры неспособны поставить внешний облик выше функциональных свойств.

Для общества, вероятно, хорошо, что инженеры ценят функциональность выше внешнего вида. Например, вам бы не хотелось, чтобы инженеры строили атомные электростанции, которые лишь *выглядят* способными удержать всю радиацию внутри. Нужно принимать во внимание перспективу глобальной угрозы. Но акцент инженеров на функции, а не на форму — большая помеха для свиданий, где цель в том, чтобы пудрить другому человеку мозги, пока он не полюбит вас таким, какой вы есть.

Инженеры не любят светских бесед, потому что в них не происходит никакого обмена полезной информацией. Уж лучше объяснять любому, кто стерпит, какие-то сложные технические проблемы. Тут, по крайней мере, происходит некий обмен информацией и встреча не потрачена совсем впустую. К сожалению, похоже, что нормальный человек предпочтет, чтобы ему затолкали в нос корзину сосновых шишек[1], нежели слушать лекцию по технике. Но это вовсе не причина отказать-

---

[1] В тщательно контролировавшихся лабораторных испытаниях девятнадцать из двадцати лиц предпочли, чтобы им заталкивали в нос сосновые шишки. Остальные предпочли заталкивать их в нос инженеру. Самих инженеров не тестировали.

ся от передачи объективно ценных знаний тому, кто ими не интересуется.

Порой нормальные люди будут пытаться использовать для скорейшего завершения контакта с инженером язык тела. Но инженеры игнорируют его, поскольку в лучшем случае он неточен. Например, с помощью этого языка почти невозможно отразить различие между сонной остолбенелостью глаз и выражением интереса в них.

К счастью, у инженеров имеется туз в рукаве. Они повсеместно признаны превосходным материалом для брака: интеллектуальны, надежны, работящи, честны и удобны в быту. Хотя и верно, что многие нормальные люди не рвутся *встречаться* с инженерами на свиданиях, большинство этих же лиц горят желанием *венчаться* с ними и в дальнейшем производить на свет инженероподобных детей, которые получат высокооплачиваемые должности намного раньше, нежели утратят девственность.

Инженеры мужского пола достигают пика сексуальной привлекательности позже нормальных людей, делаясь неотразимыми эротическими динамо-машинами в районе от тридцати с чем-то до пятидесяти без чего-то лет. Только посмотрите на последующие примеры сексуально неотразимых людей, связанных с техникой:

- Билл Гейтс
- Мак-Гайвер
- И др.

Инженеры женского пола становятся неотразимыми сразу после достижения совершеннолетия и остаются таковыми вплоть до примерно получаса после наступления клинической смерти. В теплый день — немного дольше.

ЛОМКА НЕСПРАВЕДЛИВЫХ СТЕРЕОТИПОВ

В СМИ инженеров часто изображают стереотипно. Ужасно несправедливо приписывать набор одних и тех же черт обширной группе людей. Бытует мнение, что и я приложил к этому руку, но поверьте: меня просто очерняют и подставляют.

С целью раз и навсегда опровергнуть подобные обвинения я проинтервьюировал тысячи инженеров и установил, что стереотипы подходят *не* ко всем. Вот полный список исключений, на которые я натолкнулся:

Инженер — Отступление от стереотипа

Элмер Молин (Калгари, Канада) — Имел второе свидание в возрасте 23 года

Херб Блинтхем (Сан-Хосе, Калифорния) — Любит фильм «Унесенные ветром»

Анита Фламен (Дублин, Калифорния) — Обладает чувством ритма

Хью Ханкелбайн (Шомбург, Иллинойс) — Не интересуется, как работает его пульт дистанционного управления телевизором, пока тот исправен

Я ВСТУПИЛ В ЛИГУ ПРОТИВ ДИСКРЕДИТАЦИИ УЧЕНЫХ.
ЧТО ЭТО ТАКОЕ?
ОНИ БОРЮТСЯ С НЕГАТИВНЫМИ СТЕРЕОТИПАМИ ЛЮДЕЙ НАУКИ, ЧАСТО ВОСПРОИЗВОДИМЫМИ В СМИ.
С. Адамс
© 1991 United Feature Syndicate, Inc.
ТЫ ОТВЛЕК МЕНЯ.
ДОБРО ПОЖАЛОВАТЬ НА ЕЖЕНЕДЕЛЬНУЮ ВСТРЕЧУ ЛИГИ ПРОТИВ ДИСКРЕДИТАЦИИ УЧЕНЫХ.
СЕГОДНЯШНЯЯ ТЕМА – СТЕРЕОТИП, СОГЛАСНО КОТОРОМУ МЫ, УЧЕНЫЕ, НЕ ОБЩАЕМСЯ С ДРУЗЬЯМИ... НО СПЕРВА...
С. Адамс
© 1991 United Feature Syndicate, Inc.
ГОДИТСЯ ЛИ СУББОТНИЙ ВЕЧЕР ДЛЯ НАШЕЙ СЛЕДУЮЩЕЙ ВСТРЕЧИ?
Я СВОБОДЕН
НЕТ ПРОБЛЕМ
МИЛОСТИ ПРОШУ
МНЕ БЫ ХОТЕЛОСЬ НАЧАТЬ НАШУ ВСТРЕЧУ ЛИГИ ПРОТИВ ДИСКРЕДИТАЦИИ УЧЕНЫХ С ФИЛЬМА О СТЕРЕОТИПАХ.
ЕСТЬ ЛИ ЖЕЛАЮЩИЙ ОБСЛУЖИВАТЬ ПРОЕКТОР?
С. Адамс
© 1991 United Feature Syndicate, Inc.
Я Я Я Я Я Я Я Я Я Я Я Я Я Я Я Я
ЛИГА ПРОТИВ ДИСКРЕДИТАЦИИ УЧЕНЫХ ДОЛЖНА РАССЕЯТЬ ПРЕДСТАВЛЕНИЕ, ЧТО УЧЕНЫЕ – ЭТО ВСЕГДА МУЖЧИНЫ.
УВЫ, НАШИ ЧЛЕНЫ – СПЛОШЬ МУЖЧИНЫ, ИБО ВСЕ ВЫ ВСТУПИЛИ СЮДА ЛИШЬ ДЛЯ ЗНАКОМСТВА С ЖЕНЩИНОЙ.
ЕСТЬ ИДЕИ?
С. Адамс
© 1991 United Feature Syndicate, Inc.
МОЖЕТ, СТОИТ СЛИТЬСЯ С ЛИГОЙ ПРОТИВ ДИСКРЕДИТАЦИИ ИНСТРУКТОРОВ АЭРОБИКИ?

ЧЕСТНОСТЬ

Для людей честность — понятие относительное. Инженеры в вопросах техники и человеческих отношений честны всегда. Именно поэтому хорошо держать инженеров подальше от клиентов, романтиков и других лиц, не способных вынести правду.

Инженеры иногда приукрашивают правду, чтобы уклониться от работы. Но благодаря «всеобщему использованию» это сейчас даже формально не является ложью.

Иногда инженеры говорят такие вещи, которые звучат как ложь, но формально не являются таковою, поскольку нельзя ожидать, что кто-либо поверит в подобные речи. Полный список инженерской лжи приводится ниже.

«Я не буду ничего менять, не поговорив предварительно с вами».

«Я верну ваш дефицитный кабель завтра».

«Я *должен* иметь для этой работы новое оборудование».

«Я не завидую твоему новому компьютеру».

БЕРЕЖЛИВОСТЬ

Инженеры печально известны своей бережливостью. Она им свойственна не из любви к дешевке и не из-за скупости, а просто потому, что для инженера каждая необходимость расходования денег — это задача по оптимизации типа: «Как я могу выпутаться из данной ситуации, сохранив наибольшую сумму денег?»

СОВЕТЫ

Инженеры всегда рады поделиться своей мудростью — даже в тех областях, где они вообще не располагают опытом. Их логика позволяет глубоко проникнуть в любую неясную сферу. В общении с теми, кто не владеет логикой и полагает, что знания можно получить только через опыт, это может порождать проблемы. Вот ситуация:

ЧТО ЗНАЧИТ БЫТЬ ИНЖЕНЕРОМ

Большинство людей не знает, что означает быть инженером. Имеется много типов инженеров, и в течение рабочего дня они делают много замечательного. Однако радостное волнение и выбросы адреналина в кровь, присущие жизни инженеров, что-то утрачивают при попытке объяснить их посторонним людям.

УМЕНИЕ СОСРЕДОТОЧИТЬСЯ

Если бы потребовалось назвать одну черту, которая лучше всего характеризует инженера, то это способность сконцентрироваться на определенном предмете и полностью отключаться от всего остального. Иногда данная особенность приводит к тому, что инженеров преждевременно признают мертвыми.

Имеются многочисленные сообщения[1] об инженерах, которых наполовину забальзамировали, прежде чем они сели и выкрикнули что-то вроде: «Всё понял: единственное, что требуется, — это резервная релейная схема!!!» Ряд похоронных бюро, расположенных в регионах с развитой высокой техноло-

---

[1] Не могу припомнить, где я видел эти сообщения, но когда надумаю, то непременно вышлю вам их копию.

гией, стал перед обработкой тел уточнять биографии почивших. Всякого покойника с ученой степенью по электротехнике или программированию несколько дней содержат в морге на случай, если он вдруг очнется.

РИСК

Инженеры ненавидят риск. Они пробуют исключить его везде, где только могут. Это понятно, если принять во внимание, что из-за одной небольшой ошибки инженера всякие СМИ поднимают такой шум, будто случилось невесть что.

Примеры плохой прессы для инженеров

- Дирижабль «Гинденбург»
- Космический челнок «Челленджер»
- Космический телескоп «Хаббл»
- Космический корабль «Аполлон 13»
- Трансатлантический лайнер «Титаник»
- Автомобиль «Форд-Пинто»

Соотношение «риск/вознаграждение» в случае инженеров выглядит примерно таким образом:

Риск	Вознаграждение
Общественное осуждение и смерть тысяч невинных людей	Диплом, элегантно ламинированый в пластик

Будучи людьми практичными, инженеры взвешивают баланс «риск/вознаграждение» и решают, что риск не окупается. Лучший способ избежать риска — заранее заявлять о технической невозможности любой деятельности по причинам, слишком сложным для их объяснения и тем более — для понимания.

Если этот подход недостаточен для остановки проекта, инженер отступает на вторую линию обороны:

«Технически это возможно,
но обойдется слишком дорого».

Простейший способ сделать проект неэкономичным — удвоить необходимые ресурсы и воспользоваться какой-то громкой журнальной историей, которая подходит для перестраховки от провала.

ЭГО

Если говорить с точки зрения эго, то для инженеров важны две вещи:

- насколько они умны;
- сколько у них есть всяких хитрых устройств.

Самый скорый метод заставить инженера взяться за решение задачи — объявить ее неразрешимой. Никакой инженер не в силах уйти от неразрешимой задачи, пока не справится с ней. Ни болезнь, ни развлечения не в состоянии оттянуть инженера от этого занятия. Такой вызов быстро становится сугубо личным — своего рода битвой между инженером и законами природы.

Решая задачу, инженеры по много дней обходятся без еды и мытья. (В другое время так тоже случается, но только по забывчивости.) Преуспев в решении задачи, они испытывают такой всплеск эго, который по ощущениям лучше секса — включая и ту сферу секса, где в него вовлекаются другие люди. Причем это состояние не носит кратковременного характера — оно продолжается до тех пор, пока находятся лица, готовые выслушивать сагу инженера о его победоносной битве.

Ничто не пугает инженера больше, чем предположение, что кто-то сечет в технике больше него. Нормальные люди иногда используют этот факт как рычаг, позволяющий извлечь из инженера максимум. Когда инженер говорит, что какую-то вещь невозможно сделать (это кодированная фраза, которая реально означает, что данная работа не доставляет ему удовольствия), более ловкие из нормальных людей умеют пристально взглянуть на инженера с состраданием и жалостью, а потом произнести нечто вроде: «Придется попросить Боба заняться этим делом. Он знает, как решать трудные технические проблемы».

В этот момент нормальный человек постарается не стоять между инженером и проблемой. Инженер накинется на нее, как изголодавшийся ротвейлер на свиную отбивную.

Инженеры в состоянии явственно слышать речь машин и механизмов. Скрежет в автомобильном двигателе мягко дразнит инженера: «Держу пари, тебе не найти мою причину». Компьютер одобряюще жужжит, когда инженер вводит в него особенно остроумный блок программы. Тостер, пока ломтик не выскочит из него, твердит: «Нет еще, нет еще, нет еще». Инженер, окруженный машинами, никогда не бывает одинок, и здесь его никогда не станут оценивать по одежке. Ведь машины — его друзья.

Посему не должно удивлять, что инженеры вкладывают столь значительную часть своего эго в тот тип «друзей», которым располагают.

ИНЖЕНЕРЫ В КАРТИНКАХ

И ПОМНИТЕ: ВЫ МУСОРЩИК, А НЕ ИНЖЕНЕР. Я НЕ НУЖДАЮСЬ В ВАШЕМ МНЕНИИ О МОИХ ПРОЕКТАХ.
С. Адамс E-Mail: SCOTTADAMS@AOL.COM
ЧТО ВЫ ТАМ ПИШЕТЕ? ОХ, ЧЕРТ, КАК БУДТО МЕНЯ ЭТО ИНТЕРЕСУЕТ.
© 1993 United Feature Syndicate, Inc.
ЕСЛИ ВАМ НУЖНА ПОМОЩЬ, ЧТОБЫ ПОНЯТЬ ЭТО, СКОРО ПОДОЙДЕТ РАЗНОСЧИК ГАЗЕТ. Я С НИМ РАБОТАЮ.

ЧТО СТАЛО С РОБОТОМ, КОТОРЫМ ТЫ ЗАНИМАЛСЯ?
НИКОМУ НЕ СДЕЛАТЬ РОБОТ. ЭТО НЕВОЗМОЖНО.
ГМ-М... ВПОЛНЕ ПРИЛИЧНЫЙ РОБОТ. НАДО ТОЛЬКО ОТКАЛИБРОВАТЬ ЕМУ НЕЙРОСПЕКТРАЛЬНОЕ ПОЛЕ.
С. Адамс
© 1992 United Feature Syndicate, Inc.
ВЕСЬ ЭТОТ ПРОЕКТ РОБОТА БЫЛ ВРЕДЕН ДЛЯ МОЕГО ЭГО ИНЖЕНЕРА.
ЭЙ, ТЫ! УГАДАЙ, КТО ГОРАЗДО УМНЕЕ ТЕБЯ!

ДИЛБЕРТ, ВАШ НОВЫЙ СОСЛУЖИВЕЦ, – ЗИМБУ, ОБЕЗЬЯНКА.
С. Адамс
ЗИМБУ ВЫУЧИЛА АНГЛИЙСКИЙ ПО СПЕЦПРОГРАММЕ, ОТ СМОТРИТЕЛЕЙ ЗООПАРКА.
© 1991 United Feature Syndicate, Inc.
ЭТА ОБЕЗЬЯНА – НАДРУГАТЕЛЬСТВО НАД ИНТЕЛЛЕКТОМ И МОИХ КОЛЛЕГ, И МЕНЯ!
МОИХ КОЛЛЕГ И «МОИМ», А НЕ «МЕНЯ».

ТЫ, ЗИМБУ, МОГЛА В ЗООПАРКЕ ВЫУЧИТЬ ЯЗЫК, НО ОТ ИНЖЕНЕРА ТРЕБУЕТСЯ КУДА БОЛЬШЕ.
С. Адамс
ДИЛБЕРТ, ЗИМБУ, ДВИНЕМ-КА В КАФЕ ЗА УТРЕННИМИ РОГАЛИКАМИ.
© 1991 United Feature Syndicate, Inc.
ЛАДНО, ПОСЛЕ ДЕСЯТИ. ОТ ИНЖЕНЕРА ТРЕБУЕТСЯ КУДА БОЛЬШЕ, ЧЕМ БЕГЛОСТЬ РЕЧИ.
НЕ СЕГОДНЯ – У НАС НАМЕЧЕНО ОБЩЕЕ СОБРАНИЕ.

ПОРА КОНЧАТЬ ЭТОТ ФАРС, ЗИМБУ!
ТВОЯ БЕГЛОСТЬ РЕЧИ – ЛИШЬ ПЛОД МЕХАНИЧЕСКОГО ЗАУЧИВАНИЯ. НО ОБЕЗЬЯНЫ НЕСПОСОБНЫ ЛОГИЧЕСКИ МЫСЛИТЬ.
С. Адамс
ХА! А ПРОГРАММА, КОТОРУЮ ТЫ ПИШЕШЬ, – ОНА ВРОДЕ НА БЕЙСИКЕ.
СЛУШАЙ, ТЫ КОГДА-ЛИБО РАБОТАЕШЬ?
© 1991 United Feature Syndicate, Inc.

ЭЙ! ДИЛБЕРТ! ЭТО ТВОЯ РАЗВАЛЮХА? ХА-ХА-ХА!!!
ЭТО ЧАК, МОЙ СТАРЫЙ СОПЕРНИК ПО ШКОЛЕ.
ХОЧЕШЬ НАПЕРЕГОНКИ С МОИМ «КОРВЕТОМ»? ХА-ХА!
ЧАК, ЕСЛИ БЫ ТЫ УЧИЛ ФИЗИКУ, ТО ЗНАЛ БЫ, ЧТО ЭТОТ СИЛОВОЙ АГРЕГАТ НА ТЕРМОПАРАХ СПОСОБЕН РАЗВИТЬ ДО 950 КМ/Ч.
КАЖДЫЙ ДУРАК ЗНАЕТ, ЧТО МОЖНО ПОЛУЧИТЬ КУЧУ ЭНЕРГИИ, ПРОСТО НАГРЕВАЯ НА СОЛНЦЕ СПАЙ ДВУХ РАЗНЫХ ПРОВОДОВ.
Я ЯВНО БЫСТРЕЕ И УМНЕЕ ТЕБЯ, А СУДЯ ПО НАЛОГОВОЙ ДЕКЛАРАЦИИ, И ЗАРАБОТОК У МЕНЯ ВЫШЕ.
С. Адамс E-Mail: SCOTTADAMS@AOL.COM
ВОТ ФОТО МОЕЙ НОВОЙ ДЕВУШКИ. ОНА ТРЕНЕР ПО АЭРОБИКЕ.
ОН ПОБЕЖДАЕТ. ВЫТАЩИ МЕНЯ ОТСЮДА, ПЁСБЕРТ.
СТАНЬ В СТОРОНКУ.
Я ЗАМЕТИЛ, ЧТО У ТВОЕЙ ДЕВУШКИ ОГРОМНЫЕ РУЧИЩИ И ТОРЧАЩИЙ КАДЫК.
НУ И?
© 1993 United Feature Syndicate, Inc.

ЭТО НЕЧТО... У НАС, ИНЖЕНЕРОВ, СТАРЫЕ 286-Е КОМПЬЮТЕРЫ, А У ВАС НОВЕЙШАЯ РАБОЧАЯ СТАНЦИЯ.
С. Адамс E-Mail: SCOTTADAMS@AOL.COM
ПОПРАВЬТЕ МЕНЯ, ЕСЛИ Я ОШИБАЮСЬ, НО ВЫ УМЕЕТЕ ОДНО – ГЛАЗЕТЬ НА РЫБОК, СНУЮЩИХ ПО ЭКРАНУ.
© 1994 United Feature Syndicate, Inc.
КАК ЭТО ОНИ БЕЗ КОНЦА ПЛАВАЮТ?
ЕСЛИ МЕНЯ БУДУТ ИСКАТЬ, Я ПРОСМАТРИВАЮ ТЕКСТ НА ЭКРАНЕ.

15
ПЕРЕМЕНЫ

Для многих эпох «перемены» были весьма обыденны. Но благодаря консультантам «перемены» выросли в бизнесе до уровня важной концепции. Всё началось с сокращений штатов.

Многие менеджеры из-за сокращений потеряли работу. Такие экс-менеджеры мудро назвали себя «консультантами», поскольку это звучало куда привлекательнее, нежели «уличное хулиганье».

Когда консультанты стали применять новообретенные навыки, самой ходовой оказалась фраза: «Перемены нужны?» Вначале это было жалобное бормотание, но через какое-то время консультанты стали агрессивнее и вопили прохожим «Перемены нужны?!» почти так, словно давали команду. Еще немного погодя фразу усекли до «Перемены!» и расцвела практика консалтинга. (Я мог спутать некоторые детали, но вообще-то знаю истории и про консультантов, выпрашивающих деньги.)

Самое лучшее в консалтинге перемен — то, что его можно продавать почти любой фирме. Они ведь претерпевают больше перемен, чем группа ясельных младенцев — на конкурсе по питью пива[1].

Консультанты нахваливают свой товар примерно так:
Консультант: Так вы планируете что-нибудь менять?
Менеджер: Ну... я полагаю, что да.
Консультант: У вас готов план управления переменами?
Менеджер: А что это такое?
Консультант: *Вы обречены*!!! Давайте мне деньги, быстро!

СТРАХ ПЕРЕД ПЕРЕМЕНАМИ

Люди ненавидят перемены и имеют на то серьезные основания. Собственно говоря, всякое изменение делает нас глупее. Оно привносит во вселенную новую информацию — информацию, которая нам неведома. Каждый раз, когда что-то меняется, уровень наших знаний — а это ведь и так малая процентная толика всего того, что может быть познано, — чуть-чуть снижается.

А если быть совсем искренними в разговоре о нашем личном процентике от полного объема знаний во вселенной, то большинство из нас не так уж сильно опережает в этом смысле, скажем, собственную мебель — взято первое, что пришло на ум. Я испытываю крайне неприятное чувство, пробуждаясь утром только затем, чтобы констатировать: интеллектуальный разрыв между мной и моим сервантом сузился. Не с этого надо бы начинать день.

С другой стороны, перемена хороша для тех, кто был ее инициатором. Эти люди понимают ту новую информацию,

---
[1] Да, эта аналогия здесь ни к чему, и она ничего не вносит в данную главу. Но я проработал над ней всё утро и не желаю вышвырнуть ее вон.

которая добавляется во вселенную. И по сравнению с окружающими они становятся умнее. Уже одной этой причины вам достаточно для того, чтобы саботировать их усилия. В качестве метода я рекомендую сарказм со слабыми нотами угрозы.

Меняльщик: Надеюсь, я могу рассчитывать на вашу поддержку.

Вы: Без проблем. Я с радостью пренебрегу собственными целями, лишь бы помочь вашей карьере.

Меняльщик: Это не совсем точно...

Вы: Меня не пугают ощущения сбитого с толку подопытного грызуна и многочасовая работа, особенно если наградой станет новая система, против которой я энергично выступал.

Цель управления переменами состоит в том, чтобы, играя на любви тупоголовых служащих к приключениям и на их готовности испытать свои силы, околпачить этих бедолаг и заставить думать, будто перемена несет им что-то хорошее. Это напоминает попытки убедить форель выпрыгнуть из ручья, чтобы испытать такое приключение, как поджаривание на сковородке. (Форели — далеко не командные игроки.)

В целях преодоления естественного сопротивления жертв консультанты придумали целый боекомплект усовершенствованных методов управления переменами, которые я для вашего удобства резюмировал ниже.

БЕССОДЕРЖАТЕЛЬНОЕ ОБЩЕНИЕ

Перед лицом перемен у служащих встает один вопрос: «Что случится со мной?» Успешная программа информирования, проводимая в рамках общего процесса управления переменами, позволит избежать этого вопроса.

Редко перемена кончается тем, что всех осчастливили и никого не обдурили. Это может породить проблемы, поскольку перемены требуют участия всех сторон, включая тех, кто в конечном итоге окажется околпаченным. Для начальства фокус состоит в том, чтобы водить служащих за нос до тех пор, пока перемена не свершится, после чего неудачников можно будет выполоть и выбросить за забор.

Информация о переменах во многом похожа на гамбургер из опилок. (Следите за мной внимательно.) Если украсить его достаточным количеством аппетитной зелени, найдутся готовые съесть это блюдо. И вовсе не по случайному совпадению те, кто нацеливается проглотить опилочный гамбургер (позвольте назвать их «неодаренными»), оказываются жертвами крупных перемен.

Дурачить неодаренных любителей древесины можно проведением множества собраний, рассылкой электронной почты, развешиванием информационных бюллетеней и трансляцией радиопередач, которые обещают одно хорошее, не уточняя, кому именно. Грядущие жертвы начнут видеть себя частью светлого будущего. При определенной удаче их можно оболванить настолько, что они даже станут «глашатаями перемен».

ГЛАШАТАИ ПЕРЕМЕН

Служащим внушают, что если они с готовностью примут грядущие изменения, то будут провозглашены «глашатаями перемен» — вместо того, чтобы стать их злополучными жертвами. Это — взрослый эквивалент превращения во всемогущего киборга Морфина, только без смертоносного оружия и ряда действующих лиц. Очутившись перед выбором: быть глашатаем перемен или нет, — я наверняка захотел бы стать таковым — уже хотя бы потому, что это даст мне всепроницающий рентгеновский взгляд киборга.

Циничные сотрудники, предпочитающие оставаться в стороне и одновременно травить глашатаев перемен, тоже имеют свое название. Но «гонители глашатаев перемен» — это уже совсем другая книга.

ВЕЧНОЕ ДВИЖЕНИЕ

Перемены, как известно, вызываются консультантами. Затем возникает нужда в новых консультантах, которые должны рассказать, как провести перемены. Когда всё проделано, снова есть потребность в консультантах; их задача — растолковать, что раз окружающая среда переменилась, то было бы неплохо вновь перемениться и вам.

Получается такой маленький, симпатичный perpetuum mobile – вечный двигатель. Правда, при почасовой оплате труда консультантов могут возникнуть проблемы. В ряде небольших городков действует правило, что консультанты не могут служить добровольцами-пожарниками. Опасность в том, что они кружили бы по городу и всё время поджигали его.

16
СОСТАВЛЕНИЕ БЮДЖЕТА

Процедура составления бюджета была изобретена инопланетной расой садистских существ, похожих на крупных кошек. Котоподобные пришельцы обучили составлять бюджет египетских фараонов, которые использовали данное занятие при строительстве пирамид — в качестве наказания. Это заодно объясняет, как удавалось всего лишь втроем перемещать двадцатитонные скальные плиты на много миль.

Дьявольский план котопришельцев состоял в том, чтобы сперва измучить большие доли популяции землян, а попозже возвратиться и сожрать их с потрохами. События, правда, приняли совсем иной, трагический оборот: котолюди припарковали свой базовый корабль-матку в одном теплом местечке галактики, свернулись там в клубки подремать и кончили тем, что их засосало в тамошнее солнце.

За многие истекшие годы истинная цель составления бюджета была утеряна. Теперь из-за неверного истолкования иероглифов[1] составление бюджета стало считаться в больших фирмах методом управления затратами. Как ни странно, этой цели достигли прежде всего путем отстранения начальников от производственного процесса — иначе они могли бы там испытывать соблазн тратить деньги, — заманив их в ловушку совещаний, которые могут длиться месяцами.

---

[1] Иероглиф для слова «совещание» очень похож на символ для выражения «Уф-ф!! Мне на ногу уселся сфинкс!».

В противоположность тому, что вы могли бы ожидать, «бюджет» — это вовсе не конкретная и фиксированная величина. На протяжении года она многократно изменится — в соответствии с известным принципом «бюджетной неопределенности», гласящим:

> Если менять бюджет достаточно часто, служащие начнут действовать на манер сусликов в радиусе досягаемости винтовки — станут бояться делать всё, что привлекает внимание. А там, где страх, там и низкие затраты. А где низкие затраты, там огромные надбавки и выплаты для высшего руководства, за которыми следует вхождение корпорации в смертельный штопор.

Когда я начинал всё это рассуждение, у меня имелся в запасе «гвоздь», но, похоже, он был недостаточно острым.

РАЗДУВАНИЕ БЮДЖЕТА

Чтобы гарантировать себе получение справедливой доли бюджетного пирога, нужно завышать свою ценность и свои потребности. Еще первый пещерный человек, пожелавший нацарапать нечто на стене пещеры, запросил сразу две обгорелые палки. Но хотя эти методы использовались всеми менеджерами с незапамятных времен и выглядят затасканными, они всё еще могут сработать и на вас.

Босс ожидает от вас заявки на большую сумму, которая будет затем обстригаться в освящённом веками сражении между невежами и жуликами.

Некоторые совершают наивную ошибку, запрашивая вдвое больше того, в чём они реально нуждаются. Босс увидит этот неуклюжий маневр насквозь и срежет запрос наполовину. (Начальники все же не настолько тупы, как они выглядят!)

Решение — которое для меня представляется очевидным — состоит в том, чтобы просить на несколько миллиардов долларов больше своих потребностей. Если, например, вы нуждаетесь для своего отдела в трех персональных компьютерах, то можно смело попросить пятьдесят миллиардов. Это встретят сердитыми взглядами, иногда даже воспримут как профанацию. Но даже если вам достанется, скажем, всего двадцать процентов от затребованной суммы, это всё еще составит неслабые десять миллиардов. А сие означает, что сообщение «Не хватает памяти» исчезнет навсегда.

ЗАЩИТА СВОЕГО БЮДЖЕТА

Руководство будет пробовать урезать бюджет, насылая на вас целую армию невысоких рангом и невежественных бюджетных аналитиков, которые будут задавать проницательные вопросы типа: «А что вы смогли бы сделать, имея половину своего теперешнего бюджета?»

Первое побуждение — откинуть голову назад и рассмеяться тем надменным и убежденным в своей правоте тоном, который вы оставляете для «особо тупых». Не поддавайтесь этому импульсу.

Лучше всего — ублажать бюджетных аналитиков. Они ведь готовят руководству рекомендации о снижении бюджета. Изобразите заинтересованность ими лично (как будто это ваши друзья, тратящие весь день на нелегкую работу над бюджетом). У тех, кто работает в финотделах и занимается бюджетом, никаких реальных друзей нет, так что им не с чем сравнить ваше отношение, чтобы разобраться, а не дергаете ли вы всего лишь их за веревочки. Иногда можно спасти в своем бюджете миллионы долларов, просто купив пакет печенья, поставив его на стол ревизорши и спросив что-либо глубоко личное типа: «Как прошел уик-энд, сударыня?»

Если вас вынудят защищать бюджет, есть два возможных метода: (1) врать и (2) врать.

В связи с враньем вы можете ощущать некий этический дискомфорт. Это чувство пройдет после первой же попытки сообщить правду, когда вы обнаружите, что ваш бюджет подчистили, словно последний пакет картофельных чипсов на концерте группы «Благодарные мертвецы» («Grateful Dead»)[1]. В наихудшем случае вы привыкнете к вранью. Не исключено и развитие сильной склонности к нему.

Некоторым людям ложь дается нелегко. Изучите последующие примеры, чтобы лучше понять данный метод.

Неверно

«Ладно, поскольку девяносто процентов всего, что мы делаем, и так завершается провалом, а никто в нашей группе в любом случае не ждет от клиентов покупки данного изделия, я бы сказал, что можно сунуть весь мой отдел в холщовые мешки, зашить их, побросать в реку и этим закончить всю игру».

Правильно

«О Господи, смилуйся!!! Что за сатанинское семя??! Разве вы не понимаете, что если урежете наш бюджет даже на доллар, то пойдет такая цепная реакция, которая может изменить вращение планеты, вызвать таяние полярных шапок и осудить нас всех на замерзание и смерть??!!!»

Неверно

«Хорошо, вы меня подловили. Мы действительно не нуждаемся в столь большой сумме. Это была лишь уловка с целью раздуть мою личную империю и добиться повышения — так, чтобы я мог завести симпатичную помощницу и брать ее с собой в командировки».

Правильно

«А-а-а-а-ах!!! Да как вы можете даже подумать такое! Я и так работаю на минимуме финансирования. Даже трачу собственные деньги. Но это нормально, потому что я верю в данный проект — в отличие от раздутого, закормленного деньгами проекта "Единорог". А если вам придется говорить с его разработчиками, передайте им мои слова, что вы, господин президент, вовсе не похожи на мистера "Картофельная башка"».

---

[1] Указанное сравнение было написано до преждевременной кончины Джерри Гарсии. Но я настолько люблю его, что решил оставить текст неизменным как напоминание о важности сохранения наших влажных тропических лесов.

Для поддержки своих бюджетных заявок всегда снабжайте их хитрыми диаграммами и электронными таблицами, цель которых — сбить руководство с панталыку. Когда дело доходит до защиты вашего бюджета, нет такого понятия, как избыток информации. Скука, замешательство и путаница — ваши союзники в битве за деньги.

Бюджетные диаграммы и электронные таблицы должны выглядеть достаточно запутанными, чтобы донести до начальства два следующих сообщения от вас:

1. «Я проанализировал мои бюджетные требования полностью и всесторонне».

2. «Умные люди поняли бы эту диаграмму. Не делайте из себя "других" людей».

ТРАТЬТЕ ВСЁ

Что бы вы ни делали, в конце года не оставляйте в своем бюджете ни гроша. Руководство воспримет неизрасходованные деньги как признак вашей неудачи и слабости, не говоря уже о плохом прогнозе на дальнейшее. Ваш бюджет на следующий год будет в наказание соответственно уменьшен.

Руководство изначально не дало бы вам всех этих денег, если бы не хотело, чтобы вы их потратили. Может, однако, потребоваться несколько расширить свое понимание того, какие типы расходов жизненно важны для здоровья фирмы. Чтобы спустить бюджетные излишки, рекомендую заказать несколько больших грузовых контейнеров бумажных полотенец и салфеток. Бумага всегда полезна и обладает тем преимуществом, что ее всегда можно слить, если позже понадобится освободить складские площади.

СОСТАВЛЕНИЕ БЮДЖЕТА В КАРТИНКАХ

Я ИЗ ФИНОТДЕЛА. МЕНЯ ПРИСЛАЛИ СНИЖАТЬ ЗАТРАТЫ.
С. Адамс E-Mail: SCOTTADAMS@AOL.COM
МОЖЕТ ПОКАЗАТЬСЯ, БУДТО ВСЁ МОЕ ЗАНЯТИЕ – ПРЕДЛАГАТЬ НЕПРОДУМАННЫЕ ПУТИ ЭКОНОМИИ И МЕШАТЬ ВАМ РАБОТАТЬ. НО ЕСТЬ И ДРУГАЯ СТОРОНА МЕДАЛИ.
© 1995 United Feature Syndicate, Inc. (NYC)
И В ЧЁМ ЖЕ ОНА СОСТОИТ?..
Я ЗАБЫЛ.

Я СВЕЛА ВОЗДЕЙСТВИЕ БЮДЖЕТА НА ШЕСТЬСОТ ПРОЕКТОВ В ТРИ КЛЮЧЕВЫЕ ФРАЗЫ.
С. Адамс © 1993 United Feature Syndicate, Inc.
– КИСЛОРОД – ЭТО ХОРОШО
– КОНКУРЕНЦИЯ – ЭТО ПЛОХО
– МНЕ НРАВИТСЯ «НУТЕЛЛА»
Internet: SCOTTADAMS@AOL.COM
ВАМ НЕ КАЖЕТСЯ, ЧТО ДЛЯ ДИРЕКЦИИ ЭТО СЛИШКОМ ПОДРОБНО?
УБЕРИТЕ ПРО КОНКУРЕНЦИЮ.

Я НАШЕЛ ОПИСКУ В ЭЛЕКТРОННОЙ ТАБЛИЦЕ БЮДЖЕТА... ИСПРАВЛЯТЬ ЕЕ ПОЗДНО.
С. Адамс © 1993 United Feature Syndicate, Inc.
МЫ ПЕРЕДАЛИ ОДНУ РАБОТУ В ДРУГОЙ ОТДЕЛ, НО ДЕНЬГИ И ВАКАНСИЮ СЛУЧАЙНО ОСТАВИЛИ СЕБЕ.
Internet: SCOTTADAMS@AOL.COM
...ИТАК, ПЛАТИТЬ ВАМ МЫ ПО-ПРЕЖНЕМУ БУДЕМ, НО РАБОТАТЬ ВАМ НЕЛЬЗЯ.
ЭТО СЧАСТЛИВЕЙШИЙ ДЕНЬ В МОЕЙ ЖИЗНИ.

БУМ!
С. Адамс E-Mail: SCOTTADAMS@AOL.COM
ТРАХ!
© 1993 United Feature Syndicate, Inc.
Я СЛЫШАЛ, ВАША ФИРМА УРЕЗАЕТ СМЕТУ НА ПОЕЗДКИ.
КТО МНЕ ОДОЛЖИТ АВТОБУСНЫЙ БИЛЕТ ДО ДОМА?

ФИРМА ОТСТАЕТ ОТ ЗАПЛАНИРОВАННОЙ ВЫРУЧКИ НА МИЛЛИАРД ДОЛЛАРОВ.
ОТНЫНЕ РОГАЛИКИ НА СОВЕЩАНИЯХ ПОЛОЖЕНЫ ТОЛЬКО ЛИЦАМ МОЕГО УРОВНЯ И ВЫШЕ.
ВСЕМ НАМ ЭТО ДАСТСЯ НЕЛЕГКО. ЧЕРТ, ДАЖЕ НЕ ЗНАЮ, СМОГУ ЛИ Я СЪЕСТЬ СТОЛЬКО РОГАЛИКОВ.
С. Адамс © 1993 United Feature Syndicate, Inc.
Internet: SCOTTADAMS@AOL.COM

Я РЕШИЛ СРЕЗАТЬ СМЕТУ ВАШЕГО ПРОЕКТА ВДВОЕ, НО ЦЕЛИ ОСТАВИТЬ ПРЕЖНИЕ.
ЗАДУМКА ВЕЛИКОЛЕПНАЯ. МЫ ПОЛУЧИМ ВСЕ ПЛЮСЫ ЗА ПОЛОВИНУ ЗАТРАТ!
ПОЧЕМУ РЕАЛЬНОСТЬ ВСЕГДА ДИКТУЮТ ИМЕННО САМЫЕ ТУПЫЕ?
А ПОЧЕМУ Я НЕ МОГУ ПЕРЕОПРЕДЕЛИТЬ ЗАДАЧИ, УВЕЛИЧИВ ДОХОД?
С. Адамс © 1994 United Feature Syndicate, Inc.
E-Mail: SCOTTADAMS@AOL.COM
10-5

СПУСТИТЕСЬ К БУХГАЛТЕРАМ, ДИЛБЕРТ, И УЗНАЙТЕ, ЧТО ЗНАЧАТ ЭТИ ЦИФРЫ.
БУЛЬК
НЕТ... НУ, П-ПОЖАЛУЙСТА... ОНИ ВЕДЬ ДАЖЕ НЕ ЛЮДИ!!!
ОН МНЕ НЕ НРАВИТСЯ.
СЮРПРИЗ.
© 1990 United Feature Syndicate, Inc.

ЗДЕСЬ ДОЛЖНА БЫТЬ БУХГАЛТЕРИЯ КОМПАНИИ.
Я... МНЕ НАДО ЗАДАТЬ ПАРУ ВОПРОСОВ ПО ОТЧЕТУ О Б-БЮДЖЕТЕ.
ВРЕМЯ НЕПОДХОДЯЩЕЕ?
ОНО ВСЕГДА ТАКОЕ.
© 1990 United Feature Syndicate, Inc.

БОЛВАН!
ЗАЧЕМ ТЫ ПРИШЕЛ
В БУХГАЛТЕРИЮ?!!
ОХ... У МЕНЯ НЕСКОЛЬКО
ВОПРОСОВ, СЭР... МЭМ...
ИЛИ СЭР?
© 1990 United Feature Syndicate, Inc.
ВЫ МУЖЧИНА
ИЛИ ЖЕНЩИНА?
У БУХГАЛТЕРОВ
ЭТО НЕСУЩЕ-
СТВЕННО.

ИТАК, ТЫ ЯВИЛСЯ СЮДА
ЗА РАЗЪЯСНЕНИЯМИ
ПО ОТЧЕТУ О БЮДЖЕТЕ, ДА?
СНИМИ С НЕГО
ОКОВЫ, БРЭДЛИ.
В ПРИНЦИПЕ, ЗА СОМНЕ-
НИЯ В НАШЕМ ОТЧЕТЕ
ТЕБЯ БЫ ПОСЛАЛИ
НА ПЫТКИ
И СМЕРТЬ.
© 1990 United Feature Syndicate, Inc.
НО ВЫ ПОНИМАЕТЕ, ЧТО
МОЙ ВОПРОС ОБОСНОВАН?
НЕТ. НО Я ПОВЫШАЮ
БРЭДЛИ. А ТЫ СТА-
НЕШЬ МОИМ НОВЫМ
РЕВИЗОРОМ.

НЕТ! ВАМ НЕ ЗАСТА-
ВИТЬ МЕНЯ РАБОТАТЬ
В БУХГАЛТЕРИИ!
Я – ИНЖЕНЕР!
СЛИШКОМ
ПОЗДНО...
© 1990 United Feature Syndicate, Inc.
ТЫ ПРИШЕЛ... ТЫ ДЫШАЛ
ЭТИМ ВОЗДУХОМ... ИЗМЕ-
НЕНИЯ НЕОБРАТИМЫ...
БРЭДЛИ ОБУЧИТ ТЕБЯ.
Я НАЧИНАЮ
ПЛОХО ОТНО-
СИТЬСЯ К ЭТОЙ
РАБОТЕ...
ХОРОШО.
Я МОГУ ПРОПУС-
ТИТЬ ЭТУ ЧАСТЬ
ОБУЧЕНИЯ.

ДИЛБЕРТА ЗАСТАВИЛИ РАБО-
ТАТЬ В БУХГАЛТЕРИИ
ВНАЧАЛЕ ТЫ ДОЛЖЕН
ПОНЯТЬ, КАК ЦИФРЫ
МЕНЯЮТ РЕАЛЬНОСТЬ.
ЦИФРЫ
МЕНЯЮТ
С. Адамс
НЕКОТОРЫЕ ДУМАЮТ,
ЧТО ЦИФРЫ ПРОСТО
ОТРАЖАЮТ РЕАЛЬ-
НОСТЬ... НО МЫ УБЕЖДЕ-
НЫ, ЧТО ОНИ ТВОРЯТ ЕЕ.
ЦИФРЫ
МЕНЯЮТ
РЕАЛЬ-
НОСТЬ!
© 1990 United Feature Syndicate, Inc.
ЭТО ЗАЛ ВЫЧЕРКИВАНИЯ
ИЗ БЮДЖЕТА...
ЧЁРКАЙ
БЫСТРЕЕ!!!
ХЛЯСЬ

ПРАВДИВЫЕ ИСТОРИИ ИЗ БУХГАЛТЕРИЙ

От: (имярек)
Кому: scottadams@aol.com

Скотт!

Несколько лет назад местное начальство отключило эскалаторы, движущиеся вниз, чтобы сэкономить немного денег, — кроме шуток. Вскоре всё восстановилось -- после того как менеджер, принявший указанное решение, представил его визитеру из дирекции как пример своего творческого подхода к сбережению средств.

От: (имярек)
Кому: scottadams@aol.com

Скотт!

Наша фирма настойчиво выискивала идеи для сокращения затрат. Кто-то решил, что можно сэкономить энное количество долларов, убрав гигиенические изделия из женских туалетов. Наш новый фанатик-кадровик счел это умным ходом и через электронную почту объявил новость всей фирме.

Само собой разумеется, женщины всей компании воспылали желанием поджарить этого экономиста живьем. Величина прогнозируемой экономии была близка к общей сумме, которая в любом случае перечисляется службе уборки, поставляющей эти изделия без дополнительной оплаты.

Электронная почта стала раскаляться: «Это решение исходит от женоненавистника», «Надо избавиться и от кофеварок», «Ликвидируйте лучше премии для начальства...»

Окончательно заставило вернуться к прежнему порядку сообщение, поступившее по электронной почте от одного менеджера; он рассказал о своей знакомой, которая является одним из руководителей некой корпорации. Когда эта дама ведет переговоры с предполагаемым клиентом, то всегда проверяет наличие в тамошних женских туалетах средств гигиены. В случае их отсутствия она считает, что фирма катится по наклонной плоскости.

ИСТОРИЯ ИЗ МОЕГО ЛИЧНОГО ОПЫТА

Мой коллега по «Пасифик Белл» обнаружил, что уборщицы меняли рулоны туалетной бумаги задолго до использования последнего квадратика. Ему это показалось огромной растратой, а может даже, каким-то хитроумным трюком службы уборки.

Я отговаривал его от теории заговора, но мой знакомый был убежден в необходимости действовать. Как-то он всю вторую половину дня писал, правил и доводил до ума обширную служебную записку по данной проблеме, потом приложил к ней калькуляцию затрат и послал в административно-хозяйственный отдел для принятия мер.

Он всё еще надеется на ответ.

17

СБЫТ

> НА СЛЕДУЮЩЕЙ НЕДЕЛЕ ВРАЧ С ЗОНДОМ-ЭНДО-СКОПОМ ПОКАЖЕТ НАМ, ОТКУДА БЕРУТСЯ ПРОГНОЗЫ ПРОДАЖ.

Если изделия вашей фирмы чрезмерно дороги и ненадежны, это можно компенсировать хорошим планом стимулирования продаж. Нет такой проблемы, чтобы с ней не мог совладать спец по сбыту, имеющий надлежащую мотивацию.

Например, документально подтверждено, что перепуганная женщина весом сорок килограммов может выработать достаточно адреналина, чтобы приподнять микроавтобус «Крайслер», который припарковался на ее ступне. Эксперименты показали также, что после третьей попытки поставить машину ей на ногу она насквозь проткнула исследователей шариковой ручкой и кричала при этом нечто вроде «Даже и не просите стать СНОВА СЕКРЕТАРЕМ В ЭТОЙ ЧЕРТОВОЙ ДЫРЕ!!!» Странность в том, что женщина кричала сплошь заглавными буквами. И вот вам мой вывод: люди могут сделать почти всё, если ими движет должный стимул.

Если объем продаж в вашей фирме низок, то лишь потому, что у тех, кто ими занимается, отсутствуют надлежащие стимулы. Эта ситуация легко поправима. Всё, что нужно сделать, — повысить нормы продаж до такого уровня, когда персоналу отдела сбыта придется выбирать между двумя образами жизни:

А. Жизнь, складывающаяся из обмана и жульничества

Б. Жизнь в приюте для бедных

Торговые агенты могут выжить в приюте примерно три минуты. Именно столько требуется тамошним обитателям, чтобы выследить и убить агента. (Каждый житель приюта имеет тенденцию не самым добрым словом вспоминать тех, кто довел его до жизни в этом месте, убедив истратить деньги на всякий никчемный хлам).

Торговцы поумнее выберут первый вариант — жизнь в обмане и жульничестве. К этому можно привыкнуть, а при должном терпении и упорном тренинге — даже полюбить. Немного найдется удовольствий, больших, чем умение ловко всучить мерзкому клиенту какую-то дрянь. Правда, на старости лет этим не похвастаешь обсевшим тебя внучатам, но своя прелесть тут есть.

Продавать — отнюдь не легко. Конечно, всякий может реализовать высококачественную вещь по разумной цене. Это не фокус. Истинное искусство сбыта начинается, когда ваше изделие — ноль по сравнению с тем, что предлагают конкуренты. Отдел маркетинга вашей фирмы — слабый помощник в преодолении этого разрыва (см. главу 11, посвященную маркетингу). Главное приходится делать сбытовикам. Вот ряд подсказок, помогающих стать профессионалом мирового класса в сфере сбыта.

Избегайте обсуждения затрат

Никогда не обсуждайте с клиентами истинную стоимость вашего изделия. Это только поощряет их к принятию рациональных решений. Концентрируйтесь на многочисленных «неосязаемых» экономических выгодах того, что предлагает ваша фирма. И помните: при продаже любая путаница и неразбериха — ваши друзья.

Пример:

«Если вы положите деньги в наш банк, на них с первого же дня будет начисляться не облагаемая налогами инфляция!»

Не относящиеся к делу сравнения

Паразитируйте на естественной глупости среднего клиента. Большинство людей не увидит разницы между логическим аргументом и дикобразом, прицепленным им ко лбу[1]. Подталкивайте клиента в сторону глупых и не относящихся к делу сравнений.

Пример:

«Ладно, согласен; возможно, семьдесят пять километров в час — не самая внушительная максимальная скорость для спортивного автомобиля, но сравните ее с бегом в мешках».

Будьте «партнером»

Станьте «партнером» вашего клиента, а не только его поставщиком. Эта разница существенна. Поставщик просто берет у клиента деньги и дает ему изделие. Партнер тоже берет деньги клиентов, но дает им «решение», которое выглядит подозрительно похожим на «изделие», за исключением того, что стоит дороже.

Партнер работает с клиентами, помогая тем сформулировать их требования. Такой подход может вылиться в проблему, если единственное отличие вашего изделия от ему подобных — это его недостатки. Скажем, для спортивного автомобиля, еле выжимающего семьдесят пять километров в час, можно в качестве главного преимущества подчеркивать его безопасность.

Пример:

«Если не считать голодной смерти, никто и никогда не погиб в этом спортивном автомобиле. Это было предметом нашей наибольшей заботы».

---

[1] Наконец-то острое сравнение — хоть и без гвоздя, но зато с кучей иголок.

Установка

Оптимизм заразителен. Профессиональный торговец будет избегать негативных фраз и использует только слова с положительной окраской.

Не говорите	Говорите
Старая технология	Совместимость с ранними версиями
Завышенная цена	Цена с надбавкой
Нет в наличии	Трудно держать всё под рукой
Кусок дерьма	Единственный в своем роде
Несовместимый	Монопольно используемый

Находите тех, кто принимает решения

Профессионал по сбыту всегда должен пытаться найти в данной организации лиц, принимающих решения. Те, кто принимает решения, хуже владеют ситуацией, и поэтому более высока вероятность того, что они поверят любым речам сбытовика.

Один из надежных способов узнать, нашли ли вы лицо, принимающее решения, — изучить его кабинет и обстановку в нем. Распорядители денежных средств редко сидят в чём-то наподобие большой картонной коробки, то есть в кабинке. И на стенах у столь важного лица вы никогда не увидите одну из таких надписей:

«Какую часть моего НЕТ вы не поняли?»

«Своевременно. Без дефектов. Берите одну штуку».

«Каби-и-нка, милая кабинка!»

Но не позвольте одурачить себя внушительным кабинетом с дверью. У тех, кто не принимает решений, тоже бывают кабинеты. Можно проверить степень важности данного человека в организации, спросив, каков объем памяти в его компьютере. Всякий, кто знает ответ на этот вопрос, не является лицом, принимающим решения.

Чужие сбытовики могут в любое время назначать встречи с руководством фирм-клиентов. Собственные сотрудники сделать это не в состоянии. Для среднего служащего единственный способ поговорить с большим начальником — взять дополнительную работу в качестве мальчика, который на лужайке для гольфа подносит клюшки и ищет мячи. Начальство ненавидит говорить с подчиненными, поскольку те вечно поднимают кучу неразрешимых «проблем». А вот торговые агенты неизменно проставляют руководству обед. У простого человека тут ноль шансов.

Агент по продажам может использовать возможность доступа к начальству как угрозу для рядовых бойцов фирмы — которые пребывают на низком уровне, торчат в кабинках и вешают на себя дурацкие бирки с фамилиями, но дают начальству «рекомендации». Все эти служивые живут в страхе: а вдруг руководство услышит про них нечто плохое. И надо их уверить, что руководство *действительно* услышит много плохого о всяком, кто порекомендует покупать не то, что предлагает данный агент.

СБЫТ В КАРТИНКАХ

У НАШЕГО ИЗДЕЛИЯ КЭШ-ПАМЯТЬ НА 30 ТЕРАБИТ – КАК РАЗ ТО, ЧТО НУЖНО ВАМ. ДОПОЛНИ, ДИЛБЕРТ.
В НЕМ ВООБЩЕ НЕТ ПАМЯТИ.
С. Адамс E-Mail: SCOTTADAMS@AOL.COM
И ОНО ОБНАРУЖИВАЕТ ИЗЛУЧЕНИЕ ТАХИОННОГО ПОЛЯ.
СТЭН, ТЫ СНОВА ПУТАЕШЬ НАС СО «STAR TREK».
© 1993 United Feature Syndicate, Inc.
МЫ БЕСПЛАТНО ВСТРОИМ ЭТУ МУРУ В СЛЕДУЮЩУЮ ВЕРСИЮ.
БЕРЕМ ЕГО!
КОМАНДОР, ВЗЛЁТ. НА ЭТОЙ ПЛАНЕТЕ НЕТ ЖИЗНИ.

СТЭН, ТЫ НАОБЕЩАЛ КЛИЕНТУ ТО, ЧЕГО НАШИМ КОНСТРУКТОРАМ НЕ СДЕЛАТЬ. ПОНИМАЕШЬ, ЧТО ЭТО ЗНАЧИТ?
С. Адамс E-Mail: SCOTTADAMS@AOL.COM
ЭТО ЗНАЧИТ, ЧТО Я – БОЛЬШОЙ СБЫТОВИК, А ТЫ – ВОНЮЧИЙ ИНЖЕНЕР.
© 1993 United Feature Syndicate, Inc.
ТЕБЕ НЕВРЕДНО ПОЙТИ НА ВЕЧЕРНИЕ КУРСЫ.
КУРСЫ КАРАТЭ

Я ПРОГНОЗИРУЮ ДВА ГОДА НУЛЕВЫХ ПРОДАЖ, А ЗАТЕМ – ВНЕЗАПНЫЙ СКАЧОК.
ПОЧЕМУ?
ПРОДАЖИ
С. Адамс E-Mail: SCOTTADAMS@AOL.COM
СКАЧОК Я ДОБАВИЛ, ЧТОБЫ ПРОГНОЗ ОДОБРИЛИ. ДВУХЛЕТНИЙ ЗАСТОЙ ДАЕТ МНЕ ВРЕМЯ НА ПОВЫШЕНИЕ.
ПРОДАЖИ
© 1994 United Feature Syndicate, Inc.
А КТО БУДЕТ ОТВЕЧАТЬ?
ТУТ КАК РАЗ ТВОЙ ВЫХОД.

18
СОВЕЩАНИЯ

Если вы плохо знакомы с деловым миром, то могли бы по ошибке подумать, что совещания — это скучный, садистский ад, населенный идиотами галактического уровня. Приступая к работе, я имел такое же неправильное представление. Теперь пришло понимание, что совещания — один из жанров сценического искусства, где каждый актер выбирает одно из следующих непростых амплуа:

- мастер банальностей
- садист с благими намерениями
- скулящий мученик
- уклонист
- соня

Как только вы поймете истинную природу совещаний, можно начать оттачивать свои актерские приемы и лепить собственный персонаж. В этой главе описаны некоторые классические типажи, но можете не стесняться, свободно комбинируя черты разных персонажей и предлагая свои интерпретации.

МАСТЕР БАНАЛЬНОСТЕЙ

Мастер банальностей полагает, что в то время, пока он изучал труды Платона, сэра Исаака Ньютона и Питера Друкера, остальная часть планеты смотрела латиноамериканские сериалы и подкреплялась «Сникерсами». Наш «мастер» чувствует себя обязанным при каждой возможности поделиться обретенной мудростью. Он уверен, что любая идея — независимо от того, сколь обыденной она могла бы казаться ему самому, — окажется вселенской сенсацией для куриных мозгов окружающих.

Излюбленные откровения мастера банальностей (излагаемые им с большим жаром) таковы:

- «Чтобы иметь доход, нужны клиенты!»
- «*Прибыль* — это разность между *доходами* и *расходами*».
- «Без учебы нам не обойтись».
- «В нашей отрасли сильна конкуренция».
- «Важно сохранить хороших сотрудников».
- «Нам нужно решение, от которого выиграют обе стороны».

Секрет убедительности мастера банальностей в том, чтобы сочетать снисходительность с искренностью. Аудитория должна верить, что вы искренне задаетесь вопросом, как это другие люди тоже научились одеваться и делают это каждый день, причем с первой попытки. И должно казаться, что вы действительно озабочены этим.

Можете отрабатывать данную роль, пребывая в одиночестве. Всё, что для этого нужно, — обычная настольная лампа. Повернитесь к ней и многократно объясняйте, почему для освещения «необходимо электричество». Продолжайте вновь и вновь излагать эту мысль различными способами. Пытайтесь развить в себе умение запинаться или, по крайней мере, выработайте раздражающую привычку делать паузы, чтобы подобрать подходящее слово. Практикуйтесь до тех пор, пока не сможете заставить лампочку перегореть только от того, что вы обращаетесь к ней.

САДИСТ С БЛАГИМИ НАМЕРЕНИЯМИ

Садист, полный благих намерений, убежден, что совещания должны причинять участникам боль. Это, по существу, установка, которой придерживаются самые знаменитые серийные убийцы. Фактически, у них тот же девиз:

«Так больно? А сейчас?»

В распоряжении садиста, питающего благие намерения, — несколько методов «достать» других. Их можно использовать как по отдельности, так и в любом сочетании:

- планировать — независимо от темы — чрезмерно длинные совещания;
- не ставить никакой ясной цели;
- не устраивать перерывов на посещение туалета (лучше всего сопровождать этот метод обильным кофе);
- назначать совещания на вторую половину дня в пятницу или на время обеденного перерыва.

Данную роль нужно играть, сочетая искренность с самопожертвованием и, что важнее всего, социопатически игнорируя жизнь других людей. Можно погрузиться в верное настроение, непрерывно прокручивая по видео кинокартины, где семью главного героя зверски убивают, а потом и его собака подыхает от пули, предназначенной хозяину. (Ищите ленты, где актеры — один хуже другого, но зато блистают в боевых искусствах и восточных единоборствах.)

СКУЛЯЩИЙ МУЧЕНИК

Скулящим мученикам достается много сценического времени. Именно поэтому за данную роль идет такая конкуренция. За мученический скулеж вас будут презирать, но это должно лишь подливать масло в ваш творческий огонь. Как и во всяком современном сценическом действе, надо подключать к представлению аудиторию.

В данном амплуа следует художественно обработать свои жалобы и превратить их в развернутые повествования, которые иллюстрируют, насколько вы ценны и интеллектуальны по сравнению с окружающими вас болванами и обструкционистами. Вообразите, что коллеги пробуют блокировать каждый ваш шаг, затем подсыпьте крупицу жалости к себе — и готово: у вас идеальная установка скулящего мученика.

Рекомендуемый скулеж

«Похоже, из-за босса мне *снова* придется сидеть здесь после работы».

«Не волнуйся и спокойно бери последнюю порцию кофе. Я выскребу колпачком авторучки немного гущи со дна и буду жевать ее всё совещание».

«Не могу поверить, что генеральный хочет *еще раз* посовещаться со мной».

«[Вздох]... Да, я могу сделать это для вас... Время найдется — в субботу вечером, как обычно. Это не проблема: ведь супруг(а) оставил(а) меня и забрал(а) детей».

«Мой мальчик, я была бы *в восторге*, если бы могла сесть на бюллетень, как вы все, над кем не висит работа».

«*Еще одно* совещание? Вот так и пропадет последний обеденный перерыв, которым я могла воспользоваться в этом отчетном году».

УКЛОНИСТ

Большинство главных ролей на совещаниях может быть сыграно лицами обоего пола. Но роль уклониста предназначена только для мужчины. Женщины порой пробуют браться за нее, но из них всегда получаются «болтунистки», а не «уклонистки»[1].

Роль уклониста состоит в том, чтобы от любой темы перейти к совершенно не связанному с ней событию, в котором он лично участвовал. Это событие может иметь юмористический кульминационный момент, но чаще всего оно лишь средство, позволяющее каждому узнать, насколько уклонист умный.

Сообщником уклониста может выступать мастер банальностей, иногда изрекающий нечто вроде: «А в Арктике зимой морозы». Эти комментарии воспринимаются уклонистом как призыв продолжать, и в результате его номер может длиться часами.

На регулярных совещаниях уклонист — обычно лишь яркая эпизодическая роль, а не постоянный персонаж. Дело в том, что даже садист, полный благих намерений, и скулящий мученик устают от этой роли. (А они *обожают* страдание.)

Уклонист пользуется наибольшим успехом в паре с соней, описанным ниже.

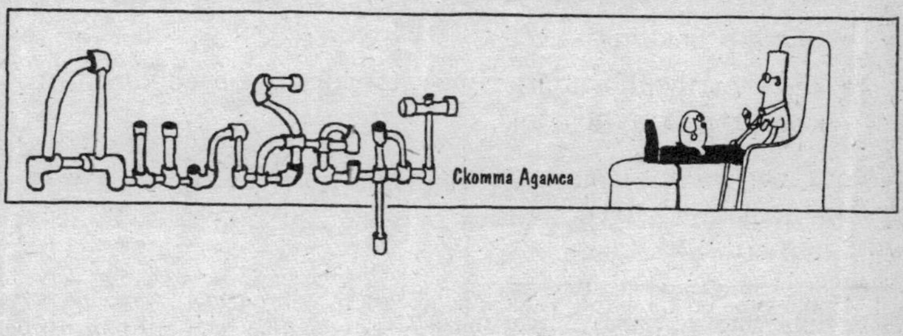

---

[1] В отличие от уклонения болтовня как-то связана с темой, хотя иногда она продолжается слишком долго и не несет никакой полезной информации. Болтать могут и мужчины, и женщины, но только мужчины могут преуспевать в качестве уклонистов.

СОНЯ

Соня — по существу сценический реквизит. Эта роль не предусматривает реплик. Ожидается, что вы оденетесь модно, но не настолько кричаще или элегантно, чтобы отвлекать внимание от актеров, исполняющих роли с текстом.

В ходе монолога других актеров разрешается мягко кивать головой. Это должно напоминать нежное покачивание дерева на ветру. Можете также есть печенье и пить кофе. Если от вас требуют словесной реакции, в качестве последнего спасительного прибежища можете использовать одну из следующих фраз:

- «Угу».
- «Мне нечего добавить».
- «Старо как мир».
- «Это вы верно подметили» (говорится с небольшим кавказским акцентом).

---

[1] Процедура по срочному удалению предмета, застрявшего в трахее, путем внезапного резкого и сильного нажатия на брюшную полость ниже ребер. Сделать этот прием себе не намного проще, чем кусать локоть. — *Прим. перев.*

[2] Американский врач, призывающий к эутаназии («хорошей смерти» — ликвидации людей по их желанию) для неизлечимо больных и делавший ее; преследовался за это судами. В апреле 1999 года был признан виновным в убийстве и обещал голодать вплоть до смерти от истощения. — *Прим. перев.*

19
ПРОЕКТЫ

Если вы не подключены к проекту, то у вас, вероятно, неблагодарная, скучная и монотонная работа. Вы похожи на муравья, который снова и снова тащит крошки к входу своего жилища.

Но если вы *действительно* работаете на проект, жизнь у вас совсем иная. Конечно, вы не перестаёте быть всё тем же муравьём, волокущим крошки, но теперь между вами и муравейником проходит фестиваль танца «Русская присядка»[1]. И основную часть времени бодрствования вы проводите в грёзах о том, как это было бы великолепно — иметь неблагодарную, скучную и монотонную работу.

---
[1] Ну да, я и сам знаю, что это мероприятие называется как-то по-другому. Но им бы следовало назвать его именно «Русская присядка».

Эта глава рассчитана на тех, кто собирается подключиться к проекту.

Практическое резюме: Бежать подальше!!! Бежать!!!

В каждом проекте независимо от его цели имеется несколько отчетливо различимых стадий. Я рассмотрю каждую из них по отдельности, ибо при одновременном обсуждении всё выглядело бы несколько произвольным. А это не годится.

НАЗВАНИЕ ПРОЕКТА

Успех любого проекта определяют прежде всего две вещи:

1. Удача

2. Красивое название

Вы не в силах повлиять на удачу, разве что натереть чеснок на медной монетке и сунуть в левый носок. Я это делаю. Тут нет никакой древней традиции и вообще ничего такого; мне просто нравится, как я себя потом чувствую. И кто знает, возможно, так и рождались нынешние древние традиции. Кому-то ведь надо быть первым.

Если в смысле удачи всё возможное проделано, следующая важнейшая задача — выбор для проекта победоносного названия. Оно должно нести в себе силу и вызывать доверие. Быть оригинальным, выделяться и притом еще легко запоминаться.

Вот нормальная процедура выбора подобного названия проекта:

1. Группа, работающая над проектом, проводит мозговой штурм, генерируя массу названий.

---

[1] Первое означает, понятное дело, «Самое Лучшее ИЗделие», а второе — «ПЛАнирование ЦЕНТрализованное». — *Прим. перев.*

2. Чтобы сузить выбор, используется процедура рейтингового голосования.

3. Названия, набравшие максимум голосов, представляются высшему руководству для рассмотрения и утверждения.

4. Вице-президент дает проекту имя любимой куклы своей внучки.

РУКОВОДИТЕЛЬ ПРОЕКТА

Должность руководителя проекта часто рассматривается как ступень к руководящему посту. Дело тут вот в чём: любого, кто достаточно легковерен, чтобы взваливать на себя дополнительную работу без дополнительной оплаты, принято считать «подходящим материалом» для превращения в большого начальника. Учитывая негативное клеймо, лежащее на данной должности, трудно найти добровольца, желающего занять этот пост. Администрация, как правило, бывает вынуждена рекрутировать руководителя проекта, исходя из двух критериев:

- кандидат должен знать, как делаются плакаты, диаграммы и графики;
- кандидат должен принадлежать к углеродным формам жизни.

В типичном случае руководитель проекта — это человек, не обладающий никаким конкретным талантом. Указанная особенность помогает ему во время длинных совещаний. В то время как все квалифицированные люди корчатся в муках, стараясь отвертеться от поручений, которые используют их умения, руководитель проекта невозмутимо сидит, осознавая, что никакой его талант не пропадает впустую.

В этом контексте слово «руководитель» может выглядеть спорным, так как должность руководителя проекта предполагает: выяснить у людей, что они собираются делать, затем узнать у них, как это делается, а потом обвинить их за то, что они этого не сделали. Однако руководящая деятельность может принимать много форм, и порой способность просто раздражать других оказывается именно тем, чего требует ситуация.

230

ТРЕБОВАНИЯ

В работе над проектом приходит момент, когда кто-то начинает скулить насчет необходимости сформулировать «требования». Это означает — надо опрашивать людей, которые не знают, чего хотят, но с удивительной точностью знают, когда им это нужно. Они называются «конечными пользователями» или просто «винтиками».

Исследования показали, что нет на этой планете ничего тупее конечного пользователя. Приведенная ниже диаграмма следующим образом ранжирует относительный интеллект ряда привычных объектов, встречающихся вокруг нас:

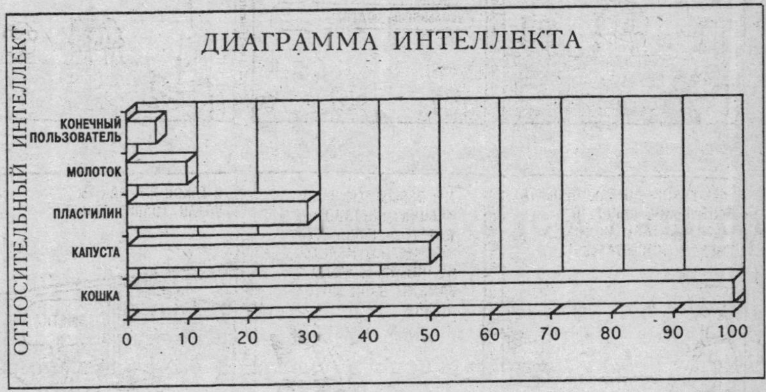

Группа, занятая проектом, продолжает сбор требований, пока не будет выполнено одно из следующих двух условий:

1. Конечные пользователи забывают дышать и, как следствие, умирают во сне[1].

2. Группа решает, что требования не столь уж важны, как думалось вначале.

ПОДДЕРЖКА ОТ РУКОВОДСТВА

Никакому проекту не преуспеть без поддержки руководства. Лучший вид поддержки, — когда начальство ничего не знает о проекте вплоть до его рыночного успеха. Если дирекция заметит проект слишком рано, она поддержит его следующими способами:

- затребует более частые отчеты о состоянии дел с объяснениями, почему у группы не хватает времени, чтобы успеть к сроку;

---

[1] Эта проблема больше, чем вы думаете.

- потребует разъяснить, чем данный проект отличается от всех прочих проектов, имеющих сходные аббревиатуры;
- начнет выспрашивать у группы, что та смогла бы сделать при наличии лишь половинного финансирования;
- назначит наблюдательную комиссию, члены которой всегда в разъезде.

Говоря по-иному, менеджеры понимают, что их роль — удалять препятствия, стоящие на пути проектной бригады. Лучше всего они, вероятно, могли бы это сделать, попросив о помощи доктора Кеворкяна, но большинство начальников пока не склонно к этому. Поэтому, по странному совпадению, наибольшим препятствием для успеха любого проекта является само руководство фирмы.

КАЛЕНДАРНОЕ ПЛАНИРОВАНИЕ

На стадии составления календарного плана у сотрудников выясняют, сколько займет выполнение каждого вида работы. Обычно это происходит примерно так:

Руководитель проекта: Сколько времени вам нужно на выбор поставщика?

Проектант: От одного дня до года.

Руководитель проекта: Прошу больше конкретности.

Проектант: Хорошо, три года.

Руководитель проекта: Гм, но ведь три года — больше, чем год.

Проектант: Прекрасно. Вы эксперт, вы и выбирайте время. Я пошел.

Руководитель проекта: А как насчет того, если мы скажем «два года»?

Проектант: Конечно. И почему бы вам сразу не выбрать поставщика, раз уже мы говорим об этом; ведь и так ясно, что качество для вас ничего не значит.

В конечном счете плодом этого конструктивного процесса «дай—бери» явится очень подробный и точный календарный график для вашего проекта. График перенесут на большую «простыню» и повесят на стене зала заседаний, где его можно будет благополучно игнорировать, пока некий внешний фактор не определит фактическую дату завершения проекта.

В случае больших проектов их руководители используют сложные программные комплексы, предназначенные для управления работами и позволяющие следить, кто и что делает. Эти комплексы собирают от проектной группы ложь и туманные предположения, после чего строят мгновенно устаревающие диаграммы, слишком скучные, чтобы кто-то их внимательно изучал. Это и называется «планирование».

ЗАВЕРШЕНИЕ ПРОЕКТА

---

[1] Здесь в оригинале чистые полстраницы: о завершении проекта нечего писать, поскольку он никогда не завершается. — *Прим. перев.*

ПРОЕКТЫ В КАРТИНКАХ

ВОТ МОЙ ЕЖЕДНЕВНЫЙ ОТЧЕТ О СОСТОЯНИИ ПРОЕКТА.
С. Адамс E-Mail: SCOTTADAMS@AOL.COM
«МОРАЛЬНЫЙ ДУХ НИЗОК. ГОВОРЯТ О БУНТЕ. ВСЕ МЕЧТАЮТ БРОСИТЬ ЭТО И ПОЙТИ СПАСАТЕЛЯМИ НА ПЛЯЖ. СМЕРТЬ РОГОВОЛОСОМУ».
© 1994 United Feature Syndicate, Inc.
БОЖЕ ПРАВЫЙ! А НА ПЛЯЖЕ ЕСТЬ МЕСТА??!

ПРОБЛЕМА...
ИЗ-ЗА НЕХВАТКИ ЛЮДЕЙ ПРОЕКТ ОТСТАЕТ НА ШЕСТЬ НЕДЕЛЬ.
С. Адамс E-Mail: SCOTTADAMS@AOL.COM
АНАЛИЗ...
НЕ МОГУ ДОБАВИТЬ ЛЮДЕЙ... НЕ МОГУ СДВИНУТЬ СРОК... НЕ МОГУ ВСЁ ЭТО ИГНОРИРОВАТЬ...
2/17
© 1995 United Feature Syndicate, Inc. (NYC)
РЕЗУЛЬТАТ...
ПОКА СИТУАЦИЯ НЕ УЛУЧШИТСЯ, ОН ХОЧЕТ ЕЖЕДНЕВНЫЕ ОТЧЕТЫ.

Я ЗАКРЫВАЮ ВАШ ПРОЕКТ И ПЕРЕДАЮ ДЕНЬГИ ПРОЕКТУ С БОЛЕЕ ПРИЯТНЫМ НАЗВАНИЕМ.
С. Адамс E-Mail: SCOTTADAMS@AOL.COM
ХА! ШУЧУ В ОТВЕТ! Я ИЗНАЧАЛЬНО ЖДАЛ ЭТОГО ХОДА И НИ ШИША НЕ ДЕЛАЛ, А ПРОСТО НЕДЕЛЯМИ ТАСКАЛ ПУСТЫЕ ПАПКИ!
© 1994 United Feature Syndicate, Inc.
ОТ ХОРОШЕЙ РАБОТЫ НЕ ПОЛУЧАЕШЬ ТАКОГО УДОВЛЕТВОРЕНИЯ, КАК ТЫ ДУМАЕШЬ, ПЁСБЕРТ.

Я ДЕЛАЮ ВАС ОТВЕТСТВЕННЫМ ЗА ВАЖНЫЙ ПРОЕКТ, ФИНАНСИРУЕМЫЙ В ПОЛНОМ ОБЪЕМЕ.
ЖУТЬ
С. Адамс E-Mail: SCOTTADAMS@AOL.COM
Я ВИДНЫЙ ЧЕЛОВЕК. ДРУГИЕ БУДУТ СТАРАТЬСЯ ИЛИ ПОДЛИЗАТЬСЯ КО МНЕ РАДИ ДЕНЕГ, ИЛИ ЗАБРОСАТЬ КИРПИЧАМИ.
ДРУЖИЩЕ!
© 1994 United Feature Syndicate, Inc.
ГЛАВНОЕ – ПРИКРЫТЬ ВСЕ МЕСТА, КОТОРЫЕ МОЖНО ЛИЗНУТЬ.
ССВИСТ!

ЗАКРЕПЛЯЮ ВАС ЗА ПРОЕКТОМ, КОТОРЫЙ НАВЕРНЯКА НЕ ПОГИБНЕТ.
ОН НРАВИТСЯ ВСЕМ СЛИШКОМ СИЛЬНО, ЧТОБЫ ЗАКРЫТЬ ЕГО, НО СЛИШКОМ СЛАБО, ЧТОБЫ ДАТЬ НА НЕГО ДЕНЬГИ.
АЙ-АЙ!!!
ОТПРАВЛЯЙТЕСЬ ТУДА И ПОДДЕРЖИВАЙТЕ СТАТУС-КВО!
НЕ НАДО ВАМ СМЕШИВАТЬ ЧЕСТНОСТЬ С ПРИЗЫВНЫМИ РЕЧАМИ.
С. Адамс E-Mail: SCOTTADAMS@AOL.COM
© 1994 United Feature Syndicate, Inc.

ПРОШУ ИЗУЧИТЬ ВАРИАНТЫ ДЛЯ ПРОЕКТА «ЗЕБРА» И ПРЕДСТАВИТЬ РЕКОМЕНДАЦИИ.
ПЕРЕВОД: «ЧИТАЙ МОИ МЫСЛИ И РЕКОМЕНДУЙ ВАРИАНТ, КОТОРЫЙ Я УЖЕ ВЫБРАЛ».
СРАЗУ ЗАЙМУСЬ!
ПЕРЕВОД: «Я НА КРЮЧКЕ. ПОЙДУ-КА ВМЕСТО ВАРИАНТОВ ПОСМОТРЮ В ИНТЕРНЕТЕ ГНУСНЫЕ КАРТИНКИ».
С. Адамс E-Mail: SCOTTADAMS@AOL.COM
© 1995 United Feature Syndicate, Inc. (NYC)

ПОРУЧАЮ ВАМ ВОЗГЛАВИТЬ ПРОЕКТ «МОЗГ».
ДИЛБЕРТ
«МОЗГ» – ЭТО АББРЕВИАТУРА ДЕВИЗА «МАССА ОТЛИЧНОГО ЗА ГРОШИ».
ВАША ЗАДАЧА – РЕКОМЕНДОВАТЬ ТАКИЕ ПУТИ РОСТА ПРИБЫЛИ, ДАБЫ И НЕ ТРАТИТЬ ДЕНЬГИ, И НИЧЕГО НЕ МЕНЯТЬ.
ЧТОБЫ ДЕЛАТЬ ДЕНЬГИ, НУЖНО ТРАТИТЬ ДЕНЬГИ.
ЕСЛИ БЫ У НАС БЫЛИ ДЕНЬГИ, ЧТОБЫ ТРАТИТЬ, НЕ НАДО БЫЛО БЫ ИХ ДЕЛАТЬ.
ХМ
НО СУТЬ В ТОМ, ЧТО МОЖНО СДЕЛАТЬ БОЛЬШЕ ДЕНЕГ, ЧЕМ ПОТРАТИШЬ.
НЕ УЛАВЛИВАЮ ВАШУ «СУТЬ».
РАССУЖДАЯ ЛОГИЧЕСКИ, ВСЁ, ЧТО Я НЕ ПОНИМАЮ, НЕВАЖНО.
ЖДУ ОТЧЕТ ЗАВТРА.
ТАК ВЫ РЕКОМЕНДУЕТЕ... ЗАМЕНИТЬ ВСЕХ НАЧАЛЬНИКОВ ТОРШЕРАМИ?
ВОТ ПАРА БАКСОВ НА ТОРШЕРЫ.
С. Адамс E-Mail: SCOTTADAMS@AOL.COM
© 1995 United Feature Syndicate, Inc.

20

СТАНДАРТЫ ISO[1] 9000

Если ваша фирма не подключилась к тому, что именуется ISO 9000, вы, скорее всего, понятия не имеете об этом деле. Если же ваша фирма вовлечена в ISO 9000, тогда вы наверняка ничего не знаете. Не спрашивайте и у меня, что это за зверь; я тоже не в курсе. Но я собрал в одну кучу достаточно свидетельств, чтобы сформировать рабочую теорию.

Она такова: группа скучающих европейцев перебрала пива «Heineken» и решила сыграть над большими мировыми корпорациями изысканную шутку. Шутка стала известной под названием ISO 9000 — по числу банок пива, употребленных той ночью. (Аббревиатура «ISO» — либо нечто неудобоваримое, либо, возможно, одно из четырех сотен слов общеевропейской фени, означающее: «Исо! Тайте исо пифо!»)

Перепившие европейцы правильно сообразили, что любой метод управления, придуманный какой-то глупой задницей,

---

[1] Аббревиатура ISO (International Standards Organization) означает Международная организация по стандартизации. — *Прим. перев.*

может стать повальным всемирным увлечением, если только они сумеют сохранять каменное лицо, рассказывая о нем разному народу. Их «идея» состояла в следующем: если фирмы станут документировать каждую процедуру и расписывать все должностные обязанности, это позволит решить большую проблему, стоящую перед каждой организацией, а именно — что делать со свободным временем сотрудников.

Как и предсказывали шутники, до клиентов дошли слухи о преимуществах ISO 9000 и они начали требовать, чтобы их поставщики освоили эту кухню. Если вы не соответствуете требованиям ISO 9000, — рассуждали эти люди, — то кто знает, что вы вытворяете в свое свободное время?

Менеджеры больших компаний начали документировать всё, что делалось в фирме, и клеить ярлычки с каллиграфическими названиями на каждый инструмент, который использовали. Это была безумная лихорадка наклеивания и документирования, документирования и наклеивания. Медлительные сотрудники уходили домой только ночью и отмокали в ванне, чтобы снять ярлыки, которые пришлепнули к их спинам чрезмерно усердные коллеги. Выглядели они уродливо.

Но усилия были вознаграждены — для консультантов. Консультанты, которые переживали тяжкие времена, продавая программы «Качество», быстро перестроились и стали именовать себя экспертами по ISO 9000. Нетренированному глазу могло бы показаться, что программы «Качество» и ISO 9000 никак не соотносятся. Я тоже был в затруднении, пока один консультант не растолковал мне это следующим образом: «ISO 9000 тесно связано с "Качеством", поскольку всё, что вы делаете, — это "Качество", а ISO 9000 документирует всё, что вы делаете; поэтому деньги на бочку».

Не думаю, что кто-либо из нас может с этим поспорить.

ISO 9000 В КАРТИНКАХ

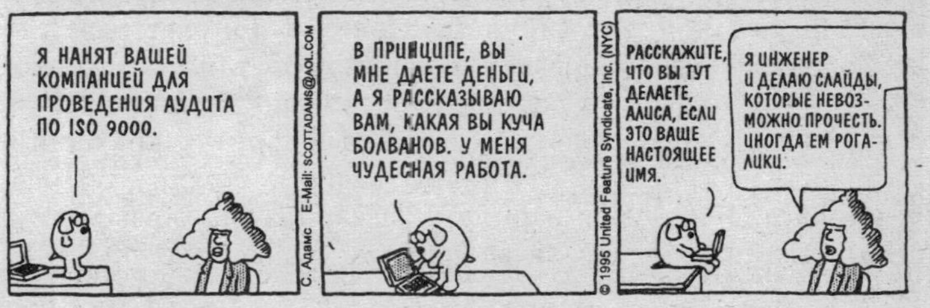

21

СОКРАЩЕНИЯ

Когда в 1979 году я приступил к работе, слово «сокращение» еще не обрело такой популярности. Новичок мог зарыться где-то в бюрократической чащобе и свить себе там гнездышко, которого должно было хватить на несколько десятилетий. Я себя чувствовал как маленький счастливый термит, живущий в викторианском особняке, к которому вечно достраивалась еще одна комната. Я получал зарплату за зарплатой, грыз науку, и никто даже не замечал на ее граните крошечных следов от моих зубов.

Помню свою первую «штатную» должность в большом банке. Это был 1980 год, Сан-Франциско. Мы с партнером по фамилии Дин вылетели из программы обучения менеджеров, и нас сунули в «спецпроект».

Термин «спецпроект» означает: «Все реальные вакансии заполнены людьми, которые на первый взгляд кажутся чуть компетентнее тебя». В моем случае так оно, конечно, и было. Дин довольно неплохо строил из себя человека сведущего, но у него имелась теория, будто он наказан за какие-то слова, сказанные неведомо кому.

Наша задача состояла в построении компьютерной информационной системы для филиалов банка. Для такой работы мы были идеальными людьми: Дин однажды видел компьютер, а я слышал разговоры Дина по этому поводу.

Нашим офисом была пустующая кладовка в подвале рядом с подземным гаражом, достаточно большая для того, чтобы вместить два искалеченных стола и несколько скрипучих стульев. В помещении были голые белые стены, пол без всякого покрытия, окна отсутствовали, зато в избытке имелось раздражающе гулкое эхо. Всё это походило на тюремную камеру, но без доступа к библиотеке и к бесплатным весам.

Иногда я пробовал позвонить другим людям на фирме, чтобы получить от них информацию, важную для нашего проекта. Ответ был всегда одинаков: «Кто вы такой и почему хотите это знать?»

Я пробовал выдавать себя за кого-то важного, называя старшего вице-президента по имени и напирая, что судьба всего свободного мира зависит именно от этой жизненно необходимой информации. Например: «Это нужно Биллу... для сохранения независимости нашей великой страны».

Но почему-то мои собеседники всегда вычисляли, что я парень двадцати двух лет с плохой стрижкой и дешевым костюмом, сидящий в каморке неподалеку от гаража. А если я в тот день излучал особую харизму, они бывали столь любезны, что прежде, чем повесить трубку, обругивали меня только предпоследними словами.

В конечном счете мы с Дином сникли и просиживали день за днем в нашей небольшой и голой комнатушке, сплетничая о коллегах, подбивая баланс в своих чековых книжках и фантазируя насчет того, светит ли сегодня солнце. Когда нам это до смерти надоело, мы строили гипотезы по поводу информации, в которой нуждались, и дискутировали об этом часами, пока оба не обретали наконец уверенности, что знаем, какой она «должна» быть. В итоге мы оформили свои домыслы в качестве «требований пользователей» и передали девушке по имени Барбара, которая запрограммировала искомую систему приблизительно за две недели. Весь проект занял около года, ибо он не принадлежал к тем, которые зовут вас мчать галопом.

Когда дело было сделано, результаты работы системы оказались огорчительно неточными, но начальник уверил нас, что всё хорошо, поскольку он использовал только те цифры, которые так или иначе поддерживали его изначальное мнение.

Именно в течение того года я понял, что мир будет функционировать по-прежнему, если фирмы наймут гораздо меньше людей моего покроя. В последующие годы менеджеры во всем мире пришли к тому же выводу. Это была заря эры массовых сокращений.

Первый раунд сокращений ликвидирует людей вроде Дина и меня[1] — занимающих должности, которые по идее звучат хорошо, но никому не дают ничего ценного. Фирма улучшает свой баланс, и никто из-за этого не вынужден работать интенсивнее.

Второй раунд сокращений оказался жестче. Оставшимся сотрудникам пришлось больше трудиться, чтобы выполнить обязанности убывших коллег. Но во многих случаях у них был «ненормированный рабочий день», а это означало, что они будут работать дополнительные часы, не разводя чрезмерного кудахтанья насчет дополнительной оплаты. Результат: фирмы улучшили свою доходность. Они поняли, что нашли победоносную стратегию.

Третий раунд сокращений ликвидировал — и в огромных количествах — существенно необходимые рабочие места, но главным образом в тех областях, где последствия были незаметны по крайней мере в течение года. Это коснулось служб научных исследований, разработки новых систем, обучения и т. п. Результат: фирмы вновь улучшили свою доходность. Казалось, у колодца сокращений нет дна.

Те смелые фирмы, которые стали обдумывать четвертый раунд сокращений, во многом уповали на «реструктуризацию», которая обещала высвободить еще больше человеческого

---

[1] Мы с Дином пережили все сокращения, предвидя, где они случатся, и ускользая в более безопасные области.

кокса, чтобы подтопить жаровню сокращений. (Ученое исследование реструктуризации смотрите в главе 23.)

Для менеджеров секрет надлежащего проведения сокращений в том, чтобы принимать во внимание вопросы психологического воздействия. Эксперименты на лабораторных животных показывают, что если непрерывно воздействовать на прочно привязанную собаку сильными электрическими импульсами, то в конечном итоге ваш счет за электроэнергию вырастет настолько, что вы обозлитесь на собаку. Эту же медико-биологическую теорию фирмы применяют в ходе сокращений. Первые их раунды обычно затрагивают людей, которых так или иначе никто не находит приятными. От таких избавляются легко. Ко времени последующих раундов начальники начинают искренне ненавидеть остающихся сотрудников. Бессердечие боссов доходит до того, что они запросто могут уволить членов собственной семьи, мурлыча при этом себе под нос популярные мелодии. Вот тогда-то и начинается реальная экономия.

Из электронной почты...

От: (имярек)
Кому: scottadams@aol.com

Скотт!

Нечто новое:
Вы знаете о фирмах, пробующих придерживаться тактики «голодания и похудания». Подруга говорит, что ее фирма пошла гораздо дальше. Теперь их тактика — «кожа да кости».

МОЙ СОБСТВЕННЫЙ ОПЫТ СОКРАЩЕНИЙ

В ходе банковской стадии своей карьеры я имел возможность поработать на разнообразных должностях, для которых не обладал ни малейшей квалификацией. К счастью, нигде я не влиял на финансовые результаты своей фирмы, так что моя некомпетентность не причиняла особого ущерба местной экономике.

Как-то я занимался рассмотрением и утверждением заявлений на предоставление коммерческих ссуд по программе «Профессиональные кредиты» (деловые займы для врачей), хотя сам ссуд никогда не брал и вопросам кредитования не обучался. Ветеранам кредитного фронта дали инструкцию передавать поступавшие к ним просьбы о ссуде в наш отдел для одобрения. Каждый пакет с заявкой рассматривался всеми пятью членами группы (на случай, если кто-то по невнимательности пропустит что-либо), и затем мы передавали всё нашему шефу для «настоящего» утверждения. Хотя я и не имел никакой формальной подготовки, но на этой работе узнал многое:

- Доктора — плохие клиенты, ибо могут выписывать самим себе любые лекарства, в том числе наркотики.
- По словам моего экс-шефа, все китайские клиенты жульничают с налогами и благодаря этому с избытком располагают наличностью для погашения ссуд. (Позже я понял, что это обобщение было несправедливым.)
- Если твой коллега каждый день приносит кофейную кружку в мужской туалет, чтобы вымыть ее, можно смело сообщать всем, что он пьет кофе сидя на унитазе.

Когда сокращения начались, особого вреда они не причиняли. Вместо пяти человек, мало что дающих банку, мы имели четырех, затем троих и, наконец, одного меня. Каждому я теперь сообщал, что «делаю работу за пятерых». Никто мне не сочувствовал, потому что, если верить слышанному, любой встречный и поперечный «делал работу за пятерых».

В конечном счете я оставил эту службу. В течение прошедших с того момента тринадцати лет работу пятерых делали ноль человек, но никаких жалоб не поступало. Это — достаточно ясный признак того, что у сокращений большое будущее.

УМНЫЕ — ШАГ ВПЕРЕД

Пессимисты указывают, что первыми из ужимаемых фирм сбегают яркие личности, которые сперва получают выходное пособие за добровольное увольнение, а затем немедленно устраиваются в другом месте на лучшую работу; оставшиеся тупицы работают плохо, но компенсируют это долгими часами труда, производя при этом больше работы низкого качества в расчете на человека, чем когда-либо прежде. Пессимисты пытаются заставить нас огорчаться из-за этого.

Я был одним из тех, кто выжил после всех ранних раундов сокращений, посему знаю, что пессимисты неправы. Вопреки их мрачной и мелкой «логике», после сокращений я отнюдь не стал работать много, но с низким качеством. По правде говоря, я перешел на должность «стратега», где вообще ничего не делал.

После того как все яркие люди сбежали, фирмы осознали, что для поддержания морального духа на высоком уровне им следовало бы придать сокращению более положительное звучание[1]. Тут понадобилось творчество: последовательно изобретались более благозвучные фразы, которые по существу означали одно и то же:

«Вы уволены». (1980)
«Вы освобождены от работы». (1985)
«Вы вовлечены в процесс сокращения». (1990)
«Вы помогаете оптимизировать размер фирмы». (1992)

Ожидаю продолжения данной тенденции. В пределах следующих пяти лет вы увидите следующие формулировки:

«Вы осчастливлены!»
«Вы улажены!»
«Вы оргазмированы!»

Из электронной почты...

Кому: scottadams@aol.com

Скотт!

Здесь в [название фирмы] придумали новый способ сообщить человеку, что его собираются уволить; это у них называется: «включить в мобильный пул».

---

[1] По неясным причинам моральный дух был низок у тех сотрудников, кто понял, что их рабочая нагрузка утроилась, жалованье осталось неизменным и вдобавок они еще оказались теми, кто остался, когда «хорошие люди» ушли.

СОКРАЩЕНИЕ В КАРТИНКАХ

НАШ ПРЕЗИДЕНТ ДЛЯ СНИЖЕНИЯ ЗАТРАТ ОБЪЯВИЛ 10-ПРОЦЕНТНОЕ СОКРАЩЕНИЕ ШТАТОВ.

ВОПРОС: РАЗВЕ ЕМУ НЕ ЗАПЛАТИЛИ В ЭТОМ ГОДУ 20 МИЛЛИОНОВ ДОЛЛАРОВ?

ДА...

РИСКОВАННЫЕ ДОЛЖНОСТИ ЗАСЛУЖИВАЮТ ВЫСОКОГО ЗАРАБОТКА.

ВОПРОС: РАЗВЕ ВЫ НЕ СКАЗАЛИ, ЧТО СОКРАЩАЮТ НАС?

СОКРАЩАЕМЫХ ОТБЕРУТ, БРОСАЯ С ЗАВЯЗАННЫМИ ГЛАЗАМИ СТРЕЛКУ В ОРГСХЕМУ.

АЙ!

ВЫ СРАЗИЛИ ДЖОНСОНА!

ВОТ ЧТО ЗНАЧИТ УМЕЛО ПРИНЯТЬ РЕШЕНИЕ!

МНЕ ПОРУЧЕНО УРЕЗАТЬ ШТАТ ИНЖЕНЕРОВ. РАЗМЫШЛЯЮ, КТО ЦЕННЕЕ, ЧТОБЫ ИХ ОСТАВИТЬ.

СЛЫШАЛ МНОГО ХОРОШЕГО ПРО ОБЕЗЬЯНКУ ЗИМБУ. КТО ИЗ ВАС ЗИМБУ?

ЭТО НЕ САМЫЙ СЛАВНЫЙ МОМЕНТ В МОЕЙ ПРОФЕССИОНАЛЬНОЙ КАРЬЕРЕ.

МНЕ ПРЕДСТОИТ ТРУДНОЕ РЕШЕНИЕ — КОГО ИЗ ВАС УВОЛИТЬ.

ХОЧУ ОСТАВИТЬ СОТРУДНИКА С НАИБОЛЕЕ ПРОФЕССИОНАЛЬНЫМ ИМИДЖЕМ.

ТАК ОНА БУДЕТ ВЫГЛЯДЕТЬ ВЕСЬМА ГЛУПО.

ДЛЯ ПРОВЕДЕНИЯ СОКРАЩЕНИЯ Я ВЗЯЛ НОВОГО ЗАМА ПО КАДРАМ.
С. Адамс E-Mail: SCOTTADAMS@AOL.COM
МНЕ НУЖЕН ТОТ, КТО ВЫГЛЯДИТ ДРУГОМ, НО ВТАЙНЕ УПИВАЕТСЯ ВСЕОБЩИМ НИЧТОЖЕСТВОМ.
© 1995 United Feature Syndicate, Inc. (NYC)
НАМ НАДО ПОГОВОРИТЬ, ПОЛ. НО СПЕРВА Я СЯДУ ТЕБЕ НА ПЛЕЧО И ПОТРУСЬ.
ХЕ-ХЕ!!! ЭТО ОЧЕНЬ МИЛО!

КОТБЕРТ – ЗАМ ПО КАДРАМ
ВОТ НОВАЯ ОРГСТРУКТУРА. МОЖЕТ, ВЫ ТАМ ЕСТЬ, А МОЖЕТ, И НЕТ.
С. Адамс E-Mail: SCOTTADAMS@AOL.COM
О-О-О! ПРЕКРАСНАЯ ПОПЫТКА! СОВСЕМ БЛИЗКО. НО СЛАБОВАТО.
© 1995 United Feature Syndicate, Inc. (NYC)
ПРИЯТНО ПОИГРАТЬ С НИМИ, ПЕРЕД ТЕМ КАК СОКРАТИТЬ.

КАК ВАШ КОНСУЛЬТАНТ ДЛЯ ПРОВЕДЕНИЯ СОКРАЩЕНИЯ РЕКОМЕНДУЮ «ГОРШКОМАТ».
С. Адамс
«ГОРШКОМАТ», ИМИТИРУЮЩИЙ ТУАЛЕТ, УВОЛЬНЯЕТ КОГО ПОПАЛО, НАЛЕПИВ ЕМУ НА ЗАД ПРИКАЗ И КАТАПУЛЬТИРОВАВ ЗА ОКНО.
© 1992 United Feature Syndicate, Inc.
НО Я НЕ БУДУ ВИДЕТЬ ВЫРАЖЕНИЯ ИХ ЛИЦ.
МОЖНО ШВЫРЯТЬ ИХ В ПОЛЕ ЗРЕНИЯ ТЕЛЕКАМЕР ОХРАНЫ.

ВЫ УВОЛЕНЫ, УОЛЛИ, НО В ПОРЯДКЕ ЗАБОТЫ МЫ НАНЯЛИ АГЕНТСТВО ПО ТРУДОУСТРОЙСТВУ, ЧТОБЫ ПОМОЧЬ ВАМ.
С. Адамс E-Mail: SCOTTADAMS@AOL.COM
ВЫ ПОЛУЧИТЕ СОБСТВЕННУЮ КАБИНКУ И ДОСТУП К КСЕРОКСУ.
© 1994 United Feature Syndicate, Inc.
А ЧТО МНЕ КОПИРОВАТЬ?
ПРОЕЗДНЫЕ БИЛЕТЫ, МАРКИ, БАНКНОТЫ И ПРОЧЕЕ.

251

ЗАЛ ЗАСЕДАНИЙ ПРАВЛЕНИЯ
КОНКУРЕНТЫ ПИНАЮТ НАС ПОД ТОЛСТЫЕ ЗАДЫ.
С. Адамс E-Mail: SCOTTADAMS@AOL.COM
Я ПРИВЛЕК ПЁСБЕРТА УВОЛЬНЯТЬ ЛЮДЕЙ, ПОКА МЫ НЕ СТАНЕМ СИЛЬНЕЕ КОНКУРЕНТОВ.
© 1994 United Feature Syndicate, Inc.
А КАК БЕЗ ЛЮДЕЙ БУДЕТ ДЕЛАТЬСЯ РАБОТА?
НАДО СОЗДАТЬ ЦЕЛЕВУЮ ГРУППУ ДЛЯ ИЗУЧЕНИЯ ЭТОГО ВОПРОСА.

МЕНЯ ПОПРОСИЛИ СНИЗИТЬ ЧИСЛЕННОСТЬ.
С. Адамс E-Mail: SCOTTADAMS@AOL.COM
ВО ИЗБЕЖАНИЕ НЕСПРАВЕДЛИВОСТИ Я СОЗДАЛ НАУЧНЫЙ АЛГОРИТМ ДЛЯ ВЫБОРА УВОЛЬНЯЕМЫХ.
© 1994 United Feature Syndicate, Inc.
А Я ДУМАЛ, ВЫ УВОЛЬНЯЕТЕ ЛИЦ С САМЫМИ ВЫСОКИМИ ЗАРПЛАТАМИ.
НУ, ВОЗМОЖНО, АЛГОРИТМ – СЛИШКОМ СИЛЬНО СКАЗАНО.

В ОДНОМ ИЗ ЭТИХ ПИРОЖКОВ – ПРИКАЗ НА УВОЛЬНЕНИЕ ТОГО, КОМУ ОН ДОСТАНЕТСЯ.
С. Адамс E-Mail: SCOTTADAMS@AOL.COM
ПОХОЖЕ, ЭТО САМЫЙ ГУМАННЫЙ СПОСОБ СНИЖЕНИЯ ЧИСЛЕННОСТИ.
© 1994 United Feature Syndicate, Inc.
НУ И КАК ПИРОЖКИ?
ПЕРВЫЕ ДВА БЫЛИ ОТЛИЧНЫЕ, А ТРЕТИЙ – С БУМАЖНОЙ НАЧИНКОЙ.

ФИРМЫ, ГДЕ ВСЁ ЕЩЕ СЛИШКОМ МНОГО СОТРУДНИКОВ

От: (имярек)
Кому: scottadams@aol.com

Скотт!

Всю пятницу до обеда я провела на ежеквартальном общем собрании [фирмы]. Пришлось пожертвовать половиной дня моей жизни ради футболки, в данном случае очень симпатичной.

Помимо этого вручалась премия по программе «Методология».

Награду за лучшую новую методологию получила группа, разработавшая методологию определения победителей различных программ.

От: (имярек)
Кому: scottadams@aol.com

Скотт!

В моей фирме создан координационный комитет для пяти целевых групп, работающих над проблематикой служебного климата в подразделениях.

Миссия комитета — координировать деятельность этих групп. А их задача — собрать информацию и дать рекомендации по методологии подготовки плана изучения проблемы служебного климата...

Я ничего не выдумываю, вы же меня отлично знаете!!!

От: (имярек)
Кому: scottadams@aol.com

Скотт!

На прошлой неделе один из наших руководителей собрал в большом зале весь женский персонал с целью сообщить, что кто-то крадёт туалетную бумагу из женской уборной и с этим пора кончать.

Разве это не смехотворно? Только вообразите затраты на попытки этого начальника отслеживать расход туалетной бумаги, а также убыток из-за того, что половине фирмы пришлось сидеть на этом собрании, вместо того чтобы продуктивно работать. Я уверена, что затраты на охрану злополучной бумаги и на воспитательные меры превышают стоимость пары «украденных» рулончиков!

Впрочем, возможно, не всё пошло впустую; этот туалетно-бумажный сюжет в чём-то помог пробудить в людях тягу к творчеству, чего обычно в нашей зажатой правилами бюрократической среде не наблюдается. Пребывая в хорошем настроении, некоторые впали в раж и написали по этому поводу анонимки, а кто-то дошёл до того, что решил направить обвинения в краже на конкретную особу, сунув рулон туалетной бумаги в ящик письменного стола одной женщины и вытащив оттуда его кончик на ковер так, чтобы это было видно из соседней кабинки! Кроме того, появилась масса стишат и каламбуров на данную тему, и т. д.

От: (имярек)
Кому: scottadams@aol.com

Скотт!

Я ничего не выдумываю.

В нашей фирме из всех менеджеров, начиная от второго уровня и выше, была сформирована огромная комиссия, призванная заняться теми сферами, по поводу которых сотрудники в одном из недавних опросов высказывали беспокойство.

Набралось этих «комиссаров» не меньше сотни. И они придумали множество веселых предложений. Вот самое лучшее.

Была образована подкомиссия с целью выявления и ликвидации «балласта». Она выдала два предложения:

(1) Создать горячую линию «Балласт». Любой сотрудник мог позвонить и обвинить сослуживца в том, что тот является «балластом», после чего будет немедленно начато расследование. Паранойя.

(2) Поручить особым группам начальников среднего звена прохаживаться по холлам и коридорам в поисках балласта. Я назвал их «балластными патрулями». Понятия не имею, как они собирались внедрять это новшество.

И все-таки счастлив сообщить, что они не прошли испытания смехом перед исполнительной дирекцией фирмы.

От: (имярек)
Кому: scottadams@aol.com

Скотт!

Вот копия ПОДЛИННОГО (кроме шуток!) распоряжения, которое было разослано всего несколько дней назад.
— Распоряжение —

За последние несколько месяцев затраты на проведение наших ежемесячных собраний за чашкой кофе чрезвычайно возросли. Значительная часть этого прироста вызвана тем, что на каждое собрание требуется всё больше булочек.

Причина не в том, что у нас из месяца в месяц становится больше людей; просто, когда дело доходит до булочек, наблюдается недостаток добропорядочности. Те, кто приходит на совещание раньше других, берут сразу по три или четыре штуки, не оставляя тем самым ничего для прибывших немного позже и вынуждая кафетерий поставлять всё больше выпечки. В дополнение к этому имеются лица, которые не посещают собраний, а просто заходят взять одну-две булочки. С этим пора кончать.

Поэтому, начиная с собрания в феврале, впредь на все последующие мероприятия будут выдаваться «продовольственные талоны». Талон даст предъявителю право на одну порцию кофе или газированного напитка объемом 200 миллилитров и на одну булочку или свежий фрукт. Полагаю, что это поможет устранить неумеренность, присущую ряду наших сотрудников, и, разумеется, снизит ежемесячные расходы.

Наши очередные встречи намечены на 13, 14 и 15 февраля. До этого времени прошу обратиться в секретариат для получения причитающихся талонов с целью последующего распределения по своим подразделениям. Указанные талоны должны выдаваться сотрудникам непосредственно перед началом соответствующего собрания. В случае утери дубликаты не предусмотрены. Данные талоны действительны только на февральские собрания. Одному участнику причитается один талон.

Заранее высоко ценю вашу помощь в данном вопросе. При наличии любых вопросов прошу обращаться ко мне.

— Конец распоряжения —

От: (имярек)
Кому: scottadams@aol.com

Скотт!

Вы еще не в курсе позабавившего нас перечня различных фундаментальных заповедей из специальной публикации, которую мы готовили для чиновников.

Служивый люд запечатлел там замечательные мысли, которые фигурировали, к примеру, на оберточной бумаге, приклеенной на стену в мясной лавке. Некоторые переписчики оказались не особо внимательными. Скажем, исходная заповедь гласила: «НЕ ПРОДАВАЙ ПОСЛЕ ЗАКРЫТИЯ». А переделка предупреждала: «НЕ ПРЕДАВАЙ ПОСЛЕ ЗАКЛЯТИЯ». Но мы так и оставили. По-моему, только один мелкий начальник подсек это и засомневался. Впрочем, он разрешил оставить всё как есть.

От: (имярек)
Кому: scottadams@aol.com

Скотт!

Вот вам кое-какая подкормка.

Программист из отдела АСУ написал полезную программу для отдела X. Этот отдел провел совещание с отделом АСУ в надежде оформить и развить указанную программу. Отдел АСУ заявил, что подобный проект вообще не может быть реализован.

Отдел X ответил, что такая программа уже существует!

На следующий день в отделе X обнаружили, что рассматриваемая программа исчезла из их компьютеров.

Проект так никогда и не был осуществлен.

КАК МАСТЕРСКИ ПРОВОДИТЬ СОКРАЩЕНИЕ

> От: (имярек)
> Кому: scottadams@aol.com
>
> Скотт!
>
> Я только получила по почте от фирмы уведомление, говорящее о запланированном проведении особого Дня, во время которого предполагается следующее: люди, покидающие фирму в рамках программы «Добровольное сокращение персонала», будут сидеть в кафетерии с идентификаторами в лацканах, а остающиеся придут поглазеть на них.
>
> Предполагается также аукцион тортов. Не уверена, какова его цель, но, видимо, если выручка от продаж окажется достаточной, часть ушедших сможет вернуться на работу или что-то в этом роде. Сам не знаю почему, но всё это кажется мне какой-то дикостью родом из картины «Зеленый Сойлент»[1].

> От: (имярек)
> Кому: scottadams@aol.com
>
> Скотт!
>
> Большая компания, где я работаю, недавно опубликовала руководящие принципы своего нового плана перемещений сотрудников, иначе говоря, сокращений.
>
> Этот документ разослали каждому работающему, что привело к резкому повышению морального духа.
>
> Среди «основных аспектов и достоинств» плана указывается «преимущество перед конкурентами». Это заставило меня подумать: «Гм-м. Неужто план перемещений сотрудников и впрямь дает данной фирме преимущество перед конкурентами? И станет ли политика сокращений частью информации, сообщаемой тем, кто хочет устроиться сюда на работу?»

---

[1] Ставшая классикой научно-фантастическая лента (1973) режиссера Р. Флейшера, действие которой происходит в вымышленном государстве, где людоедство возведено в норму и законодательно разрешено. — *Прим. перев.*

От: (имярек)
Кому: scottadams@aol.com

Скотт!

Недавно я узнал, что на одном из заседаний правления наш вице-президент представил прогноз на ближайший год. В ходе речи он упомянул, что в фирме больше не будет поста заместителя директора по маркетингу.

Вы угадали! Следующим оратором, которому предстояло изложить свой прогноз, был зам по маркетингу, и именно таким способом он был проинформирован о своих профессиональных перспективах. Двумя неделями позже он ушел.

Надеюсь, это не повлияло на качество его выступления.

От: (имярек)
Кому: scottadams@aol.com

Скотт!

Я сегодня получил отвратительный урок унижения сотрудников фирмой. Массу работающих вынудили позвонить по определенному номеру телефона, чтобы узнать, не уволены ли они. Администрация разослала этот номер через электронную почту, а мы набирали его и выясняли: то ли ты еще живой, то ли тебя уже списали в расход.

Неплохо задумано, а? Знаете, народ высказывался, что всё это страшно напоминает Дилберта. Мой вариант таков: на работе оставляли (в классическом стиле диск-жокеев музыкальных радиостанций) только каждого седьмого из позвонивших или что-то в этом духе...

От: (имярек)
Кому: scottadams@aol.com

Скотт!

Моральный дух в моем отделе настолько низок, что для его поднятия фирма прислала из другого города некоего «спеца по промывке мозгов». Он, правда, и сам был как в воду опущенный — вероятно, потому, что и ЕГО должность тоже стала объектом реструктуризации и в следующем году подлежала ликвидации.

Он беседовал с несколькими группами насчет того, что дела вообще идут скверно и т. д., но суть его речей была такова: «Ну, если вы думаете, что у вас тут плохо, то послушайте мою историю».

После небольшого расследования я установил, что страховка в этой фирме не предусматривает никаких иных программ компенсации, кроме фирменного психиатра, которого нам и подсунули.

22

КАК УЗНАТЬ, ЧТО ВАША ФИРМА ОБРЕЧЕНА

Может статься, что вы работаете в фирме, которая обречена. Проверьте наличие следующих смертоносных факторов.

ПРЕДВЕСТНИКИ ОБРЕЧЕННОСТИ

- Кабинки
- Командные действия
- Презентации для руководства
- Реорганизации
- Процедуры

КАБИНКИ

В предположении, что компьютер не сделал вас бесплодным, когда-нибудь ваши потомки оглянутся назад и будут поражены, что люди нашего поколения работали в сооружениях, именуемых кабинками. Они станут взирать на нашу жизнь во многом так, как мы сегодня рассматриваем рабочих времен индустриальной революции, которые (я слыхал) трудились по двадцать три часа в сутки, производя прочные стальные изделия, причем исключительно с помощью собственных лбов.

Вообразите недоверие наших правнуков, когда они прочтут истории о том, как мы вынуждены были целыми днями сидеть в больших коробках, терпя поток раздражающих шумов и ароматов, да еще к тому же испытывая постоянные помехи в работе. Они подумают, что всё это было итогом некоего жестокого эксперимента.

Ученый: Всякий раз, когда вы начнете концентрироваться, это устройство на столе будет громко звонить, чтобы отвлечь вас.

Сотрудник: Угу. Ладно.

Ученый: Если ваш уровень стресса нормализуется, мы сделаем так, чтобы сюда заскакивал шеф с экстренным поручением, которое провалялось на его столе до тех пор, пока не оказалось просроченным.

Сотрудник: Что именно предполагается выявить этим исследованием?

Ученый: В действительности ничего. Мы просто любим устраивать людям подобные вещи во время своего обеденного перерыва.

Повсеместное использование кабинок — прямой результат более ранних лабораторных тестов на крысах.

В начале шестидесятых годов крыс поместили в миниатюрные кабинки и поставили перед ними ряд бессмысленных целей. Сначала крысы носились вокруг, взволнованно отыскивая сыр. В конечном счете они поняли, что их усилия всё равно не будут вознаграждены. Животные впали в режим посещения совещаний, где они жаловались на изъяны обучения и тренировок. Исследователи маркировали этих крыс как «плохих командных игроков» и в дальнейшем игнорировали их. Многие из указанных крыс сдохли или сбежали, тем самым сокращая поголовье. Фирмы услышали о новом методе сокращения численности и начали переводить сотрудников в одноместные кабинки[1].

Если ваша фирма уже обзавелась кабинками, само по себе это не обязательно свидетельствует о ее обреченности. Но если фирма движется по пути уменьшения размера кабинок или увеличения количества людей в каждой из них, вы обречены.

КОМАНДНЫЕ ДЕЙСТВИЯ

Если в вашей фирме много разговоров о командных действиях, вы обречены.

Вся концепция «командных действий» изменилась, когда из мира спортивных игр ее перенесли в мир бизнеса. В баскетболе хороший командный игрок — тот, кто умело распасовывает мячи. Если вы включите в баскетбольную команду бизнес-

---

[1] Некоторые фирмы и сегодня держат крыс в штате, как правило, на должностях ревизоров или контролеров качества. Если вы подозреваете в своем сослуживце крысу, понаблюдайте за его манипуляциями с компьютерной мышью. Если он пользуется ею, чтобы управлять курсором, это человек. Если пробует спариваться с нею, то может быть крысой-ветераном, выжившей после первичного тестирования. Если же он применяет ее в качестве педали, это ваш босс.

мена, он станет бегать за игроком, ведущим мяч, говоря примерно такие вещи: «Что вы планируете с ним делать? Мы можем сначала обсудить это?»

Командные действия несовместимы с хорошим использованием времени. Невозможно распоряжаться своим временем, если вы не в состоянии отогнать от себя сослуживцев. Они вечно будут пробовать убедить вас отказаться от ваших приоритетов в пользу их приоритетов. Они эгоистичны и злы.

В качестве командного игрока вы напоминаете большую груду птичьего корма в вольере. Каждый сослуживец заскакивает, чтобы набить себе клюв вашими ресурсами, а взамен оставляет вам небольшой «подарок», обладающий ограниченной коммерческой ценностью. Везде, где видишь командные действия, обнаружатся люди с большим количеством клёваных ран на голове.

В той или иной степени командные действия присущи всем фирмам, но не все они обречены. Легкий способ определить, достигли ли командные действия того уровня, когда ваша ситуация уже безнадежна, — замерить, сколько проходит времени от решения пойти перекусить до момента, когда вы фактически начали еду.

ВРЕМЯ СБОРОВ НА ОБЕД	ОЦЕНКА КОМАНДНЫХ ДЕЙСТВИЙ
Пять минут	Командные действия раздражают, но еще не опасны
Пятнадцать минут	Опасность, аварийный сигнал
Шестьдесят минут	Командные действия достигли критической массы; фирма обречена

ПРЕЗЕНТАЦИИ ДЛЯ РУКОВОДСТВА

Ваша фирма обречена, если главное изделие в ней — слайды. В типичной фирме ровно столько ресурсов, чтобы осуществить одно из двух:

1) сделать что-либо;

2) подготовить развернутые презентации, лгущие о том, как много делается.

Разумный сотрудник отвлечет все доступные ресурсы от достижения конкретных целей и бросит их на вранье о мнимых достижениях, которое дает куда бо́льшую отдачу. Работы будет столько же, но окупается только один из этих двух вариантов.

РЕОРГАНИЗАЦИИ

Начальники похожи на котов в мусорном ящике. Они инстинктивно перелопачивают содержимое и разбрасывают его вокруг, чтобы скрыть то, что наделали. В деловом мире этот процесс называется «реорганизация». Нормальный начальник реорганизует свою епархию часто — было бы что реорганизовывать.

Можете считать, что вас реорганизуют слишком часто — и поэтому фирма обречена, — если в коридорах слышите от сослуживцев любой из следующих вопросов:

«Если доведется жить в приюте, насколько там плохо?»

«Где бездомные принимают душ?»

«Действительно ли туберкулез смертелен?»

ИНОГДА Я ДУМАЮ, ЧТО РЕОРГАНИЗА-ЦИЮ ПРОВОДЯТ ЛИШЬ С ЦЕЛЬЮ ИЗБАВИТЬСЯ ОТ НЕЖЕЛАТЕЛЬ-НЫХ ЛИЦ.
3-18
С. Адамс E-Mail: SCOTTADAMS@AOL.COM
КАКОЙ ДОЛ-ЖНОСТЬЮ ТЫ КОНЧИЛ?
ДОНОР ОРГАНОВ ТЕЛА.
© 1994 United Feature Syndicate, Inc.
У МЕНЯ БОЛИТ ПЛЕЧО. МЫ СМО-ЖЕМ ДОГОВО-РИТЬСЯ УСТНО ИЛИ НУЖНО ЗАПОЛНИТЬ ОСОБЫЙ БЛАНК?
ПЛЕЧО – ЭТО НЕ «ОРГАН».

МЫ НАМЕРЕНЫ ПОСЛЕДОВАТЬ СОВЕТУ КОНСУЛЬТАНТОВ ФИРМЫ ПЁСБЕРТА И СО-ЗДАТЬ «БОЕВЫЕ БИЗНЕС-БРИГАДЫ».
С. Адамс E-Mail: SCOTTADAMS@AOL.COM
БУДЕМ ТРАТИТЬ ОСНОВ-НОЕ ВРЕМЯ НА РОЗЫСК И ОБЕЗВРЕЖИВАНИЕ ДРУГИХ БББ.
© 1995 United Feature Syndicate, Inc. (NYC)
НЕБОЛЬШАЯ КОНКУРЕНЦИЯ ПОЛЕЗНА.
ЧТО БЫ ВЫ НИ ДЕЛАЛИ, НЕ ЗЛИТЕ БББ УБОРЩИЦ.

ПОПРОШУ КАЖДОГО ПРЕДСТАВИТЬ АКТУАЛЬ-НУЮ АВТОБИОГРАФИЮ.
С. Адамс E-Mail: SCOTTADAMS@AOL.COM
И НЕ ПАНИКУЙТЕ. ПРО-СТО НОВЫЙ ЗАМ ХОЧЕТ С ВАМИ ПОЗНАКОМИТЬ-СЯ. ЭТО ВОВСЕ НЕ ЯВ-НАЯ ПРЕЛЮДИЯ К МАС-СОВЫМ УВОЛЬНЕНИЯМ.
© 1995 United Feature Syndicate, Inc. (NYC)
БЕСПОКО-ИТЬСЯ ЛИ МНЕ ПО ПОВОДУ ВАШИХ БИОГРА-ФИЙ?
НЕТ. ЭТО ВОВСЕ НЕ ЯВНАЯ ПРЕЛЮДИЯ К МАССОВОМУ ПРЕДАТЕЛЬ-СТВУ.

АГА... МЕСЯЦ НА-ЗАД Я ДАВАЛ ВАМ ПОРУЧЕНИЕ, ДИЛ-БЕРТ...
С. Адамс
ПОМНИТСЯ, ВЫ СОЧЛИ ЕГО ГЛУПЫМ И СМЕШНЫМ?
3-20
© 1992 United Feature Syndicate, Inc.
ДА-ДА?
ТАК ВОТ, ОКАЗА-ЛОСЬ, ЧТО В МЕНЯ СПОНТАННО ВСЕЛИЛСЯ ДУХ КЛОУНА БОЗО.

ПРОЦЕДУРЫ

Если ваша компания укомплектована бандой балбесов, вы обречены. Иносказательно эта ситуация обычно именуется потребностью в «усовершенствовании процедур». Раз в фирме уделяется много внимания процедурам и их усовершенствованию, это верный признак того, что все сильные сотрудники ее покинули, а оставшиеся отчаянно пытаются найти настолько простую «процедуру», дабы сохранившиеся балбесы были в состоянии справиться с ней.

В этом месте закройте глаза и вообразите, как из динамиков публичного оповещения на всю фирму звучит объявление: «Мэрилин вос Савант покинула наше здание».

23
РЕСТРУКТУРИЗАЦИЯ

Реструктуризацию придумал доктор Солк[1] — как средство против программ «Качество».

Шутка.

Признанные родители реструктуризации — Майкл Хаммер и Джеймс Чемпи. Называя их «родителями», я вовсе не подразумеваю чего-то сексуального между ними — и прошу извинить за то, что направил вашу мысль в эту сторону. Я имею в виду их бестселлер о бизнесе под названием «Реструктуризация корпорации», изданный в 1993 году.

Фирмы тянуло к реструктуризации, как парней из студенческого землячества — к пьяному капитану болельщиков на

---
[1] Знаменитый американский врач и бактериолог; открыл вакцину против полиомиелита. — *Прим. перев.*

матче двух колледжей. (Это сравнение отнюдь не было необходимым, но я пробую как-то отвлечься от творения Хаммера и Чемпи.)

Реструктуризация означает отыскание радикально новых подходов к ныне применяемым деловым процедурам. На бумаге это выглядит предпочтительнее «комплексного управления качеством», где, как известно, требовалось более эффективно выполнять то, чего вообще делать не следовало.

Но темные пятна есть и на реструктуризации. Существует риск, что после нее естественная некомпетентность, всегда присутствующая в каждой фирме, будет проявляться не малыми порциями, как после программы «Качество», а в эпических масштабах. Это может оказаться опасным, поскольку, как я часто заявлял, все мы — сборище идиотов.

Хаммер видел этот риск и разумно проанализировал его в своей второй книге, вышедшей в 1995 году, — «Революция реструктуризации». В ней описаны все глупости, творимые начальниками в попытках изгадить его рецепты реструктуризации.

Как изгадить реструктуризацию — пример

Босс: Подчиненный, идите и проведите реструктуризацию фирмы.

Подчиненный: Для этого мне нужно два миллиона долларов.

Босс: Зачем?

Подчиненный: Они нужны для того, чтобы перестроить структуру фирмы.

Босс: Вы глупец — ведь реструктуризация должна *экономить* деньги.

Подчиненный: Угу... Я сделаю всё, как надо.

Босс: Дайте мне знать, когда закончите.

Реструктуризации свойственна тенденция уменьшать число сотрудников, необходимых для выполнения тех или иных функций. Этот неблагоприятный побочный эффект вызывает страх и недоверие у работающих, чье участие жизненно необходимо для успеха реструктуризации. Можно подумать, что их опасения и недоверие в состоянии сорвать усилия, но это не так. Есть масса процедур, которые даже в обстановке переизбытка страхов и недоверия работают прекрасно. Вот примеры:

- высшая мера наказания
- президентские выборы
- многоуровневый маркетинг

Из электронной почты...

> От: (имярек)
> Кому: scottadams@aol.com
>
> Скотт!
>
> В туалете дирекции я на днях подслушал такой диалог:
> — Привет, как дела? Не видел тебя сто лет.
> — У меня реструктуризация.
> — Да, дрянь дело.

Жаль того бедного недотёпу, которого назначили проводить в фирме реструктуризацию: слабая поддержка сверху, предательство снизу. Успех возможен, но всё говорит против этого[1].

Вот ряд конкретных способов воспрепятствовать реструктуризации.

ЗАЩИТА С ПОМОЩЬЮ СВЕТЛЫХ ГОЛОВ

С целью проведения общефирменных работ по реструктуризации начальников часто просят пожертвовать сотрудниками из их подразделений. Для менеджеров это прекрасная возможность снести в прикуп своих наиболее некомпетентных служащих, причем исключительно во имя «командных действий». Эти невежественные сотрудники действуют потом в качестве «светлых голов», сводя весь проект реструктуризации на нет и оставляя существующую организацию работ в неприкосновенности.

После того как «светлые головы» собраны в кучу, самое время провести парочку совещаний и устроить там мозговую атаку с целью выбора вариантов радикальной реструктуризации:

Светлая голова № 1: У кого-нибудь есть идеи по радикальной реструктуризации?

Светлая голова № 2: Почему бы нам не полизать про запас все конверты?

---

[1] Шансы приблизительно такие же, как если на скачках поставить на лошадь, которая ни разу не побеждала на грязной трассе, а тут внезапно начинается проливной дождь. Причем у лошади к тому же гипс на двух ногах. И вообще она сдохла.

Светлая голова № 1: Это скорее напоминает идею нарастающего «комплексного управления качеством», нежели «радикальной реструктуризации». (Долгое молчание)

Светлая голова № 2: Мы могли бы сэкономить деньги, сократив кого-то из тех, с кем не знакомы.

Светлая голова № 3: А кто будет делать их работу? (Снова долгое молчание)

Светлая голова № 2: Может, другие люди, с кем мы тоже не знакомы?

Светлая голова № 1: Обожаю такие номера!

ЗАЩИТА С ПОМОЩЬЮ КАМУФЛЯЖА

Начальники среднего уровня, которым угрожает реструктуризация, станут возводить хитроумные защитные сооружения. Они быстро перекрасят всё, что делали до сих пор, в цвета реструктуризации. «Проект обслуживания клиентов» внезапно переименовывается в «Проект реструктуризации обслуживания клиентов». Теперь вы отправляетесь не сделать стрижку, а провести «реструктуризацию своей прически» (а еще лучше — головы). Вы намереваетесь не пообедать, а осуществить «реструктуризацию деятельности кишечника». Очень скоро вокруг начнется столько реструктуризации, что трудно будет найти нечто, *не* подвергающееся ей, — во всяком случае, по названию.

Затем приходит время бюджета.

Дирекция знает: необходимо финансировать то, что называется «реструктуризацией», если она (дирекция) не хочет выглядеть сборищем троглодитов. Процесс реструктуризации «пошел», и тут уже ничего не поделаешь. Самый дешевый способ финансировать реструктуризацию — назвать всю ту ерунду, на которую и так уже выделены деньги, «реструктуризацией». (Высшее начальство было ведь когда-то средним; оно знает, как строить бюджет.)

Большие боссы могут также кинуть кость какому-то одному проекту «реальной» реструктуризации, дав под него чуток денег с целью провести маленькую пробу.

ПРОБНАЯ РЕСТРУКТУРИЗАЦИЯ

Пробная реструктуризация — это мелкомасштабное тестирование предлагаемой новой, «реструктурированной» процедуры. Как правило, при проведении пробы ни одна из технологий или ресурсов, которые задуманы для полномасштабного проекта реструктуризации, не доступны. Посему планирование пробной реструктуризации происходит примерно так:

Член группы № 1: Нам потребуются распределенные автоматизированные рабочие места, причем они должны быть подключены к всемирной спутниковой сети.

Член группы № 2: Единственное, что у нас имеется, — вот этот кофе без кофеина, который остался от предыдущего совещания.

Член группы № 3: Давайте воспользуемся им. Потом можно будет интерполировать результаты.

Член группы № 1: Вы что, совсем придурки? Он же *без* кофеина.

ЗАКЛЮЧЕНИЕ

Реструктуризация фирмы немного похожа на удаление аппендикса самому себе. Болит по-страшному, вы не обязательно знаете в деталях, как это делается, и есть хорошие шансы, что вам вообще не пережить эту манипуляцию. Но если всё пройдет гладко, вы обретете достаточно веры в себя, чтобы перейти затем к операциям на более жизненно важных органах, например на том большом насосе, который качает красную водичку.

24
УПРАЖНЕНИЯ ПО СПЛОЧЕНИЮ КОМАНДЫ

Если сотрудники вашей фирмы являют собой сборище независимых и антиобщественных психопатов, понадобятся какие-то упражнения по сплочению команды. Они могут принимать многообразные формы, но корни у них единые — тюремная система. В типичном упражнении по сплочению сотрудники попадают во всякие неприятные ситуации, пока они не станут или спаянной командой, или шайкой угонщиков автомобилей.

Дважды на протяжении моей карьеры сидельца кабинки я испытал острые ощущения от участия вместе с моими талантливыми и внушающими доверие сослуживцами в учебно-тренировочном курсе под названием «Веревки». По первому разу я узнал так много, что второй заход оказался намного легче. В частности, я понял, что, симулируя травму руки, можно получить освобождение от занятий, на которых вам угрожает гибель.

Первой «темой» второго учебного курса было упражнение по выработке доверия. Нас разбили на случайные пары; один должен был из вертикального положения падать назад, не сгибаясь, а партнер — страховать падение. У большинства пар в моей группе это проходило гладко. Но моя напарница (назовем ее Марджи) пошла путем наименьшего сопротивления и позволила сработать гравитации. Когда позже я полюбопытствовал о причине такого поведения, Марджи объяснила, что посчитала мое 173-сантиметровое тело «слишком тяжелым» и сочла за лучшее уступить ему дорогу.

Я знал, что позже от нас потребуется свисать с высоких деревьев, будучи защищенными только бдительностью доверенного сослуживца, который должен держать другой конец веревки, не давая коллеге упасть. К сожалению, у меня как раз открылась старая травма руки, и я был вынужден отказаться от этой части мероприятия.

Однако я не всё потерял. Мне пришлось, нацепив до обалдения дурацкую каску, наблюдать, как мои сослуживцы вытворяют вещи, которых, надо признаться, не делают люди средней сообразительности, стремящиеся не привлекать интереса судебных органов. В своей каске я чувствовал себя на улице чудесно и одновременно цементировал связи с товарищами по команде. Но только до момента, пока кто-то из собравшейся толпы зевак вдруг не заметил, что моя каска надета задом наперед. Другой сослуживец тут же побежал за фотокамерой, потому что в шортах и идиотской каске я «выглядел ужасно забавным». Именно в тот день я понял: если мне когда-либо удастся подкопом выбраться из тюремного ада этой фирмы, то уж будьте, черт подери, уверены, что прежде, чем рвануть в город, я засыплю за собой отверстие.

Вершиной обретенного опыта было для меня упражнение, где мы должны были переправиться всей командой через поле, ступая только по особым пням. Они были расставлены слишком далеко друг от друга для перепрыгивания, и надо было сооружать из досок мостки, но действовать так, чтобы, перебравшись на другую сторону, не оставить позади ни досок, ни людей. В ходе упражнения наш бесстрашный директор понял, что выслушивать мнения группы — проигрышная стратегия, после чего «взял управление на себя» и начал гавкать свои указания. Мы подчинялись — даже если его команды выглядели не совсем оптимальными. Но в тот момент мы еще доверяли ему — и, конечно же, опасались с его стороны последующего «возмездия» за непослушание. Упражнение закончилось тем, что все, кроме нашего славного вождя, благополучно очутились на другом конце поля. Он же запутался в трех пнях, пробуя балансировать на них с парой досок в руках. Думаю, его можно увидеть где-то там еще и сегодня.

Всё остальное, что нужно знать насчет команд и командных действий, содержится в последующих рисунках, а также в сообщениях, поступивших по электронной почте.

КОМАНДНАЯ РАБОТА В КАРТИНКАХ

Я ПРИВЛЕК ИЗВЕСТНОГО ПСИХОЛОГА ПЁСБЕРТА ПОМОЧЬ НАМ ДОСТИЧЬ В КОМАНДНЫХ ДЕЙСТВИЯХ СПЛОЧЕННОСТИ.
С. Адамс E-Mail: SCOTTADAMS@AOL.COM
СПЛОЧЕННОСТЬ – ШТУКА ОТНОСИТЕЛЬНАЯ. ВЫ КАК ГРУППА ВЕСЬМА ДИСФУНКЦИОНАЛЬНЫ, ТАК ЧТО НАДО СТАВИТЬ РЕАЛЬНЫЕ ЦЕЛИ.
© 1995 United Feature Syndicate, Inc. (NYC)
А КАКАЯ ЦЕЛЬ ДЛЯ НАС РЕАЛЬНА?
ДУМАЮ, Я МОГУ ПРЕСЕЧЬ КАННИБАЛИЗМ.

ДИСФУНКЦИОНАЛЬНАЯ ГРУППА
ПОПРОШУ ВСЕХ СКАЗАТЬ СОСЕДУ СПРАВА, ЧТО ВАМ В НЕМ НРАВИТСЯ.
С. Адамс E-Mail: SCOTTADAMS@AOL.COM
МНЕ НРАВИТСЯ ВАША ЗЕМЛИСТАЯ КОЖА, АЛИСА.
А МНЕ – ВАШ ДАР НАХОДИТЬ ПРАВУЮ СТОРОНУ ВСЕГО С ДВУХ ПОПЫТОК.
© 1995 United Feature Syndicate, Inc. (NYC)
Я ВОСХИЩЕН, КАК ВАМ УДАЕТСЯ ПОЛУЧАТЬ ЗА ЭТО ДЕНЬГИ.
ХОТЯ ТВОЕЙ РОЖЕЙ ПУГАЮТ ДЕТЕЙ, МНЕ НРАВЯТСЯ ТВОИ КОЛЛЕГИ.

ТЕПЕРЬ ДЛЯ СПЛОЧЕНИЯ КОМАНДЫ БУДЕМ С ЗАВЯЗАННЫМИ ГЛАЗАМИ ДЕЛАТЬ БУМАЖНЫХ КУКОЛ.
С. Адамс E-Mail: SCOTTADAMS@AOL.COM
ЭТО ВЫГЛЯДИТ АБСУРДНЫМ. НО СКОРО В ВАС СФОРМИРУЕТСЯ КОГНИТИВНЫЙ ДИССОНАНС И ВЫ СТАНЕТЕ ПЛАКАТЬ, ОБНИМАТЬСЯ И ДУМАТЬ, ЧТО ЧЕМУ-ТО НАУЧИЛИСЬ.
© 1995 United Feature Syndicate, Inc. (NYC)
А ПЛАКАТЬ И ОБНИМАТЬСЯ ОБЯЗАТЕЛЬНО?
СТРОГО ГОВОРЯ, ОБЪЯТИЯ ФАКУЛЬТАТИВНЫ.

ДИСФУНКЦИОНАЛЬНАЯ ГРУППА
ПОПРОШУ КАЖДОГО РАССКАЗАТЬ, ЧЕМУ ОН НАУЧИЛСЯ НА МОИХ ЗАНЯТИЯХ.
С. Адамс E-Mail: SCOTTADAMS@AOL.COM
Я НАУЧИЛАСЬ СЛУШАТЬ СЕРДЦЕМ. ОБРЕЛА УВАЖЕНИЕ К ДРУГИМ. СТАЛА ПОНИМАТЬ САНСКРИТ. ПОЛУЧИЛА ЛИЦЕНЗИЮ КОРОТКОВОЛНОВИКА. Я УМЕЮ ДЕЛИТЬ НА НОЛЬ...
© 1995 United Feature Syndicate, Inc. (NYC)
Я ЛЮБЛЮ УХОДИТЬ ПЕРВОЙ.

СКАЗАНИЯ О КОМАНДНЫХ ДЕЙСТВИЯХ

От: (имярек)
Кому: scottadams@aol.com

Скотт!

В [фирме] множество вещей делается в курилках. Ввязавшись в эти импровизированные совещания, можно потерять впустую массу времени; однако избежать их трудно, потому что участники, похоже, хотят знать мнение всех проходящих мимо.

Я откручиваюсь, объясняя, что иду в туалет либо же просто несу к себе в кабинет лед из кухни. В итоге, если меня залавливают на совещание, я говорю: «Смотри, лед тает, а пальцы закоченели. Мне срочно нужно бежать». Меня отпускают, и никто, кажется, не удивлен, зачем это я весь день расхаживаю, держа в руке стакан со льдом.

От: (имярек)
Кому: scottadams@aol.com

Скотт!

В нашу группу берут нового инженера, и для нее зарезервировали кабинку с мебелью. Она приступает к работе на следующей неделе. Но парень из нашей группы [сослуживец № 1] предпочел для себя «ее» кабинку вместо своей нынешней и привлек парочку коллег помочь ему перебраться.

Я пришла посмотреть, вокруг чего суета, и вижу, как они вытаскивают мебель новенькой. Тут меня и осенило: «Да ведь эта мебель лучше моей», — так что я упросила ребят занести новую мебель ко мне в кабинку и забрать оттуда мою нынешнюю... Короче, в итоге моя мебель очутилась в новой кабинке сослуживца № 1, а его прежняя мебель осталась там, где и была, — только теперь это стало кабинкой новой коллеги.

Когда из кабинки выносили мой теперешний стол, кстати, идентичный столу сослуживца № 1, явился сослуживец

№ 2 поглядеть, из-за чего суматоха, и решил, что этот стол лучше, чем его (у этого парня вообще был не письменный стол, а обычный).

Словом, ко времени, когда новенькая появится, ей, я полагаю, достанутся два с половиной сломанных шкафчика, колченогий стол полтора метра на полтора и гостевой стул, а сидеть она будет в кабинке, которая рядом с конференц-залом.

Плюс ко всему, ни один из нас тем утром вообще не работал, а из-за возни с мебелью и прочим окрестный народ забеспокоился, не увольняют ли часом кого-то.

От: (имярек)
Кому: scottadams@aol.com

Скотт!

Вот забавная катастрофа, которая случилась в фирме, где я работал. Наш президент решил, что нужно устроить вылазку за город. Идеальной в этом смысле он посчитал поездку на велосипедах, сам выбрал пятидесятикилометровый маршрут и раздал лично нарисованные от руки карты.

У половины сотрудников фирмы не было своих велосипедов, и этим безлошадным пришлось взять их напрокат. Никто не блистал спортивной формой. Трасса оказалась довольно холмистой, а полсотни километров даже в плоском ландшафте покажутся длинной поездкой тому, кто не катается регулярно. Карта была неправильная, причем настоящей ни у кого не нашлось. В итоге несколько человек заблудились и не попали на общий обед. Один очутился в больнице (из-за низкого уровня сахара в крови ему стало дурно на крутом подъеме). Запланированные на этот день дискуссия и иные пункты программы не состоялись. И президент только много дней спустя понял, насколько пагубной оказалась его идея. Впрочем, он лично, покрутив педали, получил удовольствие.

25
ЛИДЕРЫ

ОПРЕДЕЛЕНИЕ ЛИДЕРА

Лидерство — неосязаемое качество, лишённое ясного определения. Вероятно, это хорошо; ведь если бы люди, ведомые лидером, знали определение, они выслеживали бы своих лидеров и убивали их.

Отдельные циники могут сказать, что лидер — это человек, который заставляет людей делать вещи, приносящие пользу лидеру. Но это нельзя признать хорошим определением, ибо, как вы отлично знаете, из него имеется очень много исключений[1].

---

[1] Прошу сообщить мне известные вам исключения; что-то я начинаю становиться циничным.

ПРОИСХОЖДЕНИЕ СЛОВА «ЛИДЕР»

Слово «лидер» (leader) — производное от английского слова «lead», обозначающего свинец — материал, из которого отливают пули. Термин «лидер» стал популярен примерно тогда же, когда было изобретено огнестрельное оружие. Он вырос из наблюдения, что человека, стоящего во главе любой организации, каждому хотелось малость утяжелить горячим свинцом. Я лично этого делать не рекомендую и привожу указанные сведения только из исторического интереса.

ВИДЕНИЕ ЛИДЕРОВ

Лидеры тратят основное время, концентрируясь на проблеме «ви́дения» будущего. Это может означать завтраки и обеды с другими лидерами, мероприятия, связанные с гольфом, или даже чтение одной, отдельно взятой книги. Времяпрепровождение лидера может принимать многообразные формы, при условии, что оно никак не связано с производством чего-либо материально ощутимого. Посредством всех упомянутых действий лидер надеется убедить ведомых им сотрудников в следующем:

1. Он знает будущее и любезно согласился поделиться этим знанием с фирмой, вместо того чтобы использовать свою устрашающую мощь с целью, скажем, сколотить состояние на азартных играх.

2. Выбранное направление далеко не столь «очевидно», как можно подумать, так что вам повезло иметь такого лидера — какую бы цену вы за это ни платили.

3. Рядовому сотруднику дано множество неосязаемых выгод. Они компенсируют низкую зарплату и плохие условия работы. Природу этих выгод вам растолкуют в будущем — при условии хорошего поведения.

Разумеется, любой хороший лидер исходит из предположения, что люди, которых он ведет за собой, удивительно легковерны. Правильность этой гипотезы доказана историей — ведь факты свидетельствуют, что многих лидеров так и *не* убили.

ИСКУССТВО ВЫЖИВАНИЯ ЛИДЕРА

Наиболее важный навык для любого лидера — способность ставить себе в заслугу то, что случается само по себе. В первобытные времена племенные вожди приписывали смену времен года своим чарам и утверждали, будто дерево плавает исключительно по их приказу. Большим преимуществом тогдашних лидеров было невежество масс, которые на них работали. Но телевидение в значительной степени ликвидировало «брешь в знаниях», так что современному лидеру приходится ставить себе в заслугу более тонкие события.

Например, если бухгалтерия фирмы предсказывает повышение прибылей благодаря изменению соотношений между мировыми валютами, хороший лидер развернет по всем подразделениям кампанию «Качеству — первоочередное внимание», чтобы потом объявить причиной роста прибылей именно эту программу. У сотрудников заодно возникнет иллюзорная надежда, что их лидера заметит другая фирма и он, даст Бог, уйдет туда. Ведь в случае успеха лидера в выигрыше оказывается каждый.

ОТКУДА БЕРУТСЯ ЛИДЕРЫ?

Есть такой старый как мир вопрос: лидерами рождаются или делаются? И если делаются, то можно ли возвращать лидеров по гарантии туда, где они делаются?

Лидеры способны пролагать пути, которые любому другому представляются бессмысленными или даже опасными. Здравый смысл говорит, что никому не нужен лидер, выбирающий дорогу интуитивно; ведь это каждый мог бы сделать и сам. Следовательно, поскольку лидер рекомендует путь, который «среднему человеку» кажется нелогичным, можно заключить, что лидер должен быть или:

1) настолько прозорливым, что никому не дано понять картину, которую он видит внутренним взором,

или...

2) кретином.

Пытаясь постигнуть: «провидец или кретин», полезно рассмотреть некоторые из великих деяний лидеров прошлого и по истечении веков определить, чем это было: поступками умственно отсталых лиц или же величайших визионеров. Уловив закономерность, мы получим ответ на свой вопрос.

ПРИМЕР ВЕЛИКОЙ КИТАЙСКОЙ СТЕНЫ

Возьмем Великую китайскую стену. Буквально сотням китайцев пришлось вкалывать сверхурочно, чтобы построить стену, которая простирается на многие километры через их китайскую страну. Стена эта столь велика, что ее можно увидеть из космоса, хотя, честно говоря, не стоит этим заниматься, поскольку вам придется надолго затаить дыхание и есть вероятность сгореть при входе в атмосферу.

Цель Великой стены состояла в том, чтобы не допустить вторжения вражеских армий. Но вражеские армии скоро поняли, что можно легко подкупить стражу, охраняющую ворота в этой стене. Благодаря неразумному налогообложению со стороны правителей Китая средний чистый заработок стража ворот составлял корку хлеба и несколько поблескивающих камушков. Это сделало стражников довольно-таки уязвимыми для взяточничества.

Любой генерал-агрессор подтягивал свою армию к стене, перебрасывал стражнику пару сандалий и ждал, пока ворота распахнутся. Затем генералу приходилось убивать стража, так как не было никакого смысла терять хорошие сандалии.

Вывод

Лидеры, построившие Великую стену, были кретинами.

Побочный вывод

Но они были все-таки сообразительнее привратников.

ПРИМЕР ВЕЛИКИХ ПИРАМИД

Теперь займемся великими пирамидами в Египте. Я, правда, никогда целиком не видел по телевизору большого фильма про эти пирамиды, так что не могу высказываться по-настоящему авторитетно. Но цель пирамид, думаю, состояла в том, чтобы восславить лидеров и, возможно, помочь им в загробной жизни. На папирусе это выглядело хорошо.

Но не всё пошло так, как планировалось. Я когда-то уплатил 12 долларов, чтобы в сан-францискском музее Де Янга заглянуть в коробку, содержащую укутанное в бинты карликовое тело фараона Тутанхамона. Помню, я засомневался, насколько он был бы доволен тем, как повернулась его загробная жизнь.

Вывод

Лидеры, построившие пирамиды, были кретинами.

ПРИМЕР ЧИНГИСХАНА

Много лет назад одним пронзительно холодным вечером в тундре Чингисхан приказал своим монгольским ордам «оседлать лошадей» и проехаться не спеша по соседним деревням. Для этого не было никакой реальной причины — за исключением того, что ему хотелось в покое и тиши посидеть в своем шатре и пошить из звериных шкур парочку модных шмоток.

Кое-кто из монголов позже смущенно признался, что извращенно понял приказ «оседлать лошадей». После возвращения в лагерь это вызвало много смеха.

В дальнейшем, после ряда творческих пересказов, вся эта легенда о Чингисхане раздулась до намного больших размеров, чем оно было на самом деле. Но нужно помнить, что на планете в то время всего-то имелось дюжины две людей, так что всё казалось им важным. И каждый согласится, что все-таки было невредно слегка приукрасить историю, дабы позднее в книгах про бизнес монгольские орды не выглядели плохими.

Вывод

Чингисхан как лидер был кретином, но оказался вовсе неплох в качестве дизайнера модных шмоток из меха.

СОВРЕМЕННЫЕ ПРИМЕРЫ ЛИДЕРСТВА

Нельзя делать далеко идущие выводы на основе нескольких исторических примеров, даже если они кажутся неопровержимо убедительными. Посему позвольте перейти вместо этого к словам и делам отдельных лиц, занимающих ведущие посты в известных фирмах по всему земному шару. Думаю, вы сами увидите, как понемногу начнет прорезаться закономерность.

От: (имярек)
Кому: scottadams@aol.com

Скотт!

Эта история — подлинная.

Нашему вконец перегруженному отделу бухучета недавно пришлось для подведения годового баланса отработать двадцать дней подряд, включая уик-энды и национальный праздник. Когда всё закончилось, один из бухгалтерских начальников подошел к президенту фирмы насчет компенсации в виде отгулов или денежной премии. И услышал: «Разве вы не читали "Как закалялась сталь"?» И ничего больше.

От: (имярек)
Кому: scottadams@aol.com

Скотт!

Не успела я подумать, что администрация уже не в состоянии проявить больше тупости, как вдруг...

Моя близкая знакомая здесь, в [фирме], подала сегодня прошение об отставке. Руководство исчеркало его красным карандашом и вернуло переписать заново (при этом в качестве образца того, что им хотелось бы видеть, они глубокомысленно снабдили заявительницу копией прошения об отставке, представленного ее коллегой, которая ушла на прошлой неделе).

Между прочим, обе они назвали одной из главных причин своего увольнения «неразумность администрации». От них потребовали представить примеры.

Как вам это?..

От: (имярек)
Кому: scottadams@aol.com

Скотт!

Несколько лет назад вице-президенты [фирмы] посетили ряд других компаний с целью выявить, какие методы управления способствовали их успеху. Одной из них была компания «Федерал экспресс».

С чем же они возвратились после многих недель, потраченных на поездки? Оказалось, что на фирме «Федэкс» служащих называют не сотрудниками, а «партнерами». И, конечно же, именно поэтому дела на «Федэксе» идут так хорошо!

Вот и у нас под громогласные фанфары было объявлено, что впредь мы все тоже будем именоваться «партнерами», а не сотрудниками. И, главное, всех будут величать одинаково — очень мило и никому не обидно. Предполагалось, что это повысит нашу эффективность и производительность. Несколькими неделями позже вице-президент по человеческим ресурсам (раньше бы сказали: «по кадрам») сообщил, что отныне в порядке уточнения вводятся «партнеры», «лидеры» (то есть разные начальники среднего звена) и «ведущие лидеры» (иначе говоря, высшее руководство).

В этом и состоял наиболее заметный (и наиболее плодотворный) результат вояжей вице-президентов под лозунгом перенятия опыта у хорошо управляемых фирм.

От: (имярек)
Кому: scottadams@aol.com

Скотт!

Ситуация, недавно сложившаяся на работе, заставила почувствовать себя настоящим Дилбертом:

(1) Шеф спросил, что я думаю о его предложениях применительно к их воздействию на мой отдел.

(2) Я ответил, что не уверен в их целесообразности.

(3) Далее указанное предложение так и сяк обсасывалось на бесчисленных совещаниях, в разговорах по телефону и переписке по электронной почте.

(4) Все были согласны в том, что предложение не заслуживает внимания.

(5) Шеф всё-таки принял решение внедрять свое предложение.

(6) Начальник моего шефа прислал ему по электронной почте запрос, почему предложение внедряется. Оно ведь не имеет смысла.

(7) Шеф переправил этот запрос ко мне с допиской, вопрошавшей, почему мы внедрили предложение, и с указанием подготовить ответ!

От: (имярек)
Кому: scottadams@aol.com

Скотт!

Вот правдивая история из жизни.

В сотрудничестве с большой фирмой я работаю над одним проектом. В нем мы, в частности, должны придумать название некоему изделию. Партнеры много промучились, но так и не остановились на чём-то конкретном.

Сегодня мы узнали, что они серьезно продвинулись к цели. Их правление создало из начальников комиссию, которая к следующему понедельнику назовет лицо, ответственное за составление графика определения названия этого устройства.

Даже стыдно вспомнить нашу обеспокоенность тем, что они там ничего не делают...

От: (имярек)
Кому: scottadams@aol.com

Скотт!

Недавно назначенный вице-президент моей компании дал интервью, напечатанное во внутрифирменном информационном листке. На вопрос о том, будет ли фирма в случае выигрыша тендера и получения контракта переводить своих сотрудников на новый проект в другой город, или же она предпочтет вместо этого нанять тамошних жителей, он выдал следующий комментарий:

«Инженеры — это ведь в принципе товар. Нам нет экономического смысла оплачивать переезды, раз мы можем купить тот же самый товар прямо на месте».

Естественно, это встревожило отдельных работников. Многие из них явились несколькими днями позже на общее собрание, проводившееся этим вице-президентом, и расселись в переднем ряду, украсив себя броскими надписями типа «Бананы», «Свиные туши» и т. д.

Вице-президент предпринял бравые усилия сплясать вокруг своих заявлений чечетку, чтобы они стали выглядеть покрасивее, но его словесная эквилибристика мало кого переубедила.

> От: (имярек)
> Кому: scottadams@aol.com
>
> Скотт!
>
> **Остерегись, Ньют...**
>
> Мое отделение решило вдохновить сотрудников в истинно республиканском стиле, вручив каждому инженеру пластиковую карточку размером 8×12 см с контрактом, состоящим из десятка пунктов. Вот фрагмент пояснения, прилагавшегося к этому контракту:
>
> «Кем-то было сказано, что человек верит в правильность своей стратегии, если в ответ на просьбу умеет сказать "нет". Используй эту карточку именно так. Если тебя попросят сделать что-либо противоречащее данному контракту, откажись, невзирая на личность просителя; этим ты укрепишь столь необходимую фирме устремленность к светлому будущему — к неограниченным возможностям, к развитию и росту прибылей».
>
> Прежде всего, не Пёсберт ли отмечал разницу между фирмой со стратегией и фирмой без стратегии?

Возможно, жизнь в данном случае подражала искусству. Обращение читателя заставило меня вспомнить. Взгляните на этот рисунок из книги, изданной в 1991 году:

ВАЖНОСТЬ СТРАТЕГИЙ

ВСЕМ ФИРМАМ НУЖНА СТРАТЕГИЯ, ЧТОБЫ ИХ СОТРУДНИКИ ЗНАЛИ, ЧЕГО НЕ ДЕЛАТЬ.

ФИРМА БЕЗ СТРАТЕГИИ	ФИРМА СО СТРАТЕГИЕЙ
ОЙ-ОЙ-ОЙ... ЧТО ЖЕ Я ДОЛЖЕН ДЕЛАТЬ? ДЗ-З-З-ЗЫНЬ	ЭТОГО МЫ НЕ ДЕЛАЕМ.

От: (имярек)
Кому: scottadams@aol.com

Скотт!

Эта история исходит от моего друга, работающего в [название фирмы].

Было намечено посещение лаборатории двумя старшими вице-президентами. Конечно, любая производительная работа на неделю остановилась, и всё это время в здании натирались полы, все помещения обустраивали, а туалеты чистили до блеска. (По крайней мере, хоть тут польза.)

Одна из начальниц взяла на себя маркировку оборудования лаборатории. Она надписала всё на свете, за исключением точилки для карандашей. Некоторые из ярлычков пришлось даже снять — во избежание проблем.

Например, ее мудрая нашлепка «Анализатор логики» закрыла одноименную заводскую табличку и эмблему фирмы «Хьюлетт-Паккард». Метка «Пол натертый» отсутствовала, думаю, просто потому, что она не держалась на свежей мастике. Но нелепости на этом не заканчиваются.

Местный вице-президент в рамках предварительной проверки готовности лаборатории проделал по ней круг почета, покачал головой и произнес: «Господи Иисусе, я рассчитывал посетить лабораторию, а не торговую выставку», — после чего убыл. Среди здешних «власть предержащих» поднялся шорох:

«Он не хочет торговую выставку... Он не хочет торговую выставку».

Заключительное оскорбление прозвучало от проверяющего, когда он покидал здание, а у входа в некоторых наиболее вытоптанных местах укладывали новый дерн.

На очередное переустройство лаборатории было потеряно еще полдня.

А потом... Перед моим мысленным взором, как живьем, шествует вся свита, и во главе — специальный человек, который подстилает дерн перед вице-президентами, дабы их нога, упаси Бог, не коснулась песка. Интересно, а сколько парней поддерживает этих великих боссов в туалете на весу так, чтобы они не прикасались к стульчаку, и как вся эта публика вмещается в кабинку???

> От: (имярек)
> Кому: scottadams@aol.com
>
> Скотт!
>
> Рекорд глупости, поставленный шефом нашего подразделения, — это заведённая им балльная система. Нам выдают ведомости заданий; мы, едва что-то сделаем в течение дня, проставляем там птички, а потом за это начисляются баллы.
> Не самая светлая голова у этого парня.

> От: (имярек)
> Кому: scottadams@aol.com
>
> Скотт!
>
> Подлинная история:
> Когда мы одно время сидели в глубокой дыре, наш новоиспечённый босс решил, что мы нуждаемся в окрыляющем собрании. Там даже показывали видеофильм, специально заказанный фирмой, чтобы вдохновить нас. В картине пропагандировался девиз воздухоплавателя Макси Андерсона: «Не прекращай попыток — и успех придёт». Было там и личное обращение прославленного смельчака.
> (Сам Макси погиб тремя годами ранее — после аварии своего аэростата.)

> От: (имярек)
> Кому: scottadams@aol.com
>
> Скотт!
>
> Подлинная история:
> Как-то на совещании один из больших начальников, впав в полудрёму, жевал сквозь сон конец своей ручки. Та начала протекать, и никто в комнате не побеспокоился сказать человеку, что у него в уголке губ собрались чернила и капают на рубашку. Все пытались сидеть с каменными лицами, а у него текла по подбородку синяя струйка.
> Так ему и позволили просидеть целое совещание.

От: (имярек)
Кому: scottadams@aol.com

Скотт!

В нашем регионе есть спрос на ряд технических специальностей, так что опытные люди перебрались в другие фирмы и стали получать там на пятнадцать процентов больше денег за приблизительно половинную работу.

Администрация организовала совещание пока еще не сбежавших инженеров.

Собравшиеся ожидали, что им объявят о коррективах то ли жалованья, то ли загрузки.

Встреча состоялась — и в основном свелась к раздаче фирменных футболок и пожеланиям «хорошо провести день».

Инженеры вернулись к себе, пошвыряли футболки на пол и станцевали на них нечто воинственно-зажигательное.

От: (имярек)
Кому: scottadams@aol.com

Скотт!

Можете сомневаться в рассказанном, как и я сама сначала не верила, но всё это — чистая правда.

В [фирме] в обязательном порядке требуется оттрубить пять часов в неделю сверхурочно. Еженедельно первые пять часов сверхурочного времени нам не оплачивают. И вот одна женщина, работающая, как и все, в таком режиме, взяла две недели отпуска. По возвращении ей сказали, что она за истекший период задолжала десять часов сверхурочных, поскольку во время отпуска не отработала их.

Коллега ответила начальству, что те могут поцеловать ее в задницу. Думаю, она отреагировала даже слишком вежливо.

От: (имярек)
Кому: scottadams@aol.com

Скотт!

Руководство разослало недавно новую формулировку миссии фирмы, и теперь от всех сотрудников требуют подписать ее и тем самым засвидетельствовать свою поддержку этого документа.

Поставив подпись, вы получаете специальную булавку, которую потом, как предполагается, станете носить. При этом ожидается (тут-то и зарыта главная собака), что если вы в дальнейшем увидите кого-то с такой же булавкой в лацкане, то обменяетесь друг с другом «тайным приветствием»: прикоснетесь к булавке, после чего поднимете большой палец вверх. Мы посчитали, что проще было бы, вероятно, отсалютовать на нацистский манер.

Привет из Страны чудес.

От: (имярек)
Кому: scottadams@aol.com

Скотт!

У нас тут есть некий «руководитель проекта», принадлежащий к тем людям (идиотам), кто, придя на совещание с пятнадцатиминутным опозданием, настаивает, чтобы ему пересказали каждую тему, успевшую подвергнуться обсуждению.

В сезон отпусков работы вообще не очень много, а у него и вовсе не было чем заняться. Тогда этот чудак отправился на наше совещание, не имевшее к нему или его отделу никакого отношения. Там он, не смутившись своей задержкой, уселся и заявил, что без совещаний теряет ощущение «работающего». Поскольку в тот день в здании проводилось единственное совещание, он решил примкнуть к нему.

Мы позволили ему поприсутствовать, раз уж потребность столь неодолима, но только при условии вести себя тихо. Разумеется, это было выше его сил: он всё время задавал бестолковые вопросы по тем пунктам повестки дня, которые мы уже обсудили.

От: (имярек)
Кому: scottadams@aol.com

Скотт!

Приближалась восьмилетняя «годовщина» нашей фирмы. Группа сотрудников собралась организовать во внутреннем дворе здания вечеринку. Про это разнюхал босс и настоял, чтобы ему предоставили там слово.

Всё шло по плану. Сотня с лишним служащих собралась поесть жареных цыплят по-мексикански и вдоволь накачаться коктейлем из текилы с лимонным соком и солью. В разгар веселья босс завел свою шарманку и среди прочего сказал, что, мол, «мы довольно новая фирма, но будем становиться всё лучше и лучше, ибо есть надежда набрать людей потолковее тех, кого мы имеем сейчас».

Самое забавное в том, что этот деятель так никогда и не понял, насколько он оскорбил каждого присутствующего. Об этой «позорной речи» вспоминают по сей день.

От: (имярек)
Кому: scottadams@aol.com

Скотт!

Неужто дирекция в вашей фирме столь же вдохновенна?

Вот цитата с титульного листа информационного бюллетеня «Комплексное управление качеством» [фирмы]: «Единственный фактор, который отличает победоносную фирму от ее менее удачливых двойников, — это способность оставаться конкурентоспособной в нашем мире, полном невероятной конкуренции!..»

То ли администрация обладает редким даром схватывать очевидное, то ли..?

От: (имярек)
Кому: scottadams@aol.com

Скотт!

Наш генеральный директор перед самым Рождеством встретился со всем персоналом и толкнул воодушевляющую речь, в которой определил нашу миссию так: «Быть фирмой, которую выбирают клиенты, партнеры и работающие», — после чего в феврале ушел в отставку, чтобы возглавить конкурирующую фирму.

Что тут скажешь? Уж он-то наверняка выбрал правильно.

От: (имярек)
Кому: scottadams@aol.com

Скотт!

Я сидел, заканчивая жевать бублик с изюмом, и как раз тянулся за вторым, когда по ту сторону холла заметил сослуживца, с жаром толковавшего о «действиях дирекции фирмы» и о том, чтобы «не ходить проторенными тропами»... И тут мне пришло на ум, как чудесно отскочил бы от его башки мой бублик, если швырнуть его изо всех сил через зал...

От: (имярек)
Кому: scottadams@aol.com

Скотт!

Вот вам история.

Пару лет назад я набросал на компьютере эскиз, иллюстрирующий проблему с одной нашей схемной разработкой, которая использовалась в большинстве выпускаемых нами изделий. Я рассказал вице-президенту по проектированию о проблеме, с которой мы столкнулись, и показал этот чертежик.

Он взял его, поглядел и сказал: «Ничего себе!»

«Значит, — подумалось мне, — он увидел то же, что и я: в схеме есть проблема, и ее устранение повлияет на значительную часть нашей гаммы изделий».

«Ничего себе, — сказал он снова, — и как это вы слепили этот чудный граф?» В следующие две недели основную часть своего времени я посвятил тому, что строил графики и диаграммы для вице-президента. А тот мог блеснуть ими на заседаниях правления компании, где ему наконец удалось задвинуть подальше всю шваль из маркетинга (сиречь других вице-президентов) с их примитивной графикой на компьютерах «Макинтош», над которой секретаршам приходилось корпеть неделями.

Если бы я изобразил тот эскиз на куске простой миллиметровки, шеф смог бы увидеть проблему, а мы — устранить ее. А так я оказался отвлеченным от этого дела до тех пор, пока годом позже наши клиенты наконец сами не отследили трудность, с которой они сталкивались, обнаружили, что первопричина лежала в нашем чипе (вот она, та самая проблема!), и потребовали от нас устранить ее.

Довольно странно (а возможно, и нет), но я тогда получил благодарность — только не за обнаружение проблемы прежде, чем у наших клиентов возникли неприятности, а за ликвидацию этой проблемы уже после того, как потребители ее выявили.

От: (имярек)
Кому: scottadams@aol.com

Скотт!

Начальник предложил способ вовремя начинать совещания:
За каждую минуту коллективного ожидания виновный, который явился позже и заставил себя ждать, должен был внести один доллар каждому присутствующему:

(штраф = количество_участников × минуты_опоздания)

Долго это не продлилось. Конец наступил, как только сам инициатор этой затеи явился на совещание, в котором участвовало тридцать человек, с сорокаминутным опозданием!

От: (имярек)
Кому: scottadams@aol.com

Скотт!

В нашей фирме потребовали подтверждать свое присутствие на рабочем месте С ИНТЕРВАЛОМ ШЕСТЬ МИНУТ, пробивая на специальных часах карту учета рабочего времени. И это при том, что мы считаемся постоянными сотрудниками «на окладе».

Причина придирчивости в том, что несколько лет назад кое-кого из нашего отделения поймали на махинациях с бухгалтерскими документами. Но для лечения недуга вместо наказания феодалов стали пороть крестьян, мучая их мелочным отчетом об использовании рабочего времени (мало им одиннадцати разрядных табельных номеров!).

Недавно одного из наших коллег затащили на допрос. Спрашивали: «Над чем вы сейчас работаете?», «Какой ваш табельный номер?», «Мошенничали ли вы когда-нибудь?» (С последним вопросом я не шучу. Они и ВПРАВДУ так спрашивали!!!)

Но беседа с ним продолжалось больше шести минут... (ровно семь минут, если быть точным). В итоге он был позже вызван на ковер за то, что включил время этого разговора в рабочее!!! Человеку пришлось писать объяснительную записку с оправданиями и извинениями, его непосредственный начальник тоже составил бумагу, что это никогда больше не повторится, а «ответственный вице-президент» (заметьте, это же очевидный оксюморон!) выпустил распоряжение с обещанием, что головы полетят с плеч, если подобное скандальное поведение будет продолжаться...

Тем не менее ситуация все-таки улучшается: правила стали менее жесткими, и теперь мы должны отчитываться за время лишь с пятнадцатиминутным интервалом...

От: (имярек)
Кому: scottadams@aol.com

Скотт!

Недавно замдиректора по кадрам рассказал мне про одну сотрудницу, которая страдала хронической мышечной судорогой, связанной с использованием компьютерной мыши. Я предложила дать ей вместо мыши световое перо и планшет за 150 долларов и снять боль без потери производительности.

Ответ кадровика был таков: «Ш-ш-ш, никому об этом не говорите. Если люди сориентируются, что могут избежать боли и страданий, то каждый захочет иметь эти прибамбасы!»

От: (имярек)
Кому: scottadams@aol.com

Скотт!

В разгар особенно упорной внутрифирменной «гражданской войны», когда каждый дрожал за свою должность, директор приходит на еженедельную оперативку, ставит на стол магнитофон и включает его. Все деревенеют, поглядывая направо и налево. Высказывания тщательно продумываются и сводятся к минимуму.

Директор ругает присутствующих за молчание на совещаниях и за «чрезмерную застрессованность».

Затем директорский прихлебатель раздает всем экземпляры бланка, озаглавленного «СТРЕССОМЕР». На нем изображено семь прямоугольников, каждый из которых означает определенную интенсивность стресса. Тексты в них полностью отражают весь спектр — от «меня ничего не трогает» (нулевой стресс) до «готов взорваться в любую минуту» (седьмая степень стресса).

Каждый бланк нужно заполнить, подписать и вернуть.

Стрессомеры собрали, обсчитали, усреднили и вывесили на стену итог:

«На этой неделе стресс равен 4,3!»

На следующей неделе: «Стресс равен 4,2, дело движется в хорошую сторону!»

Конечно, все «конфиденциальные» бланки позже наклеили на стенку в буфете, так что каждый мог попробовать «вычислить», кто же начинен взрывчаткой, а кто на рабочем месте мирно кемарит.

От: (имярек)
Кому: scottadams@aol.com

Скотт!

Вот вам самый последний факт из моей фирмы.

Мы недавно претерпели серию сокращений, причем каждое объявлялось последним. Ликвидировались целые группы, но только после долгих публичных дебатов насчет того, что технические знания их сотрудников «не приносят дополнительной прибыли». Отстрел продолжается, и в фирме, похоже, пробуют повторить то, что когда-то было проделано с индейцами. Только что прошла очередная реорганизация, и половину новых начальников явно назначили за способность вылизывать мужика, который руководит этой половиной.

Моральный дух — ниже некуда.

В настоящий момент — и это удивительно — наличие нравственной проблемы признано. (Думаю, их немного взволновало то, что люди начинают уходить, не дожидаясь, пока их выгонят под благовидным предлогом.) Для изучения проблемы создали рабочую комиссию. Та обсудила следующие возможности:

- признавать и вознаграждать техническую компетентность;
- приблизить диапазон заработной платы к среднерыночным значениям;

- заранее оповещать о планируемых увольнениях и о принципах их проведения;
- переквалифицировать тех, кто дает меньше «дополнительной прибыли».

После обсуждения всех этих (и многих иных) альтернатив результатом продолжительного думанья стала... концепция «команды ВЕСЕЛЬЧАКОВ»!!!

Коль моральный дух сотрудников низок, нужно больше пикников и игры в шары. Как только мы станем больше общаться вне работы, все наши проблемы исчезнут.

Если бы я посещал побольше занятий по навыкам лидерства, мне наверняка было бы легче понять всё это...

О ВАЖНОСТИ ВОЛОС ДЛЯ ЛИДЕРОВ-МУЖЧИН

Наконец, никакое обсуждение проблематики лидерства не может быть полным без рассмотрения роли волос. Женщинам достаточно просто иметь их. Но для мужчин качество волос — существенный компонент лидерства.

Корреляция между прической и лидерством была мною замечена еще тогда, когда я протирал штаны в Банке Крокера, а затем — в «Пасифик Белл». Спустя какое-то время я понял, что это не могло быть простым совпадением.

На вершине руководящей пирамиды всегда оказываются люди с густыми волосами средней длины, зачесанными на косой пробор. Это тот тип волос, которые со временем начинают отливать серебром, но никогда не редеют. Волосы Джека Кемпа[1]. Волосы Ньюта Гингрича[2]. Волосы, которые не умрут. Волосы, от которых отскочит пуля. Волосы, которые защитят космический корабль при входе в атмосферу[3].

Конечно, имеются и исключения. Иногда весьма способный лысый руководитель вроде Барри Диллера[4] проскользнет че-

---
[1] Американский политик, когда-то — знаменитый профессиональный футболист. — *Прим. перев.*
[2] Консервативный лидер республиканского большинства в палате представителей США. — *Прим. перев.*
[3] Если человек с такой прической вдруг захочет взглянуть сверху на Великую китайскую стену.
[4] Один из видных деятелей шоу-бизнеса в Америке. — *Прим. перев.*

рез преграды на манер дельфина, миновавшего сеть, расставленную на тунцов, и пробьется наверх. Но это редкость, которую я приписываю главным образом тому факту, что такие руководители отчасти и являются дельфинами. (Если вы присмотритесь к Барри Диллеру вблизи, то прямо на его макушке увидите небольшое дыхало.) Руководителей, отчасти являющихся дельфинами, легко распознать по двум бросающимся в глаза чертам:

1. У них нет волос.

2. Они не посещают дельфинарии и не принимают адельфан.

ЗАКЛЮЧЕНИЕ

Я бы не хотел, чтобы из этой главы следовало, будто лидерство — это халява и жульничество. Различия всё же есть: лидерство оплачивается куда выше и не требует так быстро соображать. Посему я рекомендую всем вам именно этот путь к карьере.

ЛИДЕРСТВО В КАРТИНКАХ

КОМПАНИЯ ОБЪЯВИЛА, ЧТО В ЭТОМ ГОДУ НЕ БУДЕТ НИ ПРИБАВОК, НИ ПОВЫШЕНИЙ.
С. Адамс E-Mail: SCOTTADAMS@AOL.COM
ТЕПЕРЬ ЕСТЬ МАТЕМАТИЧЕСКАЯ УВЕРЕННОСТЬ: КАК БЫ ВЫ НИ ПАХАЛИ, ИНФЛЯЦИЯ ВАС ОЩИПЛЕТ.
© 1994 United Feature Syndicate, Inc.
НЕНАВИЖУ БЫЛЫЕ ВРЕМЕНА С ИХ НЕУВЕРЕННОСТЬЮ.
Я ВЕДЬ НЕ ТОЛЬКО НАЧАЛЬНИК, НО И ЛИДЕР!

ПОСКОЛЬКУ Я ЛИДЕР, ТО МОЯ РАБОТА — УСТАНАВЛИВАТЬ ПРИОРИТЕТЫ.
С. Адамс E-Mail: SCOTTADAMS@AOL.COM
ВОТ ВАШ КАЛЕНДАРЬ. Я ВПИСАЛА ТУДА ПРОСИТЕЛЕЙ НА ГОД ВПЕРЕД — КАЖДУЮ ДЕРЕВЕНЩИНУ, НАБРАВШУЮ ВАШ НОМЕР.
© 1994 United Feature Syndicate, Inc.
ПОЖАЛУЙ, ЭТО И НАЗОВУ ПРИОРИТЕТОМ.

Дилберт
Скотта Адамса
ПОЗДРАВЛЯЮ!
ВЫ ТЕПЕРЬ ОТВЕЧАЕТЕ ЗА ПРОТИВОПОЖАРНУЮ БЕЗОПАСНОСТЬ ПО ЭТАЖУ.
В СЛУЧАЕ ПОЖАРА МЫ ПОЛАГАЕМСЯ НА ВАШЕ ЛИДЕРСТВО, А ВЫ ДОЛЖНЫ ВЫВЕСТИ НАС В БЕЗОПАСНОЕ МЕСТО.
МИНУТКУ, ВЕРНО ЛИ Я ПОНЯЛ...
ВЫ ЛИДЕР, КОГДА НАДО ПРИНЯТЬ БЕСПОЧВЕННЫЕ РЕШЕНИЯ И ПОЛУЧИТЬ ЗА ЭТО КУЧУ ЛЬГОТНЫХ АКЦИЙ.
А Я ЛИДЕР, КОГДА НАДО РИСКОВАТЬ ЖИЗНЬЮ В АДУ ПЫЛАЮЩЕГО НЕБОСКРЕБА, ПОКА ВЫ БУДЕТЕ ВЫБИРАТЬСЯ ПО ОБГОРЕВШИМ СПИНАМ ПАВШИХ ПОДЧИНЕННЫХ.
ПОЧЕМУ ВЫ ДУМАЕТЕ, ЧТО ВАША ЖИЗНЬ ЦЕННЕЕ МОЕЙ?
У МЕНЯ ЕСТЬ ЛЬГОТНЫЕ АКЦИИ, А ВЫ ОТВЕЧАЕТЕ ЗА ЭТАЖ.
НЕ НАДЕЙТЕСЬ ДАЖЕ НА ИСКУССТВЕННОЕ ДЫХАНИЕ.
С. Адамс E-Mail: SCOTTADAMS@AOL.COM
© 1995 United Feature Syndicate, Inc.

ЧЕМ ВЫ ОБЪЯСНИТЕ ОТСТАВАНИЕ ОТ ГРАФИКА НА НЕДЕЛЮ?
С. Адамс E-Mail: SCOTTADAMS@AOL.COM
ВАШЕ ЖАЛКОЕ ЛИДЕРСТВО ЛИШИЛО МЕНЯ ЭНТУЗИАЗМА, НЕОБХОДИМОГО ДЛЯ УСПЕХА. НО ЭТО НЕ ТОЛЬКО ВАША ВИНА.
© 1995 United Feature Syndicate, Inc. (NYC)
ЧЕСТНО ГОВОРЯ, ДОЛЯ ОТВЕТСТВЕННОСТИ И НА РОДИТЕЛЯХ, КОТОРЫЕ ПРОИЗВЕЛИ ВАС НА СВЕТ.
ДАЖЕ ЕСЛИ ОНИ БЫЛИ ПЬЯНИЦАМИ?

МОЙ НОВЫЙ СТИЛЬ УПРАВЛЕНИЯ ВЫМАТЫВАЕТ МЕНЯ.
С. Адамс © 1993 United Feature Syndicate, Inc.
ЛЮДИ ХВАЛЯТ МЕТОД «УРВО», ИЛИ «УПРАВЛЯТЬ, РАСХАЖИВАЯ ВОКРУГ ДА ОКОЛО».
Internet: SCOTTADAMS@AOL.COM
Я ПРОШЕЛСЯ ДО ПАРКА И ОБРАТНО, НО НЕ МОГУ СКАЗАТЬ, ЧТО ЗАСТАЛ ЗДЕСЬ СУЩЕСТВЕННОЕ УЛУЧШЕНИЕ.

НАДЕЖНЫЕ ИСТОЧНИКИ СООБЩИЛИ, ЧТО СТАРШИЙ ВИЦЕ-ПРЕЗИДЕНТ ЗА ЛЕНЧЕМ ИЗДАЛ ЗВУК ВРОДЕ «ЁК».
С. Адамс E-Mail: SCOTTADAMS@AOL.COM
ЧТО БЫ ЭТО ЗНАЧИЛО? СИГНАЛ СМЕНЫ ПРИОРИТЕТОВ? ТОГДА НАДО ПОКАЗАТЬ ПРЕДАННОСТЬ НОВОЙ ПОЛИТИКЕ.
© 1993 United Feature Syndicate, Inc.
А КАКОВ БЫЛ КОНТЕКСТ ЭТОЙ ПОЛИТИКИ?
ИЗВЕСТНО ТОЛЬКО, ЧТО ОН ЕЛ ПИРОГ С НАЧИНКОЙ. НО ВОТ С КАКОЙ?

МЫ ПЕРЕРАБОТАЛИ ОРГСХЕМУ, ЧТОБЫ ПОКАЗАТЬ: РУКОВОДСТВО, НАХОДЯЩЕЕСЯ ВНИЗУ, ВЗВАЛИЛО НА СЕБЯ НАШИХ ВАЖНЕЙШИХ ТРУЖЕНИКОВ!
С. Адамс E-Mail: SCOTTADAMS@AOL.COM
ВОПРОС: ПОЧЕМУ ВАЖНЕЙШИМ ТРУЖЕНИКАМ ПЛАТЯТ МЕНЬШЕ ВСЕХ?
© 1993 United Feature Syndicate, Inc.
ПОТОМУ ЧТО ИМ ВОВЕК НЕ ДОГАДАТЬСЯ ПЕРЕВЕРНУТЬ ОРГСХЕМУ ВВЕРХ ТОРМАШКАМИ.

МЫ ИЗУЧИЛИ ЯПОНСКУЮ МОДЕЛЬ И РЕШИЛИ ВЗЯТЬ У НИХ САМОЕ ЛУЧШЕЕ.
С. Адамс E-Mail: SCOTTADAMS@AOL.COM
ДОЛГОСРОЧНЫЕ ИНВЕСТИЦИИ?
КАРАОКЕ!
О ЧЁМ, ТУПИЦА, РЕЧЬ? ТЕБЕ ЛИ ВСЁ ПОДСЕЧЬ?
СЛАВА БОГУ, У НАС НЕ ПОЖИЗНЕННЫЙ НАЙМ.
© 1994 United Feature Syndicate, Inc.

ОГО... НАЧАЛЬСТВО ИДЕТ НА ОЧЕРЕДНОЕ СОВЕЩАНИЕ ЗА ЗАКРЫТЫМИ ДВЕРЯМИ.
С. Адамс E-Mail: SCOTTADAMS@AOL.COM
НАВЕРНОЕ, БУДУТ РЕЗАТЬ ОКЛАДЫ ИЛИ УВОЛЬНЯТЬ. ДУРЕНЬ Я. ЛУЧШЕ СРАЗУ ЗАЙМУСЬ АВТОБИОГРАФИЕЙ.
© 1995 United Feature Syndicate, Inc. (NYC)
ИТАК, ПОКА НАШЕ «ВИДЕНИЕ ЛИДЕРОВ» ГЛАСИТ: «ВООДУШЕВЛЯЕМ СОТРУДНИКОВ НА ДЕЙСТВИЯ». ЕСТЬ ДОПОЛНЕНИЯ?
НЕТ.

ВЫ ПОМНИТЕ, ЧТО КООРДИНАЦИОННЫЙ КОМИТЕТ РЕШИЛ ПО ПОВОДУ МОЕГО ПРОЕКТА?
НЕТ.
С. Адамс E-Mail: SCOTTADAMS@AOL.COM
ЛУЧШЕ СОЗОВИТЕ СОВЕЩАНИЕ ВСЕХ НАЧАЛЬНИКОВ ОТДЕЛОВ. ЕГО РЕШЕНИЕ ОТМЕНИТ КОМИТЕТСКОЕ, И ВАШ ПРОЕКТ СНОВА РАССМОТРЯТ.
© 1994 United Feature Syndicate, Inc.
ЧТОБЫ ИХ ВСЕХ СОБРАТЬ, УЙДУТ МЕСЯЦЫ.
И НЕ ПРИГЛАШАЙТЕ СЕБЯ. ЭТО СОВЕЩАНИЕ – ТОЛЬКО ДЛЯ ЛИДЕРОВ.

НА СЛЕДУЮЩЕЙ НЕДЕЛЕ СЮДА ПРИЕЗЖАЕТ ГЕНЕРАЛЬНЫЙ. ВЫ ВСЕ ЗНАЕТЕ, ЧТО ДЕЛАТЬ.
С. Адамс. E-Mail: SCOTTADAMS@AOL.COM
ПРЕКРАТИТЕ ВСЯКУЮ ПОЛЕЗНУЮ ДЕЯТЕЛЬНОСТЬ И ГОТОВЬТЕ СЛАЙДЫ, ПРЕУВЕЛИЧИВАЮЩИЕ НАШИ УСПЕХИ.
© 1994 United Feature Syndicate, Inc.
А САМЫХ НЕКРАСИВЫХ КОЛЛЕГ ЗАМЕНИМ АКТЕРАМИ.
ТОЛЬКО НЕ ЖЕРАРОМ ДЕПАРДЬЕ.

ВИДЫ ШЕФОВ

Найди своего шефа в этом удобном каталоге.

ПОХИТИТЕЛЬ ВРЕМЕНИ: заманивает вас в кабинке и болтает, пока у вас не отвалятся уши.
— ля-ля
— ОЙ!!!

ЖУЛИК: энергично кивает головой, имитируя понимание.
— Теперь вносим IP-адреса в субсеть.
— О да, о да

ЛГУН-ВДОХНОВИТЕЛЬ: понятия не имеет, чем вы занимаетесь, но говорит, что вы лучше всех.
— Никто не сделает то, что вы!!!
— Кроме придурка.

СЛИШКОМ ВЫСОКО ЗАБРАВШИЙСЯ: пытается скрыть неведение туманными речами.
— Во избежание избытка данных квантилизируем нашу парадигму.

ЛИСА: объявляет своей заслугой итоги вашего тяжкого труда.
— Вам премия — за то, что блестяще принудили свой персонал работать 80 часов в неделю.
— Это было нелегко.

МОИСЕЙ: постоянно ждет четких указаний сверху.
— Пока не делайте ничего важного.
— А разве делали?

ИДЕАЛЬНЫЙ ШЕФ: умирает естественной смертью в четверг после обеда.
— Что нам теперь делать?
— Три выходных!

26
НОВАЯ МОДЕЛЬ ФИРМЫ: УВ5

В этой главе вы найдете большой набор непроверенных предложений, исходящих от автора, который никогда успешно не управлял никем, кроме своих котов. (Впрочем, подумав сейчас об этом, я понял, что уже дня два не видел того серого.)

Некоторые думают, что раз я высмеиваю нынешние методы управления, то у меня должны иметься какие-то потрясающие идеи, которые я эгоистично храню для себя. Со временем я и сам начал верить в подобное. (Если и это не доказывает мой центральный тезис — что все мы идиоты, — то его уже ничем не обосновать.)

Сомневаюсь, что вычитанное здесь как-то улучшит вашу жизнь, но зато вполне уверен, что вам это и не повредит. И еще: мои предложения лучше многого, с чем вы имеете дело теперь.

Если кто-либо окажется излишне легковерным и воспользуется моими рекомендациями, то пусть не говорит потом, что его не предупреждали. Сказав это, я всё-таки надеюсь, что вы найдете здесь кое-какие интересные идеи.

ФУНДАМЕНТАЛЬНОСТЬ

Ключ к хорошему управлению — знать, что фундаментально для успеха фирмы и что нет. Вот мое великое открытие в этой сфере:

> Фирмы с высокопроизводительными сотрудниками и удачными изделиями обычно преуспевают.

Оба-на!!!
Это могло бы показаться ослепительной вспышкой банальности, но оглянитесь вокруг в своей фирме — и вы увидите, сколько действий и должностей находится по крайней мере на одну ступень ниже того, что улучшает или производительность работающих, или качество изделия[1]. (Примечание. Если у вас — одна из таких должностей, постарайтесь как можно быстрее обновить свою автобиографию.)

Любая деятельность, которая ступенью ниже, чем люди или изделия, в конечном счете потерпит неудачу или принесет очень мало пользы. Этого не видно, пока сам занимаешься ею, но результат почти всегда окажется именно таким.

Мне трудно дать определение, что я имею в виду, говоря «на ступень ниже», но вы и сами это безошибочно узнаёте, когда сталкиваетесь с подобной ситуацией. Пусть вам помогут примеры:

- Если вы пишете программу для новой версии программного продукта, это носит фундаментальный характер, потому что вы улучшаете изделие. Но если вы разрабатываете политику написания программного обеспечения, то находитесь на ступень ниже сути дела.

- Если вы тестируете лучший способ сборки изделия, это фундаментально. Но если вы работаете в целевой группе, призванной разработать комплекс рекомендаций по данному вопросу, то пребываете ступенью ниже сути.

---

[1] Когда я говорю «изделие» или «продукт», то подразумеваю весь спектр манипуляций вокруг изделия с перспективы клиента — включая поставку, имидж и каналы прохождения.

- Если вы беседуете с клиентом, это фундаментально. Если вы беседуете о клиентах, то, вероятно, на ступень удалены от сути.
- Если вы участвуете в чём-нибудь фигурирующем в приведенном ниже списке, то находитесь на ступень ниже того, что фундаментально для вашей фирмы, и вас не станут оплакивать в случае похищения инопланетянами.

НЕ ЯВЛЯЮТСЯ ФУНДАМЕНТАЛЬНЫМИ

Конкурс качества
Группа совершенствования процедур
Комиссия по признанию заслуг
Выявление степени удовлетворенности сотрудников
Система рекомендаций и предложений
ISO 9000
Стандарты
Совершенствование стратегии
Реорганизация
Процедуры составления бюджета
Подготовка перспективного видения фирмы
Подготовка миссии фирмы
Подготовка перечня допустимого оборудования

Все эти действия, которые «на ступень ниже сути», неистребимы. Более того, можно привести убедительные аргументы в пользу каждого из них. Например, невозможно управлять фирмой без процедур составления бюджета. Я и не предлагаю пробовать обойтись без них. Но считаю, что вы можете сосредоточить больше энергии на фундаментальном (на людях и изделиях), придерживаясь для всех тех действий, которые «на ступень ниже сути», следующего простого правила.

Правило для указанных действий: стабильность и логичность. Сопротивляйтесь побуждению подремонтировать, подправить и подновить. Всегда соблазнительно «улучшить» организационную структуру, или заново пересмотреть стратегию фирмы с учетом новой ситуации, или создать комиссию для улучшения морального духа сотрудников, или... Взятые по отдельности, эти вещи кажутся осмысленными. Но опыт показывает: в итоге вы, как правило, придете к состоянию, ничуть не более эффективному, нежели то, с чего начинали.

Например, многие компании бесконечно дорабатывают системы вознаграждения за труд. Редко это дает результат в виде более счастливых и более производительных служащих. Рядовые работники направляют свою энергию на жалобы, нарекания и на подготовку автобиографий, начальники — на объяснение и обоснование новой системы.

Принцип стабильности и логичности подсказал бы вам сохранить действующую систему оплаты труда — при всех ее пороках и изъянах, разве что она вызывает настоящее отвращение. Фирма, сосредоточивающаяся на фундаментальных вопросах, получит достаточно прибыли, чтобы сделать приемлемой любую систему оплаты.

Наилучший пример бесплодной деятельности, которая «на ступень ниже сути» и в то же время выглядит вполне разумной, — это реорганизация. Вы когда-либо видели внутреннюю реорганизацию фирмы, которая бы резко улучшила или отдачу сотрудников, или качество изделия?

Иногда от реорганизации имеются косвенные выгоды, потому что она — хорошее оправдание для прополки дурачья; но едва ли это оправдывает разрушение всего и вся. Правило стабильности и логичности подсказывает, что лучше сохранить оргструктуру такой, как она есть, если только в отрасли не произошли принципиальные изменения. Добавляйте или убирайте людей по мере необходимости, но оставьте структуру в покое. Позвольте сотрудникам тратить время не только на перезаказывание визитных карточек.

Многие из действий, которые «на ступень ниже сути», сами по себе начинают отмирать, если хорошо работать с людьми и с изделиями. Фирма с отличным изделием редко нуждается в формулировке миссии. Эффективно действующие сотрудники предложат усовершенствования без того, чтобы включать их в «группу качества». Никому не понадобится «комиссия по признанию заслуг», если начальники справляются с обязанностями и без напоминаний воздают должное хорошей работе сотрудников. Процедуры составления бюджета станут внезапно выглядеть очень простыми, если фирма зарабатывает деньги (сосредоточиваясь на своих изделиях).

Говоря о стабильности и логичности, я бы сделал исключение для таких изменений, которые достаточно радикальны, чтобы квалифицировать их как «реструктуризацию» всех процедур. Я возражаю против имитаций, а вовсе не против реально необходимых перемен.

Если вы согласны с моими аргументами в пользу того, что слишком много энергии тратится на действия, которые «на ступень ниже сути», то возникает следующий вопрос: как сосредоточиться на фундаментальном, как сделать ваших работников более производительными, а изделия — более желанными? Я готов помочь и здесь.

УХОД — РОВНО В ПЯТЬ

Мною разработана концептуальную модель идеальной фирмы. Первейшая цель этой фирмы — достижение максимальной эффективности сотрудников. Я полагаю, что наилучшие изделия обычно исходят от наиболее эффективных и производительных сотрудников; следовательно, из всех фундаментальных принципов наиболее фундаментальна эффективность сотрудников.

Цель моей гипотетической фирмы состоит в том, чтобы добиться от сотрудников наилучшей работы и обеспечить, чтобы к пяти часам дня они покидали службу. Уход ровно в пять — настолько центральный элемент моего подхода, что я, дабы подчеркнуть это, назвал такую фирму УВ5 («Уход в пять»). Если вы откажетесь от этой части моей концепции, всё остальное развалится. Вскоре вы увидите почему.

В сегодняшней трудовой среде тех сотрудников, кто закрывает за собой двери в пять часов пополудни, уважают еще меньше, чем организованные Майклом Джексоном дневные центры помощи бездомным. Цель УВ5 состоит в том, чтобы изменить сложившуюся ситуацию и гарантировать, что сотрудник, уходящий домой в пять, действительно сделал всё положенное, причем всем это ясно. Для достижения данной цели фирма типа УВ5 должна очень многое делать не так, как обычная фирма.

Компании тратят массу энергии на попытки увеличить степень удовлетворенности служащих. Это очень мило с их стороны, но — посмотрим правде в лицо — работа, как ни говори, утомляет. Если бы люди просто любили работу, они делали бы ее бесплатно. Причина, по которой приходится платить людям за работу, состоит в том, что в сравнении с альтернативными возможностями она по сути своей малоприятна. При УВ5 признаётся, что лучший способ сделать сотрудников удовлетворенными работой состоит в том, чтобы в максимально возможной степени помочь им вовремя уйти со службы.

Система УВ5 не означает согласия на меньшую выработку сотрудников, а лишь на меньшее количество отрабатываемого времени. Основные предпосылки УВ5 таковы:

- Счастливые сотрудники работают более производительно и творчески, чем несчастные.
- Существует предел счастья, которое можно обрести на работе. Дальнейший прирост счастья возможен только в том случае, если проводить больше времени вдали от работы.
- Средний человек интеллектуально производителен всего несколько часов в день независимо от того, сколько часов он «работает».
- Люди знают пути такого уплотнения своих действий, чтобы уложиться в меньшее время. Добиваясь этого, они увеличивают и целеустремленность, и заинтересованность. Вознаграждение является при этом прямым, немедленным и сугубо личным: они рано уходят домой.
- Фирма может сделать *немногое*, чтобы стимулировать в сотрудниках ощущение счастья и творческий потенциал, но может натворить неведомо сколько для умерщвления этих чувств. Разумная компания должна стараться не мешать, не путаться под ногами. Когда фирма пробует поощрить творческую активность сотрудника, ситуация напоминает танец медведя с муравьем. Рано или поздно муравей поймет неразумность данной идеи, хотя до медведя это может и не дойти.

НЕ СТОЯТЬ НА ПУТИ

Люди в большинстве своем творческие по природе и счастливые по умолчанию. Это не кажется очевидным лишь потому, что современный менеджмент нацелен на подавление указанных импульсов. Фирма типа УВ5 задумана так, чтобы не стоять на пути и позволять хорошим вещам случаться. Вот как это делается:

1. Нужно разрешить сотрудникам одеваться так, как они хотят, украшать свои рабочие места так, как они хотят, форматировать служебные записки так, как

они хотят. Никто и никогда не доказал, что упомянутые сферы влияют на производительность. Но, начиная «управлять» этими вещами, вы посылаете ясный сигнал, что конформизм ценится выше и эффективности, и творческого подхода. Лучше не стоять на пути, дав этим лишний раз понять: вы ожидаете, что люди сосредоточатся на важном.

Я, вместе с тем, далек от рекомендации, чтобы сотрудники, скажем, использовали любой тип компьютера, который им по душе. Нет одинаковых ситуаций, и в данном случае в пользу применения стандартного компьютера могут говорить доминирующие соображения эффективности. Последняя как принцип должна быть важнее, чем творческий подход, — иначе возникнет хаос.

2. Нужно устранить в фирме любые искусственные «творческие» процессы типа «плана внесения рационализаторских предложений» или «групп качества». Творческий подход появляется сам по себе, когда всё остальное сделано правильно. Если у вас хорошая система электронной почты, стабильная оргструктура и работа идет без стрессов, то хорошие идеи придут нужному человеку в голову без всякой посторонней помощи. Главное состоит в том, чтобы дать людям знать, насколько вы цените творческий подход, — и отойти с дороги.

ЧТО ДОЛЖЕН ДЕЛАТЬ НАЧАЛЬНИК В СИСТЕМЕ УВ5?

«Не стоять на пути» — важная, но не самая главная из должностных обязанностей начальника. Тому, кто хочет быть начальником в фирме типа УВ5, придется делать и кое-какую реальную работу. Вот наиболее полезные действия, которые я смог придумать для начальника.

1. Убирать всех задниц. Ничто не в состоянии вытягивать из ваших сотрудников жизненные соки с такой силой, как парочка задниц садистского склада, которые, кажется, и существуют-то ради единственной цели — портить жизнь другим.

Как это ни печально, задницы часто обладают важными умениями, которые хотелось бы сохранить в подразделении. Мой совет таков: всё равно это никогда не окупает их присутствия. Если в фирме типа УВ5 вы делаете сослуживцев несчастными, то некомпетентны по определению. Вполне нормально быть «жестким», нормально быть «агрессивным» и нормально с кем-то не соглашаться — даже кричать. Всё это не обязательно означает быть задницей. Конфликт бывает здоровым явлением. Но если человек поступает так с презрением к другим, если он, похоже, испытывает от этого наслаждение или конфликтует в каждой ситуации, то не нужно особой догадливости, чтобы понять: этот человек — задница. И он потерян для дела.

2. Добейтесь, чтобы ваши сотрудники каждый день что-либо узнавали. В идеале они должны учиться тому, что непосредственно поможет им в работе, но следует поощрять овладение любыми вещами. Ведь чем больше человек знает, тем больше связей формируется в его мозге и тем более легкой становится для него каждая задача. Обучение создает удовлетворенность работой и поддерживает эго сотрудника, а также его энергетику. Как начальник, работающий в

системе УВ5, вы должны сделать так, чтобы каждый человек каждый день что-либо узнавал. Вот ряд способов обеспечить это:

- Поддерживайте просьбы об обучении даже в том случае, когда они не имеют пепосредственного отношения к работе.

- Всегда делитесь знаниями, причем лучше всего маленькими, удобоваримыми порциями, и просите других поступать так же.

- Проследите за доступностью специальных журналов и газет.

- Если бюджет позволяет, пытайтесь оснастить сотрудников современными компьютерами и программным обеспечением. Обеспечьте связь с Интернетом.

- Иногда оказывайте поддержку экспериментам — даже если знаете, что они обречены на неудачу (при условии невысоких издержек).

- Сделайте «обучение» частью должностных обязанностей каждого. Вознаграждайте тех, кто много делает в плане доведения полезной информации до коллег.

3. В совокупности вся эта «мелочевка» создает среду, которая способствует любознательности и обучению. Только вообразите себе работу, где после того, как вы что-то напортачили, шеф спрашивает: «Так чему вы научились?» вместо: «И о чём, черт подери, вы себе думали?»

4. Учите сотрудников тому, как быть эффективным. Подавайте личный пример, а также непрерывно подкрепляйте в других следующие модели поведения:

- Творческую работу планируйте на утро, а рутинную, не требующую обдумывания — на вторую половину дня. Например, общие собрания и большие совещания должны проводиться только после обеда (если их вообще надо созывать). Это может оказать огромное воздействие на фактическую и воспринимаемую производительность.

- Делайте совещания краткими. Сразу переходите к сути и действуйте. Явно давайте понять, что краткость и ясность вознаграждаются. Наградой за них служит возможность с чистой совестью уйти в пять часов. Каждая фирма говорит, что краткость — это хорошо, но только фирма типа УВ5 напрямую вознаграждает за это.

- Гасите всякие неприоритетные действия и ясно говорите почему. Не позволяйте втягивать себя в какую-то деятельность только из соображений вежливости. Если эта деятельность «на ступень ниже сути», сразу говорите «нет». И объясняйте, почему вы сказали «нет». Называйте вещи своими именами.

- Уважительно прерывайте тех, кто говорит слишком долго, не переходя к существу вопроса. Сначала это будет казаться нелюбезным. Но в конечном счете подобный подход даст каждому право поступать так же, и это можно только приветствовать. Помните, ведь всем предусмотрена награда — уход ровно в пять.

- Будьте эффективны в мелочах. Например, вместо того, чтобы разводить византийскую бюрократию вокруг распределения канцтоваров, приплюсуйте к зарплате каждого сотрудника 25 долларов в месяц в качестве «надбавки на канцтовары» и позвольте людям самим покупать в ближайшем магазине то, в чём они нуждаются. Если они потратят меньше этой суммы, разница останется у них в кармане.

- Если в служебную записку, предназначенную для внутренних целей, вкралась описка, просто подправьте ее и разошлите документ. Не шлифуйте его. Еще лучше воспользоваться электронной почтой.

ВПЕЧАТЛЯЮЩАЯ КОНЦОВКА

Культура эффективности начинается с повседневных вещей, находящихся под вашим непосредственным контролем: с одежды, длительности совещаний, бесед с сослуживцами и т. п. Ваш подход к этим будничным делам формирует культуру, которая будет управлять и вашими фундаментальными действиями.

Какой сигнал посылает своим сотрудникам фирма, когда она на несколько дней загоняет всех начальников вместе, чтобы родить на свет формулировку миссии фирмы, звучащую примерно так:

> **«Мы действуем по всему миру,
> создавая интегрированные решения
> мирового класса».**

Ответ: Всем сообщается, что начальники не умеют писать, не умеют думать и не умеют выделить приоритеты.

У начальников бытует мания «общей картины». Они ищут ее в формулировках перспективного видения и миссии фирмы, а также в программах качества. А я думаю, что общая картина прячется в мелочах. В одежде, в канцтоварах, в самых обычных замечаниях и в кофе. Я тоже всей душой за общую картину, если известно, где ее найти.

Наконец — и я собираюсь сказать это в последний раз, — все мы идиоты и будем совершать ошибки. Это не обязательно плохо. Я как-то сказал: «Творческий подход означает, что вы позволяете себе делать ошибки. Искусство — знать, какие из них сохранить».

Следите, чтобы ваши люди были свежи, счастливы и эффективны. Установите цель, а затем отойдите с дороги. Пусть искусство творится и творит. Иногда идиоты могут делать замечательные вещи.

РАССКАЗЫ О ФИРМАХ, КОТОРЫЕ САМИ ПОШЛИ НА ДНО

Вот несколько моих любимых историй от сотрудников, которых надо бы выполоть, а может, и выпороть.

От: (имярек)
Кому: scottadams@aol.com

Скотт!

Позвольте сообщить об инциденте, который символизирует странную черту человека: вести себя наподобие белки или хомяка.

Отчаянно пытаясь решить у клиента сложную проблему с одной «мертвой» системой, техник наконец нашел причину и теперь нуждается в некой запчасти.

Рабочее время давно закончилось. Пользуясь всеми известными ему неофициальными каналами, он в конце концов добирается до дежурного на спецскладе, который, на удивление, не слишком раздражен ночным звонком. На пару они читают каталог (микрофишу), находят нужный номер детали, сверяются со складской базой данных и обнаруживают то, что требуется, буквально в соседнем помещении.

«Потрясающе — у меня стало легче на душе!»
«Рано радуетесь — я не могу выдать ЭТО».
«Почему?!» (нарастающая истерия...)
«Это — последняя штука, и если я отдам ее вам, то у меня не будет запаса!»
...Агонизирующий стон, прерванный короткими гудками...

От: (имярек)
Кому: scottadams@aol.com

Скотт!

Нелегко убедить кого-то, что нижеследующее действительно имело место.

Вскоре после поступления на свою первую работу я представил отчет о командировочных расходах, который возвратился мне на стол, поскольку один пункт «нарушал политику фирмы». Обеспокоившись, я немедленно подошел к одному ответственному бюрократу предпенсионного возраста, выразил свое раскаяние и во избежание еще одного подобного нарушения попросил экземпляр документа с изложением соответствующей политики фирмы. Бюрократ проинформировал меня, что документ секретен и не подлежит оглашению, иначе «каждый будет знать политику фирмы».

После недолгого молчаливого размышления я тихо смылся на свое рабочее место, чувствуя себя побитым по всем статьям.

От: (имярек)
Кому: scottadams@aol.com

Скотт!

Начальник отдела АСУ, ничего не ведающий про компьютеры, покупает их поштучно, чтобы платить по своей личной кредитной карточке. Потом он просит фирму компенсировать понесенные расходы. Вы спросите, зачем? Дабы благодаря высокому обороту на кредитной карточке зарабатывать льготы по пользованию авиалиниями, предоставляемые той компанией, у которой приобретена карточка. В результате на покупку двадцати компьютеров уходит целый год.

От: (имярек)
Кому: scottadams@aol.com

Скотт!

Это случилось с одним человеком из соседней кабинки.

Для записи деловых свиданий, крайних сроков и т. д. он пользуется отрывным календарем. Когда подошел декабрь, коллега (как делал в каждом предыдущем декабре) подошел к «ответственной за канцтовары» (секретарю нашего генерального директора) за листками на следующий год. Та прочирикала, что сделала заказ только для «руководства» (к которому он не принадлежал) и для нескольких других лиц. Ясно, что его не было и в том списке.

Однако ему было сказано, что если бы он принес свой старый календарь за уходящий год (в доказательство использования им этого ценного инструмента), то она дала бы ему новый вкладыш.

Его ответ: «Весьма благодарен, но я изыщу другой способ хранить мои записи и даты». Будучи изобретательным инженером-программистом, он теперь пользуемся массой бумажных полотенец (из туалета), которые свисают с книжной полки над его письменным столом.

От: (имярек)
Кому: scottadams@aol.com

Скотт!

Моя должность — старший инженер-программист в [фирме]. Я сравнительно молод (двадцать четыре года), и это позволяет одному из наших более «опытных» коллег смотреть на меня сверху вниз.

Во время совещания разработчиков, где я докладывал, этот мужчина поднялся и сказал, что я полностью не в курсе, а предлагаемая мною идея никогда не сработает. Когда его попросили предложить альтернативу, он ни к селу ни к городу перешел к путаному обсуждению совсем другой темы. В конце мой оппонент объявил, что мы должны действовать так, как предлагает он, — при том, что «его путь» был довольно неясной концепцией, слабо связанной с нашей проблемой.

Когда этого человека попросили обосновать свою позицию, тот ответил: «Я располагаю многолетним опытом». В ответ на требования более содержательной аргументации он смог добавить немногое: «За моей спиной — годы опыта, и вам этого не понять». Само собой разумеется, на следующие совещания его уже не приглашали.

От: (имярек)
Кому: scottadams@aol.com

Скотт!

Подлинная история.

Клиент запрашивает изделие, и мы делаем для него заказ. Человек из службы отгрузки и доставки говорит, что всё нормально, и вводит запись в базу данных. По прошествии нескольких дней клиент звонит узнать, где его заказ. Мы перезваниваем в отгрузку, а тот парень и говорит: «Ах да, я не смог найти этого клиента в моей базе данных, так что пришлось снять заказ» (конечно, не сообщив никому ни слова). В результате мы просим своего сослуживца прямо сейчас поискать в его базе данных тот НОМЕР ЗАКАЗА, который он нам дал. Он отвечает: «По нулям, не могу я найти в своей базе фамилию этого клиента». Тогда мы снова просим его: «А ты попробуй искать по НОМЕРУ ЗАКАЗА». Тут-то он и говорит: «Ой, да вот же этот заказ, а я снял его, потому что не смог найти в базе данных». Гм-м-м.

От: (имярек)
Кому: scottadams@aol.com

Скотт!

Дела в нашей фирме настолько швах, что пришлось самим организовать профсоюзную ячейку инженеров. В ходе последних переговоров представитель фирмы сообщил профсоюзу, что дирекция намеревается уменьшить обеденный перерыв с нынешних сорока двух минут (да-да, ровнехонько сорок две — даже колокольчик звенит) до тридцати. На вопрос о причине человек от фирмы сказал, что сейчас слишком мало людей используют кафетерий фирмы — если же перерыв ограничить получасом, то времени выскочить на перекус за пределы здания не хватит и поэтому всем придется переключиться на кафетерий. Похоже, прогорают они со своим кафетерием!!! (Между прочим, еда там действительно с душком.)

От: (имярек)
Кому: scottadams@aol.com

Скотт!

Несколько недель назад я подслушал в холле разговор о новом внедряемом во всей фирме запросно-ответном программном изделии. И услышал, что в преамбуле к распоряжению о его применении устанавливается следующее: все сотрудники, разрабатывающие или использующие программное обеспечение для важных работ, обязаны соблюдать процедуры, описанные в руководстве к этому новейшему продукту. Я как раз занимаюсь только такого рода проектами. Странновато, что мне стало известно об этом только из случайно подслушанной беседы.

И вот я отправился к тем, кто ведает документацией, и попросил у них копию руководства. А тамошняя работница отвечает: «Не могу вам выдать, это экземпляр для служебного пользования».

«Хорошо, а как мне его получить?»

«Надо заполнить бланк заявки и собрать на нем подписи всех вот этих начальников».

«Но ведь прямо на первой странице того документа говорится, что я обязан соблюдать его положения, а иначе!..»

Она посмотрела на меня подозрительно и спросила: «А откуда вам это известно?»

Я сдался и взял экземпляр бланка.

От: (имярек)
Кому: scottadams@aol.com

Скотт!

Это случилось на самом деле.

Мы недавно перебрались в новое здание. Последнее время все компании боятся показывать прибыль, и поэтому перестал действовать автоматический порядок заказывать с упреждением большое количество канцтоваров, стульев, шкафов и всего, чего только душа пожелает. Ничто сейчас не заказывается, если нет конкретного требования.

Наконец доставили и собрали нашу модульную мебель. Вскоре поступили белые «классные доски», и их развесили на стенах. На совещании у руководства прозвучал вопрос, получим ли мы маркеры, чтобы писать на досках, и специальные тряпки для стирания. Ответ начальника, ответственного за канцпринадлежности, был таков: «Знаете, я думаю, надо поступать не так... По-моему, на досках следует однажды что-то красиво написать и потом никогда не стирать».

Увидев у всех на лицах одно и то же выражение, он добавил: «Возможно, мне следует еще раз продумать этот момент».

От: (имярек)
Кому: scottadams@aol.com

Скотт!

Едва ли не больше всего мне нравилось на моей нынешней работе то, что в отличие от предыдущей у меня не возникало каждые пять минут побуждение вопить: «Я живу в комиксах Дилберта!»

Словом, я уже успела к этому привыкнуть, поскольку так оно и было. До сих пор.

Опишу вам историю с прохладительными напитками, случившуюся на [фирме], питая надежду, что в нашей нищете вы найдете забавную сторону, которую сможете использовать, дабы лишний раз помучить Дилберта и Уолли.

До недавнего времени мы были небольшой начинающей фирмой. Подобно большинству новичков, наша фирма тоже делает всё возможное, чтобы мы действительно трудились. Непрерывно. Прилагаются старания не отвлекать нас от письменных столов. Прямо на рабочие места доставляют еду, соки и прохладительные напитки, кругом устанавливаются экспрессы для варки кофе, видеоигры и прочие атрибуты домашнего комфорта. Правильнее было бы, впрочем, сказать всё это в прошедшем времени.

Первой исчезла еда. Нам сказали, что «ведется оценка», а это явно означало дипломатическое иносказание для слов: «Доставка приостановлена, и мы надеемся, что скоро вы позабудете об этом и не будете изводить нас». Затем нам сообщили, что придется платить три доллара за получение новой магнитной карточки-пропуска, поскольку «их слишком часто "теряют"».

Кавычки, в которые было заключено слово «теряют» в сообщении, поступившем по электронной почте, привели многих людей в бешенство. Выходит, мы теряем наши пропуска «нарочно»????? Стало быть, существует некий черный рынок магнитных карточек? Так, что ли?

Бесплатный сок и лимонад стали с этого момента труднодоступными. Две недели назад мы заметили, что холодильники изрядно опустели. Популярные типы прохладительных напитков пропали, молоко для кофе стало лишь туманным воспоминанием, а запасы сока оскудели.

Так оно и катилось, становясь день ото дня всё хуже и заставляя людей переходить от хороших сортов содовой ко всякой дряни. Наконец холодильники полностью опустели и люди стали посылать по электронной почте запросы в отдел обслуживания.

А вот ответ, который разослали всей фирме, но без фамилии автора:

Привет всем!

В настоящее время нами проводится «эксперимент» по сокращению затрат на кофе, напитки, продовольствие и канцтовары. Мы попросили поставщиков временно сократить нашу обычную еженедельную партию.

В процессе указанного эксперимента мы надеемся установить, какие виды прохладительных напитков и кофе используются чаще других. Хотим также выяснить, от каких марок минеральных вод, соков и газированных напитков сможем отказаться, и рассчитываем в будущем пресечь нехватку наиболее популярных изделий или чрезмерные запасы тех продуктов, которые пользуются меньшим спросом.

То же самое относится к канцтоварам. Мы пробуем определить, сколько различных видов ручек, бумаги, конвертов и т. д. нам действительно нужно иметь.

Фирма продолжит заказывать специальные виды изделий по вашим заявкам. Единственная просьба — способствовать снижению затрат. Стойка для картотечных ящиков за пятнадцать долларов даст вам в работе то же, что и стойка за пятьдесят. Убедительно просим принимать это во внимание.

Поэтому потерпите вместе с нами. В ходе данного эксперимента я буду лично контролировать запасы напитков и кофе, равно как и канцтоваров. Если при этом окажется, что минеральной воды, кофе, газированных напитков, молока и т. д. не хватает или вообще нет, прошу ставить меня в известность. Это же относится к канцтоварам. Кроме того, прошу обращаться в кухни и кладовые на других этажах, где может иметься то, что вы ищете. Призываем также как можно экономнее использовать каждое изделие. Это означает: допивать банку лимонада, перед тем как брать другую, или до конца пользоваться старыми папками, прежде чем распаковывать новые.

Вы можете дополнительно помочь нам, поддерживая здесь на кухнях и в кладовых такую же чистоту, как в вашем собственном доме.

Благодарю за помощь. Я немедленно проинформирую вас о завершении данного эксперимента.

— К

Думаю, остальная часть этой истории тоже достойна оглашения. Вот некоторые письменные ответы на указанное обращение и отклики на них со стороны таинственного «К».

Первая пара «письмо и отклик»:

Мистер К!

Мы не совсем понимаем, как сокращение запаса напитков поможет определить наши вкусы и потребности. При урезанных запасах сорта, которым отдается предпочтение, быстро закончатся, и мы будем вынуждены потреблять другие, худшие.

Я, например, предпочитаю колу. Теперь ее нет, так что вместо колы приходится пить шипучку из корнеплодов, приправленную мускатным маслом и еще чем-то. Проблема в том, что я этот напиток ненавижу. И пью его только потому, что нуждаюсь в кофеине, а шипучка в этом смысле лучше любой альтернативы. Однако раз я потребляю эту шипучую дрянь, вы будете думать, что на нее есть спрос и закажете еще больше. Кроме того, коль я выпиваю больше этой прелести, нежели колы, вы станете думать, что я люблю именно ее и в будущем начнете заказывать скорее шипучку из корнеплодов, нежели колу.

Боже правый! Мне почему-то кажется, что эффективный способ проследить за потреблением состоял бы в том, чтобы заказать большие и равные количества каждого напитка, подождать неделю и затем посмотреть, сколько и чего осталось.

— Т

Уважаемый Т!

Превосходная аргументация! Но если вы действительно так энергично пьете колу, как сами об этом говорите, то могли бы пройтись по другим этажам и найти ее. Я знаю, что здесь, на первом этаже, она имеется. Это немного неудобно, но, думаю, прогулка вам окупится. Сам я — поклонник диетической коки. Уважаю я и шипучку из корнеплодов марки «Горная роса», как, впрочем, и обычную колу, но решительно предпочитаю всему прочему диетическую коку. Поэтому прежде, чем выбрать что-то другое, я сперва проверяю другие этажи. Такой уж я человек.

— К

Вторая пара «письмо и отклик»:

К, простите, если это прозвучит невежливо, но ваш текст смешон. Я не желаю прерывать важную работу, которую делаю здесь, на третьем этаже, чтобы шляться по зданию в поисках, а не найдется ли где-то мой любимый напиток. Такие хождения серьезно отразятся на моей производительности, не говоря уже о том, как я разозлюсь, если вообще не найду искомое. Нельзя признать разумной альтернативой ситуацию, когда некоторые напитки будут лишь на других этажах, причем далеко не всегда.

Если ваша цель — определить, каким напиткам отдается предпочтение, то, как уже указал Т, уменьшение объема заказа всех напитков наверняка приведет к искаженным результатам. Люди будут пить то, чего не любят, просто потому, что желаемый напиток недоступен.

С недавнего времени я употребляю только яблочный сок. Несколько раз за последние недели его не было, так что я пила что попало и была из-за этого в дурном настроении. Не уверена, как мое письмо поможет вашему эксперименту, но, возможно, в расчет пойдут и такие соображения.

— Д

Д!
Благодарю за ваши соображения!
— К

Третья пара «письмо и отклик»:

К!
Мне очень действует на нервы нехватка соков. В холодильнике на третьем этаже их нет вообще. Я не пью ничего газированного, посему натуральный сок — единственный

из напитков, обеспечиваемых фирмой, который я буду пить.

Сока и раньше не хватало: его обычно выпивали прежде, чем в холодильнике пополнялся запас. Теперь сока стало еще меньше и он кончается уже утром.

Вчера я начала обедать до того, как заметила отсутствие сока. Меня мучила жажда вкупе с раздражением, и у меня масса работы. А тут еще потребовалось обойти все другие этажи, чтобы выяснить, есть ли вообще в этом здании хоть что-то годное для питья.

Выходит, порядок снабжения напитками изменили с целью создать искусственный дефицит?

Зачем?

Для меня это действительно неудобно!!!

— М

М!

Вы спрашиваете: «Порядок снабжения напитками изменили с целью создать искусственный дефицит?»

Отвечаю: ДА!

«Зачем?»

ЭТО БЫЛО НЕ МОЕ РЕШЕНИЕ. ПОВТОРЯЮ, ОНО ПРИНЯТО ТОЛЬКО НА ВРЕМЯ ЭКСПЕРИМЕНТА, И ВСКОРЕ НАПИТКОВ БУДЕТ БОЛЬШЕ.

«Для меня это действительно неудобно!!!»

ПРИНОШУ СВОИ ИЗВИНЕНИЯ. Я ДЕЛАЮ ЛИШЬ ТО, ЧТО МНЕ БЫЛО ВЕЛЕНО.

— К

Является ли К марионеткой Котберта?

Думаю, они обозлили бы меньшее число людей, начав просто продавать напитки. А ведь тем временем продолжает процветать практика покупки дорогого оборудования и содержания бесполезных сотрудников. Полагаю, фирма всё-таки должна сама изыскать средства, чтобы платить за лимонад, — например, найдя всего лишь одного сотрудника и расстреляв его или ее. Я предлагала выбрать такого человека общим голосованием. И пусть мне никто не говорит, что я не в своем уме.

НАДЕЖДА ЕСТЬ

И наконец, мое самое любимое сообщение из всех, когда-либо пришедших по электронной почте в мой адрес. Оно вселяет надежду, что наш биологический вид имеет шанс выжить.

От: (имярек)
Кому: scottadams@aol.com

Скотт!

Будучи помоложе, я как-то отправился в Чикаго. Не успел я выйти из такси, как мой зонтик упал на мостовую и прежде, чем я смог нагнуться и поднять его, попал под колесо проезжавшей машины. Представляя отчет о командировочных расходах, я включил туда и 15 долларов за зонтик. Естественно, бухгалтер вычеркнул эту сумму. В отчете о следующей командировке я написал снизу: «А теперь угадайте, где здесь зонтик!»

Содержание

ПРЕДИСЛОВИЕ
ВПЕЧАТЛЯЮЩЕЕ НАЧАЛО 5

ВВЕДЕНИЕ
ПОЧЕМУ БИЗНЕС ТАК АБСУРДЕН? 5
   ОБЯЗАТЕЛЬНОЕ САМОУНИЧИЖЕНИЕ 7
   СТЕПЕНЬ МОЕЙ ПОДГОТОВЛЕННОСТИ 7
   РОЛЬ ИНТЕЛЛЕКТА В БИЗНЕСЕ 10
   ЭВОЛЮЦИЯ ИДИОТОВ 12

1. ПРИНЦИП ДИЛБЕРТА 16
2. КАК УНИЖАТЬ ПЕРСОНАЛ 23
   РЕШЕНИЕ ПРОБЛЕМЫ: ОПУСКАТЬ 24
   КАБИНКИ 25
   ГОСТИНИЧНАЯ СИСТЕМА 28
   МЕБЛИРОВКА 29
   КОСТЮМОСОФИЯ 34
   СОРЕВНОВАНИЕ МЕЖДУ СОТРУДНИКАМИ 36
   НЕДООЦЕНКА ВКЛАДА СОТРУДНИКОВ 38
   УМЕНИЕ ЗАСТАВИТЬ ПОДОЖДАТЬ 39

3. ДЕЛОВОЕ ОБЩЕНИЕ 40
   ДЕКЛАРАЦИЯ МИССИИ 41
   ПЕРСПЕКТИВНОЕ ВИДЕНИЕ 43
   КАК НАЗВАТЬ СВОЙ ОТДЕЛ 43
   РАЗГОВАРИВАТЬ КАК НАЧАЛЬНИК 45
   ОБЪЯВЛЕНИЯ 47
   ВДОХНОВЛЯЮЩИЕ РЕЧИ 47
   ДОКЛАД О СОСТОЯНИИ ДЕЛ 48
   КАК ПИСАТЬ ХОРОМ 50
   ПРИМЕРЫ ЧЕТКОГО ДЕЛОВОГО ОБЩЕНИЯ 52

4. БОЛЬШАЯ ЛОЖЬ РУКОВОДСТВА 56
   «СОТРУДНИКИ — НАШ НАИБОЛЕЕ ЦЕННЫЙ АКТИВ» 57
   «Я ПРОВОЖУ ПОЛИТИКУ ОТКРЫТЫХ ДВЕРЕЙ» 58
   «ПРИ НОВОЙ СИСТЕМЕ ОПЛАТЫ
   ВЫ СМОЖЕТЕ ЗАРАБАТЫВАТЬ БОЛЬШЕ» 59

«МЫ РЕОРГАНИЗУЕМСЯ,
ЧТОБЫ ЛУЧШЕ ОБСЛУЖИВАТЬ КЛИЕНТОВ» 60
«У НАС СВЕТЛОЕ БУДУЩЕЕ» 60
«МЫ ВОЗНАГРАЖДАЕМ ТЕХ, КТО РИСКУЕТ» 61
«ВЫСОКАЯ ОТДАЧА БУДЕТ ВОЗНАГРАЖДЕНА» 61
«МЫ НЕ РАССТРЕЛИВАЕМ ТОГО,
КТО ПРИНЕС ДУРНУЮ ВЕСТЬ» 62
«ОБУЧЕНИЮ — ВЫСОКИЙ ПРИОРИТЕТ» 62
«Я НЕ СЛЫШАЛ НИКАКИХ СПЛЕТЕН» 63
«МЫ ПРОАНАЛИЗИРУЕМ ВАШУ РАБОТУ
ЧЕРЕЗ ШЕСТЬ МЕСЯЦЕВ» 63
«НАШИ ЛЮДИ — САМЫЕ ЛУЧШИЕ» 64
«НАМ ВАЖНЫ ВАШИ ПРЕДЛОЖЕНИЯ» 65

5. МАКИАВЕЛЛЕВСКИЕ МЕТОДЫ 66
ДАВАЙТЕ ПЛОХИЕ СОВЕТЫ 67
ПРИПУДРИВАЙТЕ ПРАВДУ 68
С КЕМ ПОВЕДЕШЬСЯ... 69
УТАИВАНИЕ ИНФОРМАЦИИ 70
ДВЕ ГЛУПОСТИ ВЗАИМНО ГАСЯТСЯ. ПОЧТИ 72
НАКАЗАНИЕ 73
ВИРУСОМ ПО КОНКУРЕНТУ 75
ДЕМАГОГИЯ 76
ПОДСИЖИВАЙТЕ КОЛЛЕГ 77
ФОРМА ВАЖНЕЕ СОДЕРЖАНИЯ 78
ИГРАЙТЕ НА ЖАДНОСТИ 80
ЗАСТАВЬТЕ ДРУГИХ ДЕЛАТЬ ВАШУ РАБОТУ 80
ХВАСТАЙТЕСЬ СКОЛЬКО ВЛЕЗЕТ 81
ЗАПУГИВАНИЕ ШУМОМ И ГВАЛТОМ 82
РУКОВОДИТЕ ХОРОШО ЗВУЧАЩИМИ ПРОЕКТАМИ 84
ДАВАЙТЕ ВАШИ ПРЕДЛОЖЕНИЯ 85
СТРАТЕГИИ САМОЗАЩИТЫ 86
МАНИПУЛИРУЙТЕ СРЕДСТВАМИ МАССОВОЙ ИНФОРМАЦИИ ... 86
ЗАПАДНЯ ЧЕСТНОСТИ 87
ПОЛЬЗУЙТЕСЬ ПЛОДАМИ РАБОТЫ ДРУГИХ 88
ПРИНОСИТЕ МНИМЫЕ ЖЕРТВЫ 89
РАБОТАЙТЕ НАД ПРОЕКТАМИ,
РЕЗУЛЬТАТ КОТОРЫХ НЕ ПОДДАЕТСЯ ПРОВЕРКЕ 90
ПОСЫЛАЙТЕ ЛЮДЕЙ В ЮРИДИЧЕСКИЙ ОТДЕЛ 91
РУКОВОДИТЕ ВЫДЕЛЕНИЕМ БЮДЖЕТОВ 92

6. КАДРОВЫЕ СТРАТЕГИИ 93
ЗАКОН АДАМСА О ПОСТОЯНСТВЕ ВОЗНАГРАЖДЕНИЯ 94
ПОЛНОЕ УРАВНЕНИЕ РАБОТЫ 95
НАДОМНАЯ РАБОТА 95
ЗАНЯТИЕ ПОСТОРОННИМ БИЗНЕСОМ В СВОЕЙ КАБИНКЕ 97
ПОДВОРОВЫВАНИЕ КАНЦТОВАРОВ 98
КОМПЬЮТЕР КАК СРЕДСТВО ВЫГЛЯДЕТЬ ЗАНЯТЫМ 99
ОЖИДАНИЕ ИНФОРМАЦИИ ОТ КОЛЛЕГ 100
АВТООТВЕТЧИК 101

7. ОЦЕНКА КАЧЕСТВА РАБОТЫ 102
ЦЕЛЬ ОЦЕНКИ КАЧЕСТВА РАБОТЫ 102
СТРАТЕГИЯ ДЕЙСТВИЙ ПРИ ОЦЕНКЕ КАЧЕСТВА РАБОТЫ 105

ПОДГОТОВКА СОБСТВЕННОЙ ХАРАКТЕРИСТИКИ 106
   СОВЕТЫ ПО ОПИСАНИЮ СВОИХ ДОСТИЖЕНИЙ 106
   ПОДГОТОВКА СЦЕНЫ 108
   ОКРУЖАЙТЕ СЕБЯ СЛАБАКАМИ 108
   ОЦЕНКА В СИСТЕМЕ «ВСЕ ОБО ВСЕХ» 109
   ИСКУССТВО РАСПИСЫВАТЬ СОБСТВЕННЫЕ ДОСТИЖЕНИЯ 110
   ЗАКЛЮЧЕНИЕ 113

8. КАК ПРИТВОРЯТЬСЯ РАБОТАЮЩИМ 114
   СТАНОВИТЕСЬ В СВОЕМ ПОДРАЗДЕЛЕНИИ КОНСУЛЬТАНТОМ 115
   ОЖИДАНИЕ НЕОБХОДИМЫХ СВЕДЕНИЙ 116
   ПОЧАЩЕ МЕНЯЙТЕ ДОЛЖНОСТИ 117
   ПОСТОЯННО ЖАЛУЙТЕСЬ НА ЗАГРУЖЕННОСТЬ 117
   АВТООТВЕТЧИК 118
   ПРИХОД И УХОД 119
   НЕУБРАННЫЙ СТОЛ 120
   ПРИХОД НА СОВЕЩАНИЯ И УХОД С НИХ 120
   ИССЛЕДУЙТЕ И ИЗУЧАЙТЕ 120
   РАБОТАЙТЕ НАД ДОЛГОСРОЧНЫМИ ПРОЕКТАМИ ... 120
   СТАРАЙТЕСЬ ВЫГЛЯДЕТЬ НЕКОМПЕТЕНТНЫМ 121
   ИЗБЕГАЙТЕ БЕССМЫСЛЕННЫХ ПОРУЧЕНИЙ 121
   СТРАТЕГИЧЕСКОЕ ПЛАНИРОВАНИЕ ОТПУСКА 123

9. СКВЕРНОСЛОВИЕ 124

10. КАК ДОБИВАТЬСЯ СВОЕГО 127
   МАНЕВР «ЗАКЛЮЧИТЕЛЬНОЕ ПРЕДЛОЖЕНИЕ» 128
   САРКАЗМ КАК СРЕДСТВО ДОБИТЬСЯ СВОЕГО 129
   ПРИМЕР МОГУЩЕСТВА САРКАЗМА 130
   МАНЕВР «ПОЛНАЯ КАРТИНА» 130
   СТРАТЕГИЯ ДИНОЗАВРА 131

11. МАРКЕТИНГ И ОБЩЕНИЕ 134
   СЕГМЕНТАЦИЯ РЫНКА 135
   КАК ВЫДЕЛИТЬ СВОЕ ИЗДЕЛИЕ 137
   МАРКЕТИНГ ПО СЦЕНАРИЮ «ПОБЕДА—ПОРАЖЕНИЕ» ... 138
   РЕКЛАМА 139
   ПОНИМАЙТЕ КЛИЕНТА 140
   АНАЛИЗ РЫНКА 143
   ИСТОРИЧЕСКИЕ ПРИМЕРЫ ОБЗОРОВ СОСТОЯНИЯ РЫНКА 144
   РЫНОЧНЫЕ ТРЕБОВАНИЯ 146
   СОЗДАНИЕ РЫНКА 148
   ЕСТЕСТВЕННЫЕ ВРАГИ 148
   МАРКЕТИНГ В КАРТИНКАХ 150

12. КОНСУЛЬТАНТЫ ПО МЕНЕДЖМЕНТУ 154
   КОНСУЛЬТАНТЫ В КАРТИНКАХ 158
   СКАЗАНИЯ О КОНСУЛЬТАНТАХ 162

13. БИЗНЕС-ПЛАНЫ 165
   ОЦЕНКА ОБЪЕМА ПРОДАЖ В СЛЕДУЮЩЕМ ГОДУ 166
   НЕРЕАЛИСТИЧНОЕ ПРОГНОЗИРОВАНИЕ ДОХОДА 169
   СОСТАВЛЕНИЕ БИЗНЕС-ПЛАНА ФИРМЫ 170

14. ИНЖЕНЕРЫ, УЧЕНЫЕ, ПРОГРАММИСТЫ И ПРОЧИЕ СТРАННЫЕ ЛЮДИ 173
   СОЦИАЛЬНЫЕ НАВЫКИ 175
   ОЗАБОЧЕННОСТЬ ВСЯКИМИ ИГРУШКАМИ 177
   МОДА И ВНЕШНИЙ ВИД 179
   ЛЮБОВЬ К СЕРИИ «STAR TREK» 182
   СВИДАНИЯ И ОБЩЕНИЕ СО ЗНАКОМЫМИ 182
   ЛОМКА НЕСПРАВЕДЛИВЫХ СТЕРЕОТИПОВ 184
   ЧЕСТНОСТЬ 186
   БЕРЕЖЛИВОСТЬ 187
   СОВЕТЫ 188
   ЧТО ЗНАЧИТ БЫТЬ ИНЖЕНЕРОМ 189
   УМЕНИЕ СОСРЕДОТОЧИТЬСЯ 190
   РИСК 191
   ЭГО 193
   ИНЖЕНЕРЫ В КАРТИНКАХ 196

15. ПЕРЕМЕНЫ 199
   СТРАХ ПЕРЕД ПЕРЕМЕНАМИ 200
   БЕССОДЕРЖАТЕЛЬНОЕ ОБЩЕНИЕ 201
   ГЛАШАТАИ ПЕРЕМЕН 202
   ВЕЧНОЕ ДВИЖЕНИЕ 202

16. СОСТАВЛЕНИЕ БЮДЖЕТА 203
   РАЗДУВАНИЕ БЮДЖЕТА 204
   ЗАЩИТА СВОЕГО БЮДЖЕТА 205
   ТРАТЬТЕ ВСЁ 207
   СОСТАВЛЕНИЕ БЮДЖЕТА В КАРТИНКАХ 208
   ПРАВДИВЫЕ ИСТОРИИ ИЗ БУХГАЛТЕРИЙ 212
   ИСТОРИЯ ИЗ МОЕГО ЛИЧНОГО ОПЫТА 213

17. СБЫТ 214
   СБЫТ В КАРТИНКАХ 219

18. СОВЕЩАНИЯ 221
   МАСТЕР БАНАЛЬНОСТЕЙ 222
   САДИСТ С БЛАГИМИ НАМЕРЕНИЯМИ 223
   СКУЛЯЩИЙ МУЧЕНИК 223
   УКЛОНИСТ 224
   СОНЯ 226

19. ПРОЕКТЫ 227
   НАЗВАНИЕ ПРОЕКТА 228
   РУКОВОДИТЕЛЬ ПРОЕКТА 229
   ТРЕБОВАНИЯ 231
   ПОДДЕРЖКА ОТ РУКОВОДСТВА 232
   КАЛЕНДАРНОЕ ПЛАНИРОВАНИЕ 233
   ЗАВЕРШЕНИЕ ПРОЕКТА 235
   ПРОЕКТЫ В КАРТИНКАХ 236

20. СТАНДАРТЫ ISO 9000 239
   ISO 9000 В КАРТИНКАХ 241

21. СОКРАЩЕНИЯ 242
- МОЙ СОБСТВЕННЫЙ ОПЫТ ССКРАЩЕНИЙ 246
- УМНЫЕ — ШАГ ВПЕРЕД 247
- СОКРАЩЕНИЕ В КАРТИНКАХ 249
- ФИРМЫ, ГДЕ ВСЁ ЕЩЕ СЛИШКОМ МНОГО СОТРУДНИКОВ 253
- КАК МАСТЕРСКИ ПРОВОДИТЬ СОКРАЩЕНИЕ 258

22. КАК УЗНАТЬ, ЧТО ВАША ФИРМА ОБРЕЧЕНА 261
- КАБИНКИ 262
- КОМАНДНЫЕ ДЕЙСТВИЯ 263
- ПРЕЗЕНТАЦИИ ДЛЯ РУКОВОДСТВА 265
- РЕОРГАНИЗАЦИИ 266
- ПРОЦЕДУРЫ 268

23. РЕСТРУКТУРИЗАЦИЯ 269
- ЗАЩИТА С ПОМОЩЬЮ СВЕТЛЫХ ГОЛОВ 272
- ЗАЩИТА С ПОМОЩЬЮ КАМУФЛЯЖА 273
- ПРОБНАЯ РЕСТРУКТУРИЗАЦИЯ 274
- ЗАКЛЮЧЕНИЕ 274

24. УПРАЖНЕНИЯ ПО СПЛОЧЕНИЮ КОМАНДЫ 275
- КОМАНДНАЯ РАБОТА В КАРТИНКАХ 277
- СКАЗАНИЯ О КОМАНДНЫХ ДЕЙСТВИЯХ 279

25. ЛИДЕРЫ 281
- ОПРЕДЕЛЕНИЕ ЛИДЕРА 281
- ПРОИСХОЖДЕНИЕ СЛОВА «ЛИДЕР» 283
- ВИДЕНИЕ ЛИДЕРОВ 283
- ИСКУССТВО ВЫЖИВАНИЯ ЛИДЕРА 283
- ОТКУДА БЕРУТСЯ ЛИДЕРЫ? 283
- ПРИМЕР ВЕЛИКОЙ КИТАЙСКОЙ СТЕНЫ 284
- ПРИМЕР ВЕЛИКИХ ПИРАМИД 285
- ПРИМЕР ЧИНГИСХАНА 285
- СОВРЕМЕННЫЕ ПРИМЕРЫ ЛИДЕРСТВА 286
- О ВАЖНОСТИ ВОЛОС ДЛЯ ЛИДЕРОВ-МУЖЧИН 301
- ЗАКЛЮЧЕНИЕ 303
- ЛИДЕРСТВО В КАРТИНКАХ 303

26. НОВАЯ МОДЕЛЬ ФИРМЫ: УВ5 308
- ФУНДАМЕНТАЛЬНОСТЬ 309
- УХОД — РОВНО В ПЯТЬ 312
- НЕ СТОЯТЬ НА ПУТИ 313
- ЧТО ДОЛЖЕН ДЕЛАТЬ НАЧАЛЬНИК В СИСТЕМЕ УВ5? 314
- ВПЕЧАТЛЯЮЩАЯ КОНЦОВКА 318
- РАССКАЗЫ О ФИРМАХ, КОТОРЫЕ САМИ ПОШЛИ НА ДНО 319
- НАДЕЖДА ЕСТЬ 330

ПО ВОПРОСУ ПРИОБРЕТЕНИЯ КНИГ
ОБРАЩАТЬСЯ:
г. Минск, тел. (017) 222-57-26,
e-mail: popuri@belsonet.net;
г. Москва, ООО «Робелс»,
тел. (095) 489-10-26, (095) 253-53-24;
г. Киев, пр. Красных Казаков, 6,
«Книжный дом "Орфей"», тел. (044) 418-84-73

Издание для досуга

АДАМС Скотт

ПРИНЦИП ДИЛБЕРТА

Перевод с английского — *Е. Г. Гендель*

Художник обложки *М. В. Драко*

Компьютерная вёрстка оригинала-макета — *К.Г. Страусов*

Корректор *О. Э. Евневич*

Подписано в печать 6.10.99. Формат 84×108/32. Бумага газетная.
Печать офсетная. Усл. печ. л. 17,64. Уч.-изд. л. 12,33.
Тираж 11000 экз. Заказ № 2332.

ООО «Попурри». Лицензия ЛВ № 117 от 17.12.97.
Республика Беларусь, 220033, г. Минск, ул. П. Глебки, 12.

При участии ООО «Харвест». Лицензия ЛВ № 32 от 27.08.97.
Республика Беларусь, 220013, г. Минск, ул. Я. Коласа, 35, к. 305.

Отпечатано с готовых диапозитивов заказчика
в типографии издательства «Белорусский Дом печати».
Республика Беларусь, 220013, г. Минск, пр. Ф. Скорины, 79.